译文经典

人文科学的逻辑

Zur Logik der Kulturwissenschaften: Fünf Studien

Ernst Cassirer

〔德〕恩斯特·卡西尔 著

关子尹 译

上海译文出版社

目 录

译者序

I

卡西尔是西方近世最杰出的哲学名家之一。他于1874年生于普鲁士政治、经济和文化重镇布雷斯劳市（即今波兰境内弗罗茨瓦夫）的一个犹太家庭，而于1945年以一介流亡学者的身份卒于美国纽约市。卡西尔身处的时代，无论于政治上或于文化思想上都经历了巨变。所谓覆巢之下无完卵，在大时代的影响下，卡西尔一生的政治处境，固多乱离，而其学术思想，亦凡数易。

卡西尔年青时，正值西方新兴的自然科学不断蓬勃发展，而老大的哲学却备受挑战的时期。卡西尔十八岁入读德国的柏林大学，最初师事有名的社会政治哲学家西美尔（Georg Simmel），后经西美尔的推介，转投马堡大学，师事当时的新康德学派北支的马堡学派（Marburger Schule）柯亨（Hermann Cohen）门下，并最终于1899年在马堡大学取得博士学位。

康德哲学自面世以来，虽多次遇到挑战，但一代一代的学者还是不断要回到康德的学说中，发掘可资发挥的养分。广义地求复兴康德的运动，严格而言，直到今天还在继续着。这运动在哲学史上的第一个波浪，就是一般所谓的新康德学派（Neukantianismus）。新康德学派的产生，单就哲学理论而言，是要同时反对已盘桓了几十年的过分强调形而上思辨的黑格尔学派和过分流于实证主义的如穆勒（John Sturt Mill）等学说，但另一方面，也潜在地有让哲学面对势力日张的科技文明的意图。新康德学派主要分为马堡学派和西南学派二支。其中马堡一派的领袖如柯亨和那托尔卜（Paul Natorp）等除力拒带极端自然主义的实证思想外，主要强调康德哲学的先验学说可提供非实证的但却极严格的认知理论，并说明康德哲学的理论课题正可以为自然科学于事实领域以外提供一认识论上的严格基础，并因而令哲学在自然科学蓬勃发展的势头中也不失其重要地位。至于历史文化等问题马堡学派虽然亦有关注，但整体而言，认为必须从认识论的基础入手处理，而其所指的认识论，又复是以自然科学的严格对象认知为基本模式的。如是者，马堡学派常被批评未能恰当地处理人文科学的问题。

至于新康德学派西南一支，其固亦重视知识问题，不过却认为“知识”这回事，除了关于对象的知识外还涉及主体的知识；前者涉及广义的外在世界，而后者则涉及人自身的认知活动问题。因此，西南学派于关心认识理论的同时却强调康德哲学精神的最后归宿并不限于为自然科学奠立基础，而在于探讨广义言的人的心智活动。为要说明人的心智活动可有不同层面的开展，而每一层面（包括认知的层面）都对人显得具有某些意义（Sinn）或价值（Wert, Geltung）这一道理，西南学派乃提出了最广义的价值哲学理论（Wertphilosophie）①；西南学派自文德尔班（Wilhelm Windelband）、李凯尔特（Heinrich Rickert）到克罗纳（Richard Kroner）等的整个发展大势与马堡学派最不同的，是指哲学不能单单建立于认识论之上，他们甚至反过来要求把认识问题收入广义的价值问题去处理。西南学派从对象认知返归于探讨人类心智活动本身这一理论特色，从远处看固可上溯至希腊哲学的发展规律，从近处看则可与当时的生命哲学，甚至与现象学和诠释学中的发展都维持某程度的关联。

由于一如当时许多哲学学者一般，早期的卡西尔也被自然科学长足的发展所震慑。由于马堡学派的影响，卡西尔的博士论文和一些早期著作，都以知识论和科学哲学为题。卡氏一生虽以哲学为专业，但由于外祖父的熏陶，自幼即极钟情于音乐与文学，读大学时又加深了对文学的修养，其对古典及当代名家著作之娴熟，在友侪间称颂一时；此外，于历史、艺术、宗教等领域的涉猎，对其日后哲学的发展不无影响。作为学者而言，卡西尔不愧为近世一位难得的"文艺复兴人"。除了经典性的哲学专业课题（主要有知识论和多种哲

① 英美学者一般把西南学派的理论称为"axiological Neo-Kantianism"。

学史研究）以外，卡西尔的学术兴趣还覆盖了物理学、文学、宗教、神话、艺术、语言学和社会政治理论等领域。作为一哲学家的卡西尔，这些都不是孤立的课题，而都是某一意义的人文活动的不同表达方式。

总的而言，卡西尔虽然从马堡学派出身，并充分吸收和发扬了该学派对认识问题的细致的研究，但就学问的基本兴趣格调而言却绝不囿于马堡学派的成法。他以马堡学派后起之秀的身份开始，一步一步地完成了马堡学派要全面整理知识理论的使命①，但与此同时，也一步一步地超越了该学派侧重科学认知的限制。后来《符号形式的哲学》、《人文科学的逻辑》和在美国完成的《人论》等书，都可看为这一个超越马堡学派的过程的不同阶段。卡西尔不断从欧洲不同时代的人文运动中吸取养分，并愈来愈关注人文科学的基础问题和人作为文化缔造者的问题。就这一点而言，卡西尔的学术发展，其实反而逐渐与西南学派对人自身问题的关注接轨，这一点，从卡西尔一如文德尔班和李凯尔特一般地关心自然科学与人文科学的边际问题可见。后来，西南学派重镇海德堡要把一个“昆诺·费雪金章”颁授给卡西尔，相信绝对不是偶然的。

---

① 卡氏著《现代哲学与科学中的认知问题》（*Das Erkenntnisproblem in der Philosophie und Wissenschaft der neueren Zeit*）一书自 1906 年起共出版了四卷，其中第四卷甚至是到了 1950 年才于其身后出版的。

踏入20世纪20年代以后，卡西尔的思想进入与新一代思潮磨合的阶段。其中现象学两位巨擘胡塞尔（Husserl）和海德格尔（Heidegger）都对卡氏的思想产生了重要冲击；胡塞尔的意义理论、能指–所指之间的相联理论（Noesis-Noema Korrelation）、生活世界理论和海德格尔的存在分析和历史反省对卡西尔固不无影响[①]。由此引至的结果是：尽管卡西尔在20年代酝酿的《符号形式的哲学》于名相上和于立论上都表现了鲜明的特色，但如就问题和基本关怀而言，则和后来的现象学甚至解释学暗地里都有相通之处。

然而，卡西尔学问的发展虽谓与西南学派接轨和与当代现象学问题相通，但却从来不失其独立性。1929年4—5月间海德格尔与卡西尔于瑞士达沃斯（Davos）论学之会可说是20世纪哲学学界最引人注目的大事。当时的海德格尔，挟着《存在与时间》出版未几的声势，带来了彗星初现般的震撼。当年海德格尔和卡西尔就许多哲学问题（如时空、知识、死亡、语言、自由、有限无限等）都进行了商讨，但二人争议最激烈的，莫过于人类精神文化活动于“存在”中所扮演的角色这一问题。当时卡西尔坚守某一意义的“人文”观点，并强调人类精神活动为人类存在缔造意义的自主性；但海德

① 关于卡西尔与胡塞尔学说的关联，可参见Ernst Wolfgang Orth与Lester Embree等编：*Encyclopedia of Phenomenology*（Dordrecht：Kluwer Academic Publishers，1997），Cassirer条目，pp.95–99。

格尔却已充分显露了其“反主体性”和对传统人文主义背后的“人类中心”理念的批判意识。① 其后海德格尔思想虽几经转折，但不减其终于成为20世纪欧陆哲学祭酒的地位，而其对人类文化位分的反省亦终于趋生了所谓的“后现代思潮”。但到了今天，我们或较能看通，海德格尔的思想构思尽管精微，但大关键处却不无问题：例如其对“主体”认知能力的批判是否过当？以至于连人的自我的种种具有价值的能力也都牺牲上了；又如其“存在”问题最后的“同一性”归趋是否陈义过高，以至于从此一切的区别都失去了凭借。换言之，海德格尔思想会不会真的把哲学引进了另一次重大的危机之中？

平心而论，在当年达沃斯之会许多与会者的眼中，卡西尔或曾真的给海德格尔比了下来。卡西尔对一些个别的哲学问题的处理（如对人的存活处境的分析，对意识理论和主体哲学的批判和对存在概念的彻底反思等）或许不如海德格尔般引人入胜，但其哲学的最大优点是具有高度的包容性和开放性。在学术素材上，卡西尔为哲学开辟了一极为宽广的论域，就理论观点而言，卡西尔则对人类作为文化建造者的身份作出了合理的安顿之余又给予适当的限制。在承受了海德

① Karlfried Gründer，“Cassirer und Heidegger in Davos 1929”，in *Über Ernst Cassirers Philosophie der symbolischen Formen*，edited by Hans-Jürg Braun，Helmut Holzhey and Ernst Wolfgang Orth（Frankfurt：Suhrkamp，1988），pp.290–302.

格尔思想严峻的挑战后，卡西尔的思想增添了对人类文化的危机感与沧桑感，但却没有放弃其以人类自身作为文化缔建者与责任承担者的理论本位。最近便有论者在比较卡尔纳普(Carnap)、海德格尔和卡西尔三人的学说后指出，自20世纪30年代以来，卡尔纳普和海德格尔分别开出的英美分析传统与欧陆（特别是后现代理论）哲学传统终于都走进了死胡同后，卡西尔这种高度开放的哲学或许可扮演一中介的和更有意义的角色。[①] 这种讲法对卡尔纳普和海德格尔或许过于苛责，但却很能突出卡西尔的历史地位。

此外，卡西尔重视人文科学之余能持平地肯定自然科学，这一种应有的胸襟，比诸一些勉强要肯定人文科学具有“优先性”的学者，又显得自然、清新和可爱得多了。卡西尔寻求全面审视人类的各种心智文化活动之余，对自然科学和人文科学同有深度理解，予以同等的重视，并力拒把两者中任何一方化约为对方。卡西尔这一方面的长处，又再显出了当今被视为显学的海德格尔的限制所在。这一种高度包容和在自然科学之前的不卑不亢的人文精神，在西方近二百年的哲学发展中，可能真的最能与康德精神契合，在与卡氏同期的德国学者中，大概只有贝克（Oskar Becker）可与他相辉映。

---

① Michael Friedman, *A Parting of the Ways*: *Carnap*, *Cassirer*, *and Heidegger* (Chicago: Open Court, 2000).

Ⅱ

本书的书名在德文原是 *Zur Logik der Kulturwissenschaften*，应该如何翻译，本来便有争议的余地。由于“Kultur”一概念，一般几无例外都被译为“文化”，所以若单纯就字面上看，把“Kulturwissenschaft”译为“文化科学”，本无不妥，但我选择了把书名译为“人文科学的逻辑”，是出于一些很特别的考虑，背后的理据可能应稍作交代。从概念的层面看，卡西尔书德文书名包含了两个重要的概念，即“Kulturwissenschaft（en）”与“Logik”二者；而前者又可再分割为“Kultur”和“Wissenschaft”两概念。所以，要充分了解书名之所指，本节首先分别对“Kultur”、“Wissenschaft”和这两个基本概念的意涵作一些分析，至于“Logik”则于下一节稍作疏解。这样合起来看，对本书基本课题的理解或有助益。

就字面上孤立地看，“Kultur”本应解作文化。然而，我们当明白，卡西尔在本书中谈论“Kultur”时，都是与“自然”(Natur）相对而言的。这种把“Kultur”与“Natur”对比列论的想法，当然不是卡西尔个人的设想，而实乃现代欧洲学术思想传统的共法。如果放在更长远的欧洲传统中去衡量的话，我们甚至可以指出，“Natur”与“Kultur”这个看起来很普通的概念对比，只不过是历来许多类似的概念对比之外的又一尝试而已。就讨论的方便，我们最少可列举出如下四种概念对比的例子加以分析：

1. φύσις-νόμοι（physis-nomoi）
2. φύσις-ποίησις（physis-poiēsis）
3. Natur-Kultur
4. Natur-Geist

此中，头两组概念分野——“自然–约定”(φύσις-νόμοι)和“自然–技术”(φύσις-ποίησις)——是西方人早在希腊时期便已提出的；而第三组的“自然–文化”和第四组的“自然–精神”则是近世欧洲文明的产品。这些概念对比的提出，固然各有其独特的历史渊源，其中细节我们不能在此全面交代。然而，当我们把上述四种概念对比结合起来一起察看时，我们不难发现一结构上饶富趣味的问题。我的观察是：上述连“Natur-Kultur”在内的四项概念对比的左端不约而同都是某一意义的“自然”，而右端则分别要由“约定”、“技术”、“精神”和“文化”四个概念充当。诚然，就概念内容而言，右方四者之意义显然大相径庭，但就其都可与“自然”相对立而言，其彼此之间可能存在的关系却又显然不能忽视。循这一思路设想，我们不难发现“约定”、“技术”、“精神”和“文化”四者之间的一“类比性的”共通点，就是都必与人的活动有关：例如约定指的是人类彼此间的协定；技术乃至艺术都是出于“人为”，而所谓精神者总离不开人的思想；而文化说到底亦不外是人的种种活动的总称而已。①

从一发生的角度看，西方文明发展之初，注意力主要集中于“自然”这一领域，到后来西方人渐对“人”自身的问题开始关注②，而在这一过程中，西方人一直以“自然”作为对比，反过来去探求“人”的问题。③这说明了，上述“约定”、“技术”、“精神”和“文化”四个概念不约而同地都与某一意义的“自然”相对而立这一情况其实绝非纯属偶然。这种对比的意识，在古代文明中尚较为隐晦，但踏入现代文明的阶段后，特别是19世纪自然科学长足发展以后，便日益明显。事实上，近世英语世界“humanities”、“moral sciences”、“human sciences”等概念与德语世界的“Geisteswissenschaften”和卡西尔现今“Kulturwissenschaften”的提出，除了是循不同角度为“人的学问”定位之外，都明显地有与“自然科学”(natural sciences，Naturwissenschaften)

---

① 译者著“人文科学与历史性——海德格尔与西方人文传统的自我定位”一文对这一问题有详细讨论。收于《现象学与人文科学》创刊号，香港中文大学现象学与人文科学研究中心主编，台北，2004，第11—50页。

② 哲学史家文德尔班在处理西方古代哲学时便把这一转捩理解为一自“宇宙的”(kosmologische）阶段到“人的”(anthropologische）阶段的转变。参见 Wilhelm Windelband, *Lehrbuch der Geschichte der Philosophie*（Tübingen：Mohr, 1957), pp.80ff。

③ 这一种对比的意图在中国传统中亦表现了一定端倪。《易·贲·象》便有“观乎天文以察时变，观乎人文以化成天下”这一种说法。

分庭抗礼之意。不过话说回来，近世西方人文科学学者迟迟未能就学科的总体名称达成一致的共识，而得先后尝试自不同的切入点缔造不同的术语去和“自然科学”这基本上一致的术语对应这一种境况，充分反映了西方人文科学在自然科学笼罩下寻求自我定位这路途是如何崎岖。

明白了这个背景，便较能理解为何我们不便把“Kulturwissenschaft”译为“文化科学”。首先，“文化科学”除了显得别扭外，也可能与文化人类学之类的个别学问混淆，其情况和我们不宜把“Geisteswissenschaft”译为“精神科学”的理由可谓一致。反观“人文科学”一译，除了反面地避开了一些可能的误会外，“人”字的援用正面地点出了这概念指涉的核心领域，正是一由吾人心智所开拓出来的与人文建制有关的世界。

要进一步了解人文科学之所以称为“科学”，我们必须对德文的“Wissenschaft”一概念作一解释。许多人只从英文的“science”去理解“Wissenschaft”，而又只从物理、化学等学科去理解“science”为纯粹关乎自然的学问，这一种想法，明显地过于狭隘，而且严重地与相关概念发展的事实不符。先就英语“science”一词说起，虽然在世人眼中，“science”主要被直接理解为“自然科学”，但这毕竟只是一般人的见识而已，事实上，即使英美传统亦曾有所谓“moral sciences”的说法，虽然其理解往往都只从一实证和经验归纳的角度入手。[1] 此外，当代所谓“social sciences”或“社会科学”等用语的广泛使用便更清楚地反映“science”或“科学”之概念绝不应被物理、化学等关乎自然的探究所垄断。

要真正掌握“science”或“科学”之理念之不容自然科学垄断此一理论关键，必须追溯到西方希腊传统中的“ἐπιστήμη”和德国传统的“Wissenschaft”概念去考虑。在西方学界，“ἐπιστήμη”和“Wissenschaft”要翻译为英文时，一般都译为“science”，但就概念内容而言，所指的都只是广义言的“学问”。亚里士多德重视经验（ἐμπειρία）是大家都知道的，但亚氏指出由于单纯的经验只能确认事实或只“知其然”(ὅτι)，因而并不足以构成“学问”(ἐπιστήμη)；因为学问的建立除了要求“知其然”外还更要求“知其所以然”(διότι)。[2] 而亚氏最脍炙人口的“四因说”，为的就是建立“ἐπιστήμη”。至于“ἐπιστήμη”的具体研究对象一问题，亚里士多德也不像今人一般只从“自然科学”着眼。他一生就“ἐπιστήμη”的范围作过许多不同尺度的区分，光从大处看，

① 英国起码从洛克（John Locke）开始便有“moral science”这种讲法，后由穆勒沿用，《穆勒名学》六卷中最后一卷即名为“Logic of the Moral Sciences”。直到今天，英国一些名校如剑桥以及都柏林三一学院还保留着“moral science”研习的传统。就科际区分而言，怀特海便曾明确地使“moral science”与“natural science”对比，参见 Alfred North Whitehead, *The Function of Reason*（Princeton：Princeton University Press, 1929), pp.47ff。此外，美国 Princeton Theological Seminary 首任神学教授 Archibald Alexander（1772—1851）曾著有 *Outlines of Moral Science*（New York：Scribner, 1854）一书。

② Aristotle, *Anal. Post.* I2, 71a21；Ⅱ, 99b–100b.

除了“理论的学问”(ἐπιστήμη θεορετικη) 外，起码有所谓“逻辑的学问”、“生产的学问” 和 “实践的学问”(ἐπιστήμη πρακτικη) 等[1]，而“实践”以下又可细分为“伦理学”、“政治学”甚至“经济学”等，而这些都是与人类的心智活动息息相关的。

至于德文的“Wissenschaft”这一概念，情况和希腊文的“ἐπιστήμη”大致相若。从字源学的角度看，“Wissenschaft”其实是从德文的“知识”(Wissen) 一词引申出来的抽象名词。自启蒙时期以来，所谓“Wissenschaft”一般都用以泛指任何有一定规模的学问。康德便提出了关于“Wissenschaft”最经典的界说：“任何一门学问 (Lehre)，只要能构成为一系统，即一按原则而被组织起来的知识的整体，都可称为‘科学’(Wissenschaft)。”[2] 在康德的时代，“科学”所谓的原则指的是“先验原则”，而最符合此定义的“科学”，在康德眼中，大概只有他所谓的“超验哲学”，所以康德甚至把只有经验原则的学问如化学 (Chemie) 也摒弃于严格意义的“科学”的殿堂之外。[3] 到后来的黑格尔 (Hegel)，由于进一步把原则了解为“思辨原则”，所以更让科学一词沾上了浓厚的形而上色彩。

---

① Aristotle, *Topics*, Bk.1, ch.14, 105b 18–20；cf. *Physics*, Bk.2, ch.7, 198a 28–31；*Metaphysics*, Bk.6, Ch.1, 1025b–1026a 18.

② Immanuel Kant, *Metaphysische Anfangsgründe der Naturwissenschaft*, KGS, Band 4, p.467. 同样的说法于《判断力之批判》等著作中亦可找到。

③ 同前引，KGS, Band 4, pp.468–471。

不过，德文里“科学”(Wissenschaft）一词这一种严格的用法，到了后来慢慢缓松下来。与其把科学宏观地从一知识整体的角度设想，科学一词愈来愈用来指谓各式各样的“个别学问”(Einzelwissenschaften)。这一种用法，直到今天还在扩散，重要的例子有“Erziehungswissenschaft”、“Rechtswissenschaft”、“Literaturwissenschaft”、“Sprachwissenschaft”、“Kunstwissenschaft”甚至“Religionswissenschaft”和“Theaterwissenschaft”等。单单从这些例子来看，所谓科学并不只限于今日一般所指的自然科学也是非常明显的。此外，上述的例子已充分显出，英美传统许多的所谓“文科”(arts subjects）在德文中往往都被列为“科学”。

不过，“Wissenschaft”概念最引人关注的问题，大概是学术领域中的“自然科学”与“人文科学”的对比并举问题。在德语世界里，直到今日为止广义的自然科学与人文科学之对比曾以不同方法来表达，而每一种对比方式背后都有不同的理论考虑。这些对比最有名的有以下几种：

1. Naturwissenschaft-Geisteswissenschaft
2. Naturwissenschaft-Geschichtswissenschaft
3. Naturwissenschaft-Kulturwissenschaft
4. Naturwissenschaft-Humanwissenschaft

其中，主张第一种对比的以狄尔泰（Dilthey）为最主要代表；主张第二种对比的则以海德格尔为最有名，但其实西南学派特别是李凯尔特早已提出，只不过不久旋即放弃[①]；主张第三种对比的最早大概是李凯尔特，李氏著作中有一本即名为 *Kulturwissenschaft und Naturwissenschaft*[②]。此外，基于他对"Kulturwissenschaft"的贡献，更曾于 1928 年获德累斯顿科技大学（TH Dresden）颁授 Dr. h. c. der Kulturwissenschaften 荣誉博士学位。[③] 而卡西尔本书所指的"Kulturwissenschaft"可说是步李氏的后尘。[④] 前三种区分中，到了今时今日，基本上以第一种最经得起时间的考验，因今日德国人谈起所谓人

---

① 西南学派的文德尔班 1894 年于履任斯特拉斯堡大学校长时曾发表有名的演说"历史与自然科学"（Geschichte und Naturwissenschaft），参见 Windelband, *Präludien*, Band 2（Tübingen：Mohr, 1921），pp.136–160。李凯尔特则在 *Die Grenzen der naturwissenschaftlichen Begriffsbildung* 书中正式以"Geschichtswissenschaft"一词与"Naturwissenschaft"对比。到后来的海德格尔亦曾常以历史与物理学或与数学相比。

② 李凯尔特所著 *Kulturwissenschaft und Naturwissenschaft* 一书 1899 年于 Tübingen（Mohr）初版。继而使用这一概念的包括社会学巨擘韦伯（Max Weber）。参见 Weber,"Die 'Objektivität' sozialwissenschaftlicher und sozialpolitischer Erkenntnis"，首刊于 *Archiv für Sozialwissenschaft und Sozialpolitik*, Band 19, Heft 1, 1904, pp.22–87。重刊于 *Gesammelte Aufsätze zur Wissenschaftslehre*（Tübingen：Mohr, 1922），pp.146–214，尤其是 p.180。

③ Heinrich Rickert, *Philosophische Aufsätze*, hrsg. von Rainer A. Bast, Tübingen 1999, pp.437f.

④ 几年前出版的本书的新英文译本的译者在该书译序中曾倡议说卡西尔"Kulturwissenschaften"一词的选用，是由于受到 Warburg Library for the Science of Culture 的启示。此说虽有一定道理，但要知 Warburg 所谓"science of culture"主要是与人类学之经验研究有关者，比起来还是李凯尔特的"Kulturwissenschaften"与卡西尔本书的主题更为接近。

文科学的，十之八九都表之以“Geisteswissenschaften”一词，至于“Geschichtswissenschaft”一词，虽有名家如文德尔班和海德格尔等曾用以与自然科学相对比，但这种用法今日已无人效法；今日即使有人还用上这一概念，指的肯定是“历史”这门学问而已。至于第四种对比中“Humanwissenschaft”一词则是近年德语世界因应英文的“Human Sciences”反过来缔造的，现时虽还不太流行，且涉及一些歧义，但由于理解是摸对了“人文”的路子，未来不难被更广泛地接纳。

观乎“Geisteswissenschaft”和“Kulturwissenschaft”等众多名目，其字面意义虽然不一样，但说到底都指向同一个领域，或者说，都是从不同的角度入手使关于人自身的学问和关于自然的学问区别开来。为了正本清源，和为免人们误以为我们在谈论着多种不同的“个别学科”①，我主张把“Kulturwissenschaft”、“Geisteswissenschaft”乃至逐渐开始流行的“Humanwissenschaft”等概念一律都译为“人文科学”，因为这是一种虽然折衷但却十分理性的做法。

总结地回顾希腊文“ἐπιστήμη”和德文“Wissenschaft”这两个词，我们可见其指谓的都是一些基于原则和有一定

---

① 可进一步补充的，是“Kulturwissenschaft（en）”、“Geisteswissenschaft（en）”等词在大多情况都以“复数”表达（如卡西尔本书书名），其指的不是个别学问，其理显见。相反地，语言学的“Sprachwissenschaft”却相对地主要以单数表达，即使偶尔被用作复数，也不外强调各民族的语言学的差异，各把语言学内部的各区域（如语法学、音韵学、语义学等）分化而论列。

规模的学问，而这些学问的内容是不限于自然对象的。此中，“Wissenschaft”比“Science”一概念更能保留“ἐπιστήμη”的原始意涵，和有更大的可塑性。概观德文中以“-wissenschaft”为词缀而产生的众多衍生词，其使用似乎表现了一极有趣的规律。我的观察是：这些衍生词理论上固可以单数（singular）或以复数（plural）使用，但在实际的使用上，通常都会偏重于单数或复数其中一面。在资讯发达的今天，这些用法上的偏重在互联网上很容易找到证据①。经过一番观察，我们大致可得出一个总结：一个“-wissenschaft”衍生词如果偏向以复数的形式被使用，则它主要是一个“统称”的用法（generic use）；相对的，如其偏向于单数的形式，则它主要是一个“特称”的用法（specific use）。

以“Sprachwissenschaft”和“Religionswissenschaft”这两个衍生词为例，它们主要被用作单词，因此基本上指的是关于语言和宗教的两门个别的或特殊的学问。当我们在翻译这些“个别学问”时，就其作为某一特称的“学问”或“学科”而言，简便译作“××学”便已足够，例如我们一般都把

---

① 笔者于2003年8月31日以Google.com作一网上搜索，目的是对如下一些与“-wissenschaft（en）”有关的语词被用作“复数”的百分率作一调查。经详细计算，所得结果如下：Naturwissenschaften，71.25%；Geisteswissenschaften，93.49%；Kulturwissenschaften，64.98%；Sprachwissenschaften，12.83%；Religionswissenschaften，13.67%。这些数字反映了某些语词的使用较倾向“统称”（如前三例），而某些则倾向“特称”（如后两例）。

"Sprachwissenschaft" 和 "Religionswissenschaft" 简捷地称为"语言学"和"宗教学"(而非"语言科学"或"宗教科学"),而这种用法是鲜有异议的。但再看"Kulturwissenschaft(en)"和"Geisteswissenschaft(en)"这两个概念,由于二者在语用上主要以复数的形式被使用[①],所以很明显地,它们指的并非一些特殊的或个别的学问,而是众多关于"人文"对象的学问的"统称"。明白了这一点,我们当更易理解,何以我们今日在译"Kulturwissenschaften"或"Geisteswissenschaften"等概念时,除了统一"人文"之称谓外,还必须强调其为"科学"!论者或会问:能不能把"人文科学"改译为"人文学",或有如一些颇通行的做法,译之为"人文学科"呢?就这一问题,我的回答是否定的,或起码是不应鼓励的。

要说明这一点,让我们先对"人文科学"和"语言学"这两个词作一比较。二者的德文虽然都以"-wissenschaft"结尾,但两者就使用上却有一很大的分别。首先,语言学是一种个别学问,"语言学"这个称谓正是要表达其为关于"语言"的"学问"。但"人文科学"却非一个别学问,而是一组

---

① "Geisteswissenschaft(en)"一词今日无论用作单数或复数,其均解作"人文科学",已少有争议之余地。但当知Geisteswissenschaft用作单数时,曾用以指谓较富宗教意味的"pneumatology"或"灵物学"(参见K. Ludwig Pfeiffer, "Culture and the Humanities: Symtomatologies, mostly historical, mainly German", http://pum12.pum.umontreal.ca/revues/surfaces/vol4/pfeiffer.html, November 15, 2003);此等例子的存在,更说明了何以后来西方学界倾向以复数的"Geisteswissenschaften"一词去带出"人文科学"的"统称"意涵。

以人类心智活动为对象的学问的统称，而最重要地，“人文科学”是与“自然科学”相对而立的，因二者同样都是“统称”的（例如，从没有人特别把语言学和自然科学相对而论）。在涉及对比这一情况下，我们便有不同的考虑：我们先前曾一再指出，在德文中，“Wissenschaft”的对象并不限于自然事物。因此，在对等原则下，如果我们把“Naturwissenschaft”译为“自然科学”，则便必须也同时强调“Geisteswissenschaften”或“人文科学”为“科学”，而不只是较笼统的“学科”。因为这里除了“对等”的考虑外，最重要的是还涉及“科学性”（Wissenschaftlichkeit）的问题。所谓“科学性”，就是指一门学问所以成为该学问的原则性理据。由于德文“Wissenschaft”一词本来的“原则性”意涵，则如果把“Naturwissenschaft”译为“自然科学”而把与之对比的“Geisteswissenschaft”等词只译为“人文学科”，无疑是要求“人文科学”把其“科学性”予以放弃。而这当然不是人文科学的学者所能接受的。

很明显地，人文科学之为科学与自然科学之为科学，其意义是不一样的。但尽管如此，人文科学学者却普遍认为这不应妨碍人文科学和自然科学具有对等的价值。在近世自然科学发展蓬勃的压力下，一代一代的人文科学学者遂必须致力争取“人文科学”应有的尊严和应占的席位。卡西尔《人文科学的逻辑》一书的撰作目的，正是要揭示人文科学的种种研究对象，说明这些对象得以表达背后的吾人的心智活动方式，和论列吾人能以什么方式对这些对象与活动进行认识、予以比较，进而参与这些活动的发展。此外，最重要的，是要透过自然科学与人文科学的对比反省，说明人文科学的“科学性”的特点。

Ⅲ

《人文科学的逻辑》一书成于1941年。根据卡西尔夫人的忆述，卡西尔曾设想本书可权充其毕生力作《符号形式的哲学》的第四卷。而卡西尔在《人文科学的逻辑》书中也清楚说明，其中有关文化哲学的理论探究，最终其实只能是一“符号形式的哲学”。① 既然这样，为什么不就这般名状，而另要把本书管作“逻辑”呢？

查“逻辑”一词，今天一般人多从其为形式推理之学，也即作为“形式逻辑”的一面去了解，但如我们对哲学史稍有涉猎，便当知“逻辑”一词，在西方长久以来本可作“心智运作的学问”解，② 而西方现代哲学两大巨擘康德和黑格尔

---

① Ernst Cassirer, *Zur Logik der Kulturwissenschaften*（Darmstadt：Wissenschaftliche Buchgesellschaft, 1961）, p.97. 本书以下简称 *ZLK*，以便征引。

② Heinrich Scholz, *Abriss der Geschichte der Logik* 一书对“逻辑”一词历来具有双重意义一点言之甚详。本书有中译本（《简明逻辑史》，张家龙译，北京：商务，1977）；此外可参见 Carl Prantl, *Geschichte der Logik im Abendlande*（Bristol：Thoemmes Press, 2001）。

都特别重视这一意义的“逻辑”。明白了这一道理，卡西尔《人文科学的逻辑》这一书名的意指便昭然若见。原因正如上一节所申论，“文化”归根究底是人类“心智活动”的历程和果实，所以本书之作为“逻辑”，从哲学传统上看，首先源来有自。

从当时的学术环境去考虑，卡西尔书“逻辑”一词的使用，骤看很易令人以为是卡西尔效法柯亨所致（柯亨曾著有《纯粹知识的逻辑》[*Logik der reinen Erkenntnis*]一书），但这种讲法并不全面。《人文科学的逻辑》一书第一章里，卡西尔清楚指出其之所以把本书称为人文科学的“逻辑”，其实是在取法维柯（Vico）的“诗性的逻辑”（logic of imagination）概念①。查维柯提出“诗性的逻辑”，就反面而言，固然是要与帕斯卡（Blaise Pascal）连成一阵线②，以与笛卡儿那一套以数学理论为基础的理性逻辑分庭抗礼，但正面而言，也正有为人文科学领域各种学问（如语言、神话、诗歌和历史等）建立理论基础的意思。

基于同样理由，卡西尔在本书第一章还特别强调赫尔德（Herder）对人文科学研究的贡献。他对赫尔德最嘉许的，是赫氏敢于对抗从沃尔夫（Christian Wolff）到康德偏重理性的

---

① *ZLK*, p.10. “Logic of imagination”这一概念，卡西尔后来在《人论》谈艺术一章亦有提及，参见 *An Essay on Man. An Introduction to a Philosophy of Human Culture*（New Haven：Yale University Press，1944），p.153。

② 帕斯卡曾提出有名的“心之逻辑”（logique du coeur）观念。

传统。当然，卡西尔正如赫尔德一般，并不反对理性本身，他们反对的，只是一股孤立的或“抽象的唯理文化”，因为这一种唯理文化所引生的“暴虐”势使“人类所有其他心灵上的和精神上的能力”都备受压抑。孤立的理性或许可以说明自然科学，但若要充分理解如诗歌、语言、宗教、艺术、历史等人文科学对象，则吾人便必须先从唯理的囿锢中被释放出来。①

本书的主旨，固在于探讨人文科学，特别是语言、宗教、美术等学问。在众多人文科学中，卡西尔特别强调语言学的楷模地位。在语言研究的传统中，他特别看重洪堡特（Wilhelm von Humboldt）的贡献，他不止一次征引洪氏认为“语言并非一产品（Ergon），而乃一活动（Energeia）”②这一有名的讲法，指其有助吾人理解一切人文科学的特质：就是均不能只停留在“对象”成品的层面观察，而必须从人作为文化缔建者的心智活动去考虑。《人文科学的逻辑》第一章谈论“人文科学之对象”时，就是要引导读者从“活动”、“功能”和“表达”乃至“意义”等于后文一再重现的主题去理解。

第二章“事物之感知与表达之感知”的要旨，是透过分析人类感知的结构，以进一步揭示人文科学应有的特点。大

---

① *ZLK*, p.11.

② Wilhelm von Humboldt, *Über die Verschiedenheit des menschlichen Sprachbaues und ihren Einfluss auf die geistige Entwicklung des Menschengeschlecht*, in *Werke in Fünf Bänden*, Andreas Flitner and Klaus Giel (ed.), Band 3 (Darmstadt: Wissenschaftliche Buchgesellschaft, 1979), p.418.

凡感知都涉及“主”、“客”或我与对象两个端点。面对着极端的自然主义的威胁，卡西尔指出在自然科学的观察下，所谓对象的一面，实都不外一“事物世界”，但人文科学所要感知的对象最终而言，并不是“事物”，而是与作为观察者的人具有同样素质的“其他人”，换言之，人文科学的最终对象乃一由人构成的“人格世界”①。而人格的特点不在乎其具有什么物理性质，而在乎其有“表达”的诉求。而自然科学和人文科学之间最大的张力，正在于在自然科学“当时得令”之下，连人文科学学者也对自己的研习对象的这些“人格”特性日渐模糊，甚至于要把这些“对象”化约为一些可用自然科学方法量化的性质，从而导致人类的“非人格化”（depersonification）乃至“物化”（reification）的危机。诚然，卡西尔很明白，人文世界不可避免地与自然世界交织在一起，而人文对象如绘画般往往要有自然物料作为其“托体”才能表现出具有某些内容，但基于人文对象最终出于人的活动，卡西尔乃提出研究人文对象除了要考虑其“物理存在”之层次和“对象表现”之层次外，还必须涉及其“人格表达”的第三个层次。②

第三章“自然概念与人文概念”首先开宗明义地指出要

① “Welt der Personen”一词如按西方基督教传统的理念解释，也可以译为“位格世界”。

② *ZLK*, p.43.

考虑的是“人文概念的逻辑性格”的问题。在本书最关键的这一章里，卡西尔一方面要使人文概念与自然科学中的普遍概念相区别，但在进行此一区别时，他非常明确地指出不能把人文概念简单地归入文德尔班所谓的“描绘性”的或那纯属历史性的“事态科学”之中。此中，他清楚表明人文科学绝非只求认识历史性的个别事件，因为作为一门具有科学性的“学问”而言，人文科学在处理事件事态时，亦必须先建立自己的概念，而这些人文概念一旦建立，亦必须具足某一种“普遍性”，并使特殊的事象能被“收蓄”于此一普遍概念之下，否则，所谓人文概念便根本没有理论效力可言。

诚然，人文概念之为普遍与自然科学中的概念之为普遍，其道理又并不一样。为了说明这一关键，卡西尔分别引用了洪堡特语言理论中的语言内在形式概念，和韦尔夫林（Wölfflin）美术理论中的风格概念为例子，以说明此等概念一方面并不像自然概念一般具备严格的性质恒常性和法则恒常性，但也并非只适用于个别历史事例，而在于能显出不同的人文活动与人文对象可表现出形式结构上的类同性，让我们能更深刻地掌握有关活动和对象对吾人而言的“意义”。借着布尔克哈特（Burckhardt）“文艺复兴人”（Renaissance Man）这有名的例子，卡西尔说明人文概念的“普遍性”并非一“存在”意义的普遍，而乃一“方向”（Richtung）上和“使命”（Aufgabe）上的普遍与统一。具体地说，我们把达·芬奇（da Vinci）、菲奇诺（Ficino）、马基雅弗利（Machiavelli）、米开朗琪罗（Michelangelo）、博尔贾（Borgia）等人都称为“文艺复兴人”，并不意谓其活动追随同一种法则或其作品有同样的物理性质可资辨认，而在于他们各展所长、各司各法地活出了同一时代的精神，和分担了同一种时代使命和为广义的人文生活内容缔造了同一种价值。①

在第四章“形式问题与原因问题”里，卡西尔提出可以“形式”和“原因”作为吾人理解世界时的两个最典型的进路，而二者又分别对应于源来有自的“存在问题”和“变化问题”。如单纯按照本书前面几章的理路，我们很容易得出一种想法，以为形式问题和原因问题是分别指向人文科学和自然科学的。这种想法在一定范围内是对的，但却非卡西尔的最终立场。首先，我们的确一方面看到近世自然科学不断从简单的元素或质点开始去追问事物的“理由”或“原因”，而却对只谈形式结构的理论表示高度怀疑。另一方面人文科学在沉吟于系统性的形式结构的对比（如语言的形式、宗教的仪式等）之余，却对其系统的起源问题讳莫如深。在这一关键上，卡西尔最后的立场是，作为人类理解的“两极”而言，形式问题和原因问题其实是对自然科学和对人文科学同样地生效的。因为存在与变化、形式与原因，其进路虽然不同，

① *ZLK*, pp.71–73.

但却可以互相补足。问题是我们必须知道在什么场合用哪一种进路。卡西尔还举例指出：在人文科学中，像语言这一基始现象，其“起源”问题虽然难以追寻，但这不排除我们可于“特定的”和“适合的”场合（如语言心理）中去追寻因果。基于同样道理，卡西尔也对现代自然科学最新的发展中对“因果”的重估作了很深刻的观察。他指出，物理学发展到了量子力学和生物学发展到了突变理论以后，自然科学终于自内部酝酿出对传统因果理论思维的严厉的冲击。①

第五章笔锋一转，重点地讨论了“文化之悲剧”这一严肃课题。这课题滥觞自卢梭（J. J. Rousseau）对文化的疑惑，而终由卡西尔的启蒙师西美尔明确重点地提出。卢梭的困惑在于怀疑人类的文化活动是否真的比“自然状态”的人类更能带来幸福。这一种疑惑，卡西尔认为可借康德认为人的文化活动能体现人的尊严一想法得以解脱。然而西美尔的反省却又进一步指出，人类文化活动最大的“悲剧”，正在于这些活动的结果最终与作为文化创建者的人自身日益疏离。具体地说，本来贵乎具备创意的文化活动所得的果实都难免被对象化为一些固定的产品，从而令创意反被扼杀；另一方面，文化活动日积月累的结果客观化而形成的制度文明，往往不能由文化创造者的人自身去享用，甚至反而成为人类存在的

① *ZLK*, pp.99–101.

威胁……西美尔这种消极的文化论调，几乎可说是马克思的商品异化理论在文化层面的翻版。

在反省这问题时，卡西尔认为西美尔过于悲观的论调是因为对文化发展机制的反省未够全面所致。他以语言现象为例，指出了语言作为文化成果的“固定性”与语言作为文化创作媒介的“革新性”的意义是同样重要，而且是相辅相成的。因为一切语言要被理解，必先要被约定为一有固定的意义的体系，如是创造和进一步的变革方有可能。卡西尔认为，基于同样道理，其他文化活动表面上的异化问题，亦必须从文化传统跨世代的传承角度去理解。他以彼特拉克（Petrarca）和伊拉斯谟（Erasmus）等文化巨匠为例，说明了每一年代的创作虽会被对象化，但这些创作之为可能，全都是因为得到古老传统的浸淫所赐。[①] 卡西尔这一番反省，和日后伽达默尔（Gadamer）的诠释理论可谓异曲同工。

我们绝不应忘记卡西尔《人文科学的逻辑》是在何其恶劣的历史环境下写成的。其中“文化之悲剧”一章的撰写动机，几乎与一千五百年前奥古斯丁（Augustin）写《天主之城》（*De Civitate Dei*）如出一辙。当年奥古斯丁目睹辉煌的罗马文明分崩离析，而世界似乎正走向无止境的黑暗，苦思苦索之余，乃提出了罗马帝国不过是众多尘世社会中的一种

① *ZLK*, p.112.

而已，而罗马文明的摧毁并不代表人类文明全幅的废弃，因为“City of Babylon”最终要由“City of Jerusalem”取代云云。同样地，卡西尔眼见在纳粹横行之下，欧洲文化的一切努力似将属枉然，其心境的窘迫亦可以想见。不过，卡西尔最伟大之处，是在这样窘迫的条件下也能抛开悲观的情绪，摆脱一短视的福报理论，从文化长远的传承着眼，重新肯定人类作为文化缔建者的意义和价值。此一传统得以递嬗，文化得以历久的过程，卡西尔宁称之为“文化之戏剧”(Drama der Kultur)，并认此中“根本没有所谓彻底的挫败，也没有所谓彻底的胜利”。① 而吾人一代一代的承担，无疑成为无可逃避的责任，而此一责任的履行，对卡西尔而言，正是人的尊严所在。

关子尹

二〇〇三年十月于香港中文大学

二〇二四年五月再订于柏林客寓

---

① *ZLK*, p.123.

再版译例

一、本书乃德国犹太裔哲学家卡西尔（Ernst Cassirer）所作。原书名 *Zur Logik der Kulturwissenschaften*：*Fünf Studien*，是卡西尔于流亡瑞典时期（1935—1941）写成者。原书于1942 年首次刊载于瑞典年刊 *Göteborgs Högskolas Årsskrift* Vol. XLⅧ（Göteborg：Wettergren & Kerbers Forlag，1942）。1945 年卡西尔于纽约逝世以后，此书一直未再重印。直到 1961 年，本书（第二版）才第一次于德国土壤上由达姆施塔特的 Wissenschaftliche Buchgesellschaft 重新刊行，这第二版基本上是根据瑞典首版不作任何更改重新排印而成的。这一部中译本即按达姆施塔特二版德文原本译成。

二、本书的中译本第一版于 1986 年于台北由联经出版事业公司刊行。这一次重刊的中译本，是于第一版的基础上由译者全面重校及重订的新版本。重订过程中，除订正了第一版译文的一些错误外，还对译文作了修饰，及增加了一定数量的译者注解。

三、为方便读者比对原文，本书排印时把达姆施塔特版德文原本之页码以“边码”标出。

四、德文本中存在着许多以“疏排法”（Sperrdruck）突显的关键词，今一律以楷体排出。

五、由于德文原本之段落往往长凡数页，加上本书除大分为五章以外，未进一步作详细分节，就阅读而言，实颇欠便利。今为求阅读方便起见，乃参照 Clarence Smith Howe 氏 1960—1961 年英译本之范例，把德文原本中过长之段落依内容组织结构酌量细分为若干小段。分段之标准部分参考 Howe 氏之英译本，部分由中译者拟定。

六、本书所附注释有两种：一种系原作者所附，一种由中译者所加。译者注释目的有二：遇原作者引述哲学经典（如柏拉图、亚里士多德、康德等）而未具载出处者，如译者能力可及，一律以注释方式代为征引；遇原文某些概念陈述过于简短，未足以令读者把问题关联于较复杂的理论背景者，则以译注略陈梗概。为资识别，所有译注最后均予标明，此外插入作者行文之间的夹注也都以方括号标示。

七、本书的基本翻译工作，已是近二十年前的事。当时我还在台湾东海大学任教。由于教务繁重，翻译工作只能断断续续地进行，整个过程足有八个月之久，期间还多亏许多友人的鼓励。首先要致谢的是江日新君，当年日新兄得悉我在考虑要翻译本书时，马上为我找来本书的德文原本，要不然，计划不知要拖到何时。更有甚者，当译稿初步完成时，我正好赶着返德国作半年研究，由于出版社的清样还未就遂我便得离台，日新兄乃自荐为我肩负起校对书稿的全责，特别是其中的德文和希腊文术语，当年如无日新兄的介入，相信会很难教人满意。日新兄这一份情谊，是我于二十年后的今天仍不敢忘记的。其次，我要感谢的是孙周兴君，因为本书这次重刊，完全出自周兴兄的提议和鞭策。周兴兄本身是国内近年德语哲学专业学者中译笔最为练达的一员，周兴兄的不弃，对译者重审译稿的工作而言，委实平添不少有积极意义的压力。最后，上海译文出版社同意出版本书的决定，和出版社同人为本书付出的辛劳，于此谨致谢忱。

二〇〇四年七月

再订于二〇二四年五月

台二版序

卡西尔《人文科学的逻辑》一书的翻译，是 1985 年间我在东海大学任教期间的事。当年译稿完成未几，便要举家匆匆离台再度赴德，所以连译序也未及撰写，这其实是颇令人遗憾的事。译作于 1986 年于联经出版公司出版后，虽然反应不俗，但自己其实一直觉得大有改善的余地。后来在香港中文大学有两三年借“学生为本课程”（STOT）之便，曾经带过好几届学生全书细读（虽已年代久远，仍记得的，起码有卢杰雄、邓伟生、洪维信、高慧玲、马婵芳、叶子彬、张秀玲、张燕、许秀娴等诸君）。由于对文本加深了理解，对译笔再作斟酌的意愿，便更为明确。然而，由于课业与研究两双繁重，要真的实行，诚非易事。

到了 2003 年间，上海同济大学孙周兴君来香港访问时，对我说拙译卡西尔《人文科学的逻辑》及另一本克罗纳《论康德和黑格尔》在大陆都很受欢迎（而且已有多种翻印本），故希望我同意他正式安排在大陆发行。我听后亦愁亦喜，愁的是自己已不满意的译笔仍然在到处流通，喜的是终于等到可再作修订的机会了。

由于我当年与联经签订的是转让合约，故我虽然花了许多时间对译文作了全面的修订，而且补上了迟来的译者序言，但新译 2004 年在上海译文出版社出版时，我除了得到一些样书外，是没有任何收益的。这对我当然不是一个问题，因为得到改善旧稿的机会，对我而言，其意义是任何收益都无法取代的。

又过了十年后（2013），上海译文出版社又再和我联系，说该社希望把卡西尔《人文科学的逻辑》一书再收入该社的另一个热门系列“大学译丛”之中，这事我当然也全力配合，结果我对全书又再从头修饰了一遍，在体例上也作了许多改善。这一点从我与这次重刊的责任编辑通函达数十遍便可知。

又再过了十年的 2024 年春天，这回是台北的联经出版公司来的消息，来信中提到大陆另有其他出版社也对卡西尔一译有兴趣，并正在商谈中。我得知后，觉得若能借此良机，在本书面世近四十年后在台湾出繁体字修订新版，以取代早已过时的初版，是何乐不为！这个想法，很高兴得到联经主编们的首肯和支持，于是修订工作于 3 月间便开始断断续续地进行。与上两回修订主要靠纸本作业最大的不同处，今次由于得以据联经提供的电子文本于计算机上自行处理，修缮工作便顺利得多，加上从 Project-Gutenberg.de 找到德文版的电子本，原文与译文的往返校勘更较前有效率多了，数月下来，遂能很有系统地把全书又作了一次深度的重校与重订。毕竟数十年来，自己对许多理论问题已有了一些较新的掌握，故除订正了几项前译的错误，更把许多词句的轻重浮沉和起承转合作了更合理的拿捏外，又再加了一些译注……

希望借着这再一次的处理，能够把卡西尔这本佳作的翻译与诠释工夫做到我能力内的最好！

最后，联经出版有限公司四十年前对本书的采纳，上海译文出版社两度出版本书的安排，联经重印新订再校台二版的决定，和二地两社方红玫、莫晓敏、沙淑芬和王盈婷四位责编校本书时的悉心处理和所付出的辛劳，译者于此谨致谢忱。

关子尹

二〇二四年七月十五日于香港中文大学

第一章　人文科学之对象

一

柏拉图曾经说过，惊异其实乃是一种哲学的激情，并且 1
说，一切哲学思维之根本，都可溯源于这一种惊异。假如柏拉图是对的话，便马上产生一问题：最原先唤醒人类的惊异的，并且把人类引导入哲学反省之途径的，到底是一些怎样的对象。它们是一些“物理性”的（physische）对象吗？抑或是一些“精神性”的（geistige）对象呢？此中居枢纽地位的，到底是自然的秩序，抑或是人类自身的创作（die eigenen Schöpfungen der Menschen）呢？

在这关键上，似乎有一相当直接之假定在显示说，天文学的世界乃是于一片混沌之中首先脱颖而出而被吾人所惊叹的对象。我们几乎于所有伟大的人文宗教传统中都能找到对天体仰慕的情形。透过这一种仰慕，人类得以离开感情的郁抑的樊笼，把自己超拔起来，而活跃地自由自在地对存在之整体（das Ganze des Seins）作广泛的直观。那一求借着一些神秘力量去驾驭自然的主观激情终于要隐退了；取而代之，对一普遍的客观秩序求作认识这一种向往渐渐抬头了。天体之运行、昼夜之交替和四时规则性的折返等现象，对人类而言，都是事态的规律性展现（gleichförmiges Geschehen）的一些伟大的例子。这一事态之展现简直是穷不见垠地远迈于人类自身的领域之上，而且是超脱于人类所有意欲与愿望以外的。它既不沾染半点情绪（Launenhaftigkeit）也不沾染半点反复无常性（Unberechenbarkeit）；而这些情绪性与无常性不单普遍存在于人类日常的行为之中，而且正好也刻画出了那“原始”灵异力量的影响（das Wirken der “primitiven” dämonischen Kräfte）。在这一些反省中，一种洞见曙露而出了：那一宇宙事态之展现涉及了一种影响（ein Wirken）和一种“实在性”（Wirklichkeit），而这种影响与实在性是被范囿于一固定的界限之内的，而且是与一种特定的法则相联结的。

然而，这样的一种感触立刻便要与另一种感触联结起来。因为除了自然的秩序以外，人类自身的世界中所存在着的秩序对于人类而言，其关系实在是更为接近的。因为人类自身
2 的世界并非只由随意性（Willkür）所控制。个体从他最起初的行动开始，便晓得他自身是被一些他自己无法以一己之力量影响的事物所决定和限制的。而那对他加以约束的，就是风俗习惯的力量（Macht der Sitte）。这力量虎视着他的每一举动，不容他享有一瞬刻的行动上的自主。它统辖所及的，不单只是人类的行动，甚至还包括了人类的感受与想象，人类的信仰与幻想。风俗习惯乃是人类存活于斯的一恒久的与持

续的气氛；它有如人类所呼吸的空气一般地无法为人类所规避。毫不惊奇地，在人类的思维中，对物理自然世界之直观是无法与对道德人事世界（sittliche Welt）之直观分割的。两种直观是彼此相属的；它们于其根源处是一致的。

所有伟大的宗教其实都把它们的宇宙起源学说（Kosmogonie）和道德学说（Sittenlehre）建立在这一种考虑之上。它们之间似乎有一种共宗之法：它们都共同认为创世神（der Schöpfergott）当具足一双重的身份和当担负一双重的职责——即同时作为天文秩序和人事秩序的创制者（Begründer der astronomischen und der sittlichen Ordnung），和同时使这两种秩序脱离混乱的魔掌。在吉尔伽美什叙事诗（Gilgamesch-Epos）中，在吠陀经（Veden）中，乃至在古埃及的创世传说中，我们都可发见这同一种观点。在巴比伦的创世神话里，马杜克（Marduk）即便要与那缺乏形状的混沌——亦即要与怪兽提雅玛（das gestaltlose Chaos, das Ungeheuer Tiamat）——展开斗争。当马杜克战胜了提雅玛后，他便创立了宇宙秩序与法理秩序（Rechts-Ordnung）的种种永恒标记（Denk-und Wahrzeichen）。他规定了星体的轨迹；制定了黄道十二宫的生肖循环（Tierkreis）；他固定了日、月和年份的次第。与此同时，马杜克还为人类之行为立下了界限，叫人类无法逾分而不遭惩罚；马杜克之为神也，在于彼能“洞察秋毫，诛惩恶贯，儆除歪叛，匡持正道”（ins Innerste blickt, der den Übeltäter nicht entrinnen läßt, der die Unbotmäßigkeit beugt und das Recht gelingen läßt)。①

与此一人事或道德的秩序相依而立的还有一些其他同样
慑人和同样充满神秘感的秩序。因为大凡一切由人类所创造
的或一切出自人类双手的事物，都有如一些难以理会的谜一
般地萦绕着人类。当人类在观察他自己所一手完成的作品
时，似乎简直无法相信他是这些作品的创造者。这些作品似
乎凌驾于人类之上；显得不仅不能为某一个体所完成，甚
至显得根本是整个人类都不能企及完成一般。若果人类要
指出这些作品的根源（Ursprung）的话，则他们除了要诉诸
一神话性的根源（mythischer Ursprung）之外，便再无他途
了。它们是由一位上帝所创造的。一位救世主把它们自天上
带到了世间，并教导了人类如何去使用它们。这一种文化-
神话（Kultur-Mythen）贯穿于所有世代和所有民族的神话
3 之中。②人类的技术性机巧（das technische Geschick）于过
去千百年的历程中所产生的，并不是一些由他们成功地成
就出来的事迹，而是一些来自上天的赋给与赐予。每一种
工具（Werkzeug）都有这样的一个超尘世的起源。在许多
原始民族中，例如非洲南多哥的埃维部族（die Ewe in Süd-

---

① 详细分析请参考作者著《符号形式的哲学》(*Philosophie der symbolischen Formen*)，第二卷，pp.142ff。

② 有关资料，请参见布拉释（Kurt Breysig）：*Die Entstehung des Gottesgedankens und der Heilbringer*［拟译为《上帝观念源起与救赎者》］(Berlin，1905)。

Togo）中，直到今天，他们仍保留一种习俗，就是于每年一度的丰年祭中，对如斧、刨、锯等各种各类的器具作献牲祭典[①]。

与这些物质工具相比较之下，那为人类自己所创造的智性工具（geistige Instrumente），对于人类而言，便更显得高不可攀了。这些智性工具似乎也是一些人力无法企及的力量的展示。此中最好的例子，就是作为一切人际沟通和一切人群社会组织底条件的语言和文字了。那一位手创文字的神祇，于整个神权系谱中一直都被赋给一特殊而且优越的地位。在古埃及的传统里，月神透特（Thoth）便同时是"诸神中的善书者"和天上的裁判者。透特教诸神与众人类知道其各自的位分；因为他决定了事物的尺度（das Maß der Dinge）。[②]语言与文字即就是这尺度的根源，因为语言和文字除了具备许多能力之外，最重要的，还具有一种能力，足使一切流徙变易的都得到安固，而使其免陷于偶然与随意。

综合上面有关神话和宗教的说明，我们隐约得到一种印象：人类的文化并非单纯地为被给予和单纯地为不言而自明的，相反地，人类文化乃是一种有待诠释的奇迹。但是，要从这一种印象导出一更深邃的自我反省（tiefere

① 参见施皮特（Spieth）：*Die Religion der Eweer in Süd Togo*［拟译为《南多哥埃维部族的宗教》］，p.8。

② 参见莫雷（Moret）：*Mystères Egyptiens*［拟译为《埃及玄秘录》］（Paris，1913），pp.132ff。

Selbstbesinnung），则人类不仅先要对这一种问题的提出感到有所需求和感到合理，并且还要进一步地去创立一些能够回答（beantworten）这些问题的独特的和自足的程序或“方法”。这一个过渡性的步骤在希腊哲学里首度展现：而这正表征着精神文明的一个重要的转捩点。如此，一种崭新的力量才被发见，只因为这一力量，有关自然的科学和有关人类文化的科学才被孕育出来。神话时代的解释尝试，时而朝向这一现象，时而朝向那一现象，这些神话式的解释尝试的不定多元性（unbestimmte Vielheit）如今慢慢消退，取而代之的，人们产生了一种新的想法，承认有所谓存在的贯彻的统一性（durchgängige Einheit des Seins），而且又认为有一原因上之彻底统一性与上述的统一性相对应。这种统一性只有纯粹的思
4 维能够掌握。那构造神话的想象力的多姿多彩的构作如今要接受思想的批判的考验而被根绝了。

然而，这一种批判性工作进行之余，必有另一正面的工作相伴而生。那一度被思维摧毁的，亦必须由思维以本身之力量和尽本身之责任去重新缔造。我们只要顺着前苏格拉底哲学家的哲学系统去考察，便不难理解，他们是如何地以一种令人钦佩的贯彻态度去着手从事这一项任务，和如何一步一步地去推进。在柏拉图的理型说和在亚里士多德的形而上学中，这一项工作达成了一项解决，而这一解决方式于继后几个世纪一直保持其决定性的和经典性的地位。若果没有经

过一项艰巨的工作作为前驱的话，上述这种综合便将会是不可能的。许多骤看起来似乎极端地相对立的趋向都参与了这一项工作，它们分别自不同途径对问题作铺陈与解答（Problemstellung und Problemlösung）。然而，这一个庞大的工作，就其出发点和就其目标去观察，大致上可被概括地归纳为一个基本概念。这一概念首先被希腊哲学所发现和由希腊哲学顺着它的各种侧面作出增补完成。于希腊思想发展中扮演这一种角色的，是逻各斯（Logos-Begriff）这一个基本概念①。

逻各斯这一概念首见于赫拉克利特（Heraklit）的哲学中；即使在这样一个早期的表述中，我们已经可以隐约感觉到它的独特的意涵，和它的未来的富饶了。赫拉克利特的哲学骤看起来，似乎完全地是建立在爱奥尼亚（Ionian）自然哲学的基础之上的。他同样地把世界视为一些在彼此交互替代的物质之整全体。但是，对赫拉克利特来说，这只不过是事物的展现之表面（die Oberfläche des Geschehens），而他现在却要透察“事物的展现”的深向度（eine Tiefe），而这一深向度是一直以来未曾被人类的思想所揭示的。爱奥尼亚思想家同样地不会满足于单纯的“实然”之知识（Kenntnis des “Was”）；

① 有关这一概念的一些更详细的讨论可参考我有关古希腊哲学的讨论，编列于德索瓦（Dessoir）编：*Lehrbuch der Philosophie*（Berlin，1925），Band Ⅰ，pp.7–135；此外请参见作者：“Logos，Dike，Kosmos in der Entwicklung der griechischen Philosophie”，*Göteborgs Högskolas Ärsskrift*，XLⅢ，1941:6。

他们还要追问“如何使然”(Wie）和要追问“因何使然”(Warum)。

但是，这一个问题发展到赫拉克利特时，是以一个崭新的和远为尖锐的形式出现的。当赫拉克利特如此地陈构其问题的时候，他已经明了地知道，单凭知觉（Wahrnehmung）是无法对这一问题作出回答的，而一直以来，自然哲学的思辨活动却正好是徘徊于这一知觉的范围之中。只有思想（Denken）能为吾人提供答案：因为在而且只在这里，人类才
5 可以挣脱其个体性之枷锁。人类再不只顺从“一己之意见”，而却能理会那普遍的与神性的。一般所谓的“ἰδίη φρόνησις”，所谓的“个人的”见解[①]，如今要被一普遍的宇宙法则所取而代之了。如是，依赫拉克利特之意见，人类乃得以挣脱神话式的梦幻世界（mythische Traumwelt）及其狭隘的感知世界之樊笼。而这正就是醒觉与清醒状态的特性（der Charakter des

① 卡西尔原文是“An die Stelle der ἰδίη φρόνησις, der ‘privaten’ Einsicht, ist ein universelles Weltgesetz getreten”。此中“ἰδίη φρόνησις”就是“个人一己之见解”的意思。卡西尔这句话应该是依据赫拉克利特《残篇》Diels/Kranz 编目第 2 条的一句话。拟译如下：“我们实应该与那普遍的相符合，那普遍的（ὁ κοινός）却是共同的（ξυνός）。然而道理虽然是共通的，但是许多人仍然都如此地活着，宛似他们都有他们一己的见解一般（ζώουσιν οἱ πολλοὶ ὡς ἰδίαν ἔχοντες φρόνησιν）”。参见 Diels/Kranz 编：*Die Fragmente der Vorsokratiker*, Band Ⅰ（Berlin：Weidmannsche Buchhandlung, 1934), p.151（22 B2)。此外又可参见 Jaap Mansfeld 新近编译的 *Die Vorsokratiker I*（Stuttgart: Reclam, 1983), p.245。在为赫拉克利特的上述片段作中译时，偶而想起王船山解《庄子》“齐物论”中有如下一番话：“天之静而不受人之益损，儒听其为儒，墨听其为墨，朗然大明，自生自死于其中，向奚假辨焉？”——译者

Wachens und Erwacht-Seins），在这一清醒状态里，人类个体与个体之间拥有一共同的世界，而倘若人们是厕身于梦境中的话，则每一个人将会活于一个只属于他自己的世界里，而且囿困于其中，沉湎于其中。[①]

如是，整个西方哲学思维便面临了一项新的工作，一个崭新的方向被奠定了，而自此以后，这一方向是再无法规避的了。自从这一种想法贯穿于各个希腊哲学学派以来，一切对实有之认知便从此都一定程度地要涉及“逻各斯”这一个基本概念——也因此必须涉及最广意义的“逻辑”。即使到后来，当哲学的领导地位被褫夺，和当人们尝试自一哲学无法达到的领域去寻找那所谓“普遍与神性”的时候，上述这一种逻辑的牵涉情形一样地继续维持不变。

基督教世界（Das Christentum）基本上是反对希腊的理智主义（Intellektualismus）的，但是它却并不能够、也不希望回归到一纯然的非理性领域（Irrationalismus）上去。因为逻各斯这概念亦然是深深地根种于基督教传统中的。基督教教义的发展历史正好把基督教这一谈救赎的宗教在面对希腊哲学精神而展开的一场持续的斗争反映出来。在精神文化史的

---

① 卡西尔这一番话是根据赫拉克利特《残篇》Diels/Kranz 编目第 89 条，参见 Diels/Kranz，Ⅰ，p.171（22 B89）。此一片段于 Mansfeld 书未见登录。此外，康德早年著作中的“*Träume eines Geistersehers erläutert durch Träume der Metaphysik*”一短论中亦可找到相类似的话。参见 *Kants Gesammelte Schriften*，Band Ⅱ，p.342。——译者

角度下（geistesgeschichtlich）观察，这一场斗争是既无胜利者、亦无臣服者的；而同样地，我们也无法期待这一斗争能够为对立的双方带来一个真正的内在消弭。若有论者试图把希腊哲学中的逻各斯概念与《约翰福音》中的逻各斯概念置于一个共同的标准之下（auf einen Nenner bringen）的话，则这种意图亦注定是将属枉然的。因为在上述两个传统中，个体与普遍之间的联系，有限与无限之间的联系，乃至人类与上帝之间的联系方式都是迥异的。

依照巴门尼德（Parmenides）的比喻，希腊人的存在概念与希腊人的真理概念可以比喻为一个固定地静处于其自己的中心点的“圆满之球体”。① 它们两者都是自我圆满和自我封闭的；彼两者之间（即存在概念与真理概念之间）不但存在着一和谐，甚至存在着一真实的同一性（wahrhafte Identität）。基督教世界观的二元论却宣告了此一同一性之终结。

自此以后，再没有任何知识上的努力与再无任何纯粹思维上的努力足以弥补这一条于存在上面划过的裂缝。诚然，基督教哲学亦从未曾放弃去追寻那本来是内在于哲学这概念中的统一性。然而，当基督教哲学愈是不能把这相对的两极
6 之间的张力消除之际，他便愈倾向于要在其自身之范围以内

① 参见巴门尼德遗下著述 Proömium，收于 Diels/Kranz 编：*Die Fragmente der Vorsokratiker*，Band Ⅰ，p.238（28 B8:43）。另参见 Jaap Mansfeld，*Die Vorsokratiker* Ⅰ，p.323/323。——译者

运用其自身的思维工具（mit ihren Denkmitteln）去使它们互相协调。所有伟大的经院哲学（scholastische Philosophie）系统都是循着这一些意图而产生出来的。他们之中没有人敢于对天启（Offenbarung）与理性之间，信仰与认知之间，乃至恩典国度（regnum gratiae）与自然国度（regnum naturae）之间存在着的对立予以否认。对他们来说，理性或哲学凭着其自身之力量是无法建造出一世界图像的；它们所能够享用的一切照明，都不是来自它们自己，而是来自一个另外的而且较为高层的光源（Lichtquelle）。但是，只要理性或哲学坚定地朝着这一光源注视，只要它不要标榜一些什么自足的和自行操作的力量（eine selbständige und selbsttätige Kraft）去与信仰相对抗，而一心一意让信仰去作向导的话，则理性便将可以臻于那为它安排好的目标。信仰之原力（Urkraft des Glaubens）只透过一种直接的恩赐的途径，亦即一来自神的“光照”(illuminatio）方能为人类获得，而这种信仰之原力便同时决定了人类的认知之内容与范围了。就这一点而言，“信仰寻找理解”(fides quaerens intellectum）① 这一句话可被看作整个中世纪基督教哲学的缩影与箴言。

在经院哲学全盛时期的系统中，尤其是在托马斯·阿奎

① 这句话由英国中世纪神学家安塞姆（Anselm of Canterbury）提出，意谓基于信心，信仰者会力图运用理解，加强自己对神之认识，从而让信仰进一步巩固。参见安塞姆：*Proslogion*。——译者

那（Thomas von Aquinas）的哲学中，骤看之下，那一综合似乎已经达成，而那一失落了的和谐又似乎已重新被建立起来了。“自然”与“恩典”(Gnade)、“理性”与“天启”似乎再不彼此冲突了，自然与理性好像都在指向恩典与天启而且在向它们提升。文化世界（Der Kosmos der Kultur）似乎因此而再度统一团结起来，并建基于一稳固的宗教性的核心之上了。

但是，经院哲学这个让基督教信仰与古代的哲学知识得以彼此依存的精巧的建构，当其面临那一崭新的知识上的典范时，便立刻土崩瓦解了；这一新的知识上的典范无与伦比地决定了和塑造了现代科学之性格。那数学性的自然科学重新回归到古代的认知的理想上去。开普勒（Kepler）和伽利略（Galilei）可以直接地承接毕达哥拉斯（Pythagoras）、德谟克利特（Demokrit）和柏拉图（Platon）的基本观念。但是，在他们的研究中，这些古代的思想立刻获有一崭新的意涵。因为他们能够成功地于智性与感性之间（zwischen dem Intelligiblen und Sinnlichen），即于“κόσμος νόητος”与“κόσμος δρατός”[①]之间去建造一条古代科学与古代哲学一直

① “κόσμος νόητος”与“κόσμος δρατός”多解为“思想世界”与“感官（视觉）世界”。但严格而言，这两个语辞很难直译，因为一方面的“νοεῖν”、“νοῦς”和另一方面的“δράω”于希腊文中之意义均不很单纯。上面的译名大概只能就柏拉图理论而生效。事实上，这种二分法，亦以柏拉图为主要代表。可参见柏拉图：《理想国》，第六卷，508c，509d。——译者

无法建造的桥梁。在数学知识面前，“感官世界”与“理智世界”之间的最后一度阻隔似乎也要崩溃了。物质之为物质（Materie als solche）显然地渗析着数之和谐（Harmonie der Zahl），而且显得是被几何学之律则性所驾驭着的。在这一 7
项普遍秩序之前，所有那些本来已被亚里士多德/经院物理学所安立了的相对性又因而销声匿迹了。再也没有什么“较低”和“较高”之对立，再也没有什么“上面的”和“下面的”世界之对立。世界只有单单一个，正如那有关世界之知识（Welterkenntnis）和宇宙数学（Welt-Mathematik）只有一种一般。

笛卡儿（Descartes）的“普遍学科”（mathesis universalis）之概念可以说已经为这一个现代科学研究之基本构想觅得了一个彻底的哲学理据了。普遍学科的世界，作为一个秩序与尺度的世界（Kosmos von Ordnung und Maß）是概括了并且穷尽了一切知识的。它自身是完全地为自律的（autonom）；它不待任何支持，而且，除了那些它能不假求于外而于其自身中能够发见的事物以外，它不接受其他任何东西作为其支持。直到如今理性才堪足以仗着它的清楚与明晰的观念去涵摄存在之全体，直到如今理性才足以秉其一己之力量去穿透与制服这一存在之全体。

那经典性的哲学上的理性主义的这种基本构想不单使科学变得富饶与开敞，而且更为科学赋予了一崭新的意义与目的，这一点我们于此毋庸赘述了。自笛卡儿到马勒伯朗士（Malebranche）与斯宾诺莎（Spinoza），自斯宾诺莎到莱布尼茨（Leibniz）这一连串哲学系统之发展已为我们提供了持续的证明了。这一发展直接地显示了，崭新的普遍数学（Universalmathematik）之理想如何相继不断地征服了一个又一个的实有知识的领域（immer neue Kreise der Wirklichkeitserkenntnis）。在笛卡儿原先的构想里，他要求只容许一个惟一涵盖一切的知识方法；这一个原先的想法在到了笛卡儿最后定型的形而上学系统中却已被违背了。因为在运作的途径上，思维最后终于被引导到存在的一些特别的根本分别（radikale Unterschiede）之上，而这些分别是思维无法不如此地予以容忍和承认的。

实体之二元论（Der Dualismus der Substanzen）把笛卡儿的方法上之一元论（Monismus）约束了，并为后者立下一定之界限。最后的结果似乎在显示，此一方法为其自身所制定之目标是无法于作为一整体而言的实有的知识（Wirklichkeitserkenntnis）而达成的，这一目标似乎只能于此一实在的知识之某些特定的部分达成。物体世界（Körperwelt）是毫无保留、毫无限制地服从于数学思想的统辖之下的。在数学的辖治里，根本就没有所谓无法设想之剩余（keinen unbegriffenen Rest）；根本没有所谓暗晦的“性

质”，也即没有一些相对于量①与数（Größe und Zahl）等纯
粹概念而言为自足的与不可化约的东西。这一切都已经被解
决了和被消解湮灭了：因为“物质”与纯粹广延性之间的同
一性确保了自然哲学与数学之间的同一性。然而，在笛卡
儿的哲学中，与广延之实体比邻而立的却有那在思想中之
实体（die denkende Substanz）②；而此两者归根结底却都必须
自一共同之原始基础（Urgrund），亦即自上帝的存在导生而
得。而在笛卡儿谋求把实在的这一原始层面（Urschicht der
Wirklichkeit）剖析展示并予以证明的当儿，他便即遗离了他 8
的方法上的基本路线了。在这个场合里，他再也不以运用他
的普遍数学（Universalmathematik）之概念，而是运用中世纪
存在论之概念去进行思考的。他必须先行假定这些概念之有
效性，他必须自这些观念之“客观”存在出发去推论出事物

---

① “Größe”（英译一般为“Magnitude”）这一概念在这里译为“量”有待如下说明。原本中之“Größe”，正如英文中的“Magnitude”一般，最低限度可有“大小”与“量”两解，而两者却分别对应于拉丁文的“quantitas”与“quantum”。前者（quantitas）是对应于一可被量度的（measurable）事物而言其“有多大尺码”，因此可译为“大小”。然而事物之能依其大小而被量度，必先假定其具有可被量度之度量，正文中“Größe”若果所取的不是“quantitas”而是“quantum”的意思，则不指其可量度的具体之大小尺码，而指事物的“可量度性”，也即事物之度量或“量”。卡西尔此间使与数（Zahl）并列而称为纯粹概念之“Größe”，言下之意实应指“量”。有关问题可参见 Kant, *Critique of Pure Reason*, A162/B202ff；另参见 Martin Heidegger, *Die Frage nach dem Ding*（Tübingen: Niemeyer, 1962），p.152（英译：*What is a Thing*）。——译者

② 所谓“广延之实体”和“思想中之实体”之分别当然是指笛卡儿著名的“res extensa”与“res cogitans”之间的分别了。——译者

的“形式的”实在性，只有这样，他才可以成功地去完成他的证明。

笛卡儿的后继者一直在努力以求把这一矛盾摒除，并且他们都获得了成果。笛卡儿曾为广延实体（substantia extensa）达成的证立，他们进一步地都要求同样地并且以具有同样说服力的方式去为那认知中之实体（substantia cogitans）和为神性实体（divine substance）证立之。斯宾诺莎就是循着这一条途径被引导至把上帝与自然置定为同一（In-eins-Setzung von Gott und Natur）；莱布尼茨亦是循着同样的途径去构想出他的“普遍征象”(allgemeine Charakteristik)。他们两者都怀抱着一种信念，认为只有透过这一种方式，吾人方可以为泛逻辑主义（Pan-Logismus）与泛数学主义（Pan-Mathematizismus）取得证明。现在，近代的世界图像与古代及中世纪的世界图像之间的分别乃可以很精确地和很明晰地描绘出来了。“精神”(Geist) 与“实在性”(Wirklichkeit) 不仅已彼此和解了，而且，它们甚至彼此渗透贯通了。它们之间再不只存在一些只涉及外在影响的或外在对应性的关系了。此中所涉及的，早逾于古代和经院哲学知识论所一直奉为知识的绳墨的那所谓“理解与事物之相符合性”(adaequatio intellectus et rei) 了。此中所关涉到的，是所谓的“预定和谐”(Prästabilierte Harmonie)，是思想与存在之间或那观念与那实在两者之间的一种最终极的同一性。

这一泛数学意义的世界观所经历到的第一次约束（Einschränkung）是根自这样的一组问题的（Problemkreis），这一组问题于现代哲学的早期仍然未曾如是地形成，又或只不过以一粗略的梗概被提出而已。一直到了18世纪后半叶，一崭新伟大的分野方被划定，这一组问题的真貌才逐渐被体会，而且最后终于被置于哲学的自我反省之核心。古典的理性主义并不满足于对自然之征服（Eroberung der Natur）；彼更意欲建立一个内部自圆的“人文精神科学之自然系统”（ein in sich geschlossenes “natürliches System der Geisteswissenschaften”）。人类的精神（Der menschliche Geist）似应要停止建造一个“国中之国”（einen “Staat im Staate” zu bilden）；它应该自同样的原则被认识和应该服从于同样的律则性之下，一如自然（Natur）一般。格劳秀斯（Grotius, Hugo）所制定的现代自然法（Naturrecht）就是建立在法律知识与数学知识之间存在着的一项彻底的类比之上的；而斯宾诺莎则建造了一崭新的伦理学，这一种伦理学以几何作为其取法的典范，并且借着几何的典范去描绘出其目标与途径。 9
一个范域似乎要这样才圆满地构成；因为只有如此，数学性思维之圈套才得以用同样的方式去把物体世界与心灵世界以及把自然的存在与历史的存在予以笼罩。但是，就在这一关键上，一个最为首要的疑问产生了：历史学是否可以有如物理学和天文学一般地以一数学化的方式（Mathematisierung）

去表达呢？历史学是否只不过为“普遍学科”的一个特殊例子而已呢？

第一位尖锐地提出这一个问题的思想家乃是维柯。维柯的“历史哲学”的真正贡献并不在于他有关历史过程（Prozeß）与有关个别阶段之韵律性（Rhythmus）的具体内容之主张。维柯把人类的历史分为若干时期（Epochen），并尝试于其中厘定一定的次第（Abfolge），即一自“神明的”（göttlich）年代到“英雄的”（heroisch）年代的过渡，和一自“英雄的”年代到“人类的”（menschlich）年代的过渡：这一切其实都掺杂了维柯的种种幻想。然而，维柯却很清楚地体会到一个要点，并且就这一点很坚决地向笛卡儿提出了反对：这就是有关历史知识于方法上之特色（methodische Eigenart）和其方法上的特殊价值（methodische Eigenwert）。而他绝不犹疑地要把这一种价值置于纯粹数学知识之上，他并且认为笛卡儿《思想导引规则》（*Regulae ad directionem ingenii*）一书中开卷不久提到的所谓“人类智慧”（sapientia humana）这一理想的真正至极成就即在于这一种历史知识之价值之上。

对于维柯来说，吾人的知识之真正目标并非对自然的知识，而是对吾人自身之知识。若果哲学不谦逊地满足于此，而去要求一些神性的或绝对的知识的话，则哲学便将逾越其自身的界限，而使其自身陷入一危险的歧途之中。维柯就有关知识问题而言，是信奉如下一个最高的法则的：一切存在只对它自己所造出的（hervorbringt）事物能真确地理解与贯穿。吾人的知识的范围并不能逾于吾人的创造（Schaffen）的范围以外。人类只于他所创造的领域之中有所理解；这一项条件严格地说，只能于精神的世界中实现，而不能在自然中获致圆满。自然乃是上帝的构作（Werk Gottes），因此，自然是只能够在创造它的神性理智中全相朗现的。人类所能真正理解体会的，并不是事物之本性（die Wesenheit der Dinge），因为事物是永远无法为人类所穷尽的；人类所能真正理解的，乃是他自己的构作的结构与特色。甚至数学，彼亦是由于上述缘由而获得其明晰性与准确性的。因为数学是并不关联于一些它之将要模仿（abbilden）的实在的自然对象之上，而只关联于一些思想自由投射地创造出来的观念性对象之上。但当然地，数学这一种独特的价值也立即 10
划定了其不能逾越的界限。数学所处理的对象所拥有的存在地位，实在是无异于一种由人类的精神所赋给的抽象的存在。

如是，吾人之知识乃面临着一项无可避免的选择了。吾人之知识一方面或可以导向于一“实有”的领域（auf“Wirkliches” richten）；但是，在这一种情况之下，它却不克完全地刺透其对象，而只能就一些个别的特征与标记（Merkmale und Kennzeichen）去对这些对象作经验性的和渐进式的描述。又或，人类的知识另一方面又可以获得一完全的体会（einen vollständigen Einblick）或获得一种能为它刻画出其对象的本性与本质的适当观念，但是，这样的话，则它便不能逾出其自己的概念构作（Begriffsbildung）之范围以外。在这种情况之下，对象所具有的性质，就只有知识在为它［指对象］作随意界定（willkürliche Definition）时所赋予给它的那些性质。依维柯的看法，若果我们希望在这一两难中谋一出路，则我们必须同时逾越于数学知识之领域与对自然的经验知识之领域以外。

人类文化（Kultur）之作品（Werke）乃是惟一能于其自身之中把两种条件统一的，而这两种条件正是圆满的知识的基础；这些人类的文化作品不单只具有一概念构思性的存在（ein begrifflich-erdachtes Sein），而且更具有一特定的、个别性的和历史性的存在。然而，这一存在之内在结构对于人类的精神来说是可臻及的（zugänglich）和是开放的（aufgeschlossen），因为人类的精神即是此一存在之创造者。神话（Mythos）、语言、宗教、诗歌：这些都真确地是一些与人类知识相应的对象。而维柯正是要朝着这些对象着手去缔造他的"逻辑"。于是，逻辑学首度敢于突破数学与自然科学之范围，并且在数学与自然科学以外把其自身的世界建构成为一人文科学的逻辑（Logik der Kulturwissenschaft），作为语言的、诗歌的和历史的逻辑。

维柯的《新科学》(*Scienza nuova*)①一书的书名委实是太恰当了。这一本书可说是发前人所未见，然而，这一书的崭新处不在于答案的提供，而在于问题的发掘。甚至，一直以来，人们甚且不把突出这些问题中之宝藏这一份功绩归予维柯。事实上，维柯思想中半神秘地蛰伏着的许多问题，一直要等到赫尔德，方被提升到哲学反省的层面之上。然而，即使赫尔德亦不是一个严格的和系统的思想家。他和康德的关系已经很清楚地显示出，他是极不赞同以一严格的意义去进行所谓“知识之批判”(Erkenntniskritik)的。他根本就不要从事分析，而是要从事直观视察(schauen)。对他来说，大凡一切不是完全确定和具体的与不是饱和着直观内容的，都是空洞的。然而，赫尔德的著作之重要性，并不单在于其内容 11
(Inhalt)，并不单在于他的语言哲学，他的艺术理论，或他的历史哲学中的一些新见解之上。我们可以从赫尔德的著作中学到的，是此中一崭新的认知形式(Erkenntnisform)崛起了

① 维柯的《新科学》(*Scienza Nuova*)一书现有最新由Leon Pompa氏编校译的英文版本，收录于其“Vico: *Selected Writings*”(Cambridge: Cambridge University Press, 1982)中。有关维柯《新科学》之讨论资料现已渐见蓬勃。读者可参见1. Giorgio Tagliacozzo and Donald Phillip Verene (ed.), *Giambattista Vico's Science of Humanity* (Baltimore/London: Johns Hopkins University Press, 1976)；2. *Giambattista Vico: An International Symposium* (Baltimore/London: Johns Hopkins U.P. 1969)；3. Leon Pompa, *Vico: A Study of the 'New Science'* (Cambridge: Cambridge University Press, 1975)；4. Isaiah Berlin, *Vico and Herder: Two Studies in the History of Ideas* (New York: The Viking Press, 1976)。——译者

并终于得到突破性的发展；诚然，这种认知的形式是不能与知识的质料分离的，而且是要透过其对这些质料的自由组织（in der freien Gestaltung dieser Materie）和透过其精神性之驾驭与贯彻方能显出。

正有如维柯在反对笛卡儿的泛数学主张和反对笛卡儿的自然图像的机械观一样，赫尔德亦一样地在反对沃尔夫的经院哲学系统和反对启蒙时期（Aufklärungszeit）的抽象的唯理文化（Verstandeskultur）。赫尔德所要对抗的，乃是这一文化背后的暴君式的专断（tyrannische Dogmatismus），因为这种文明为了要为“理性”（Vernunft）争取胜利起见，必须把人类的所有其他心灵上的与精神上的能力加以奴役与压抑。面对着这一种理性的暴虐，赫尔德一生坚持一些基本的原则格准（Grundmaxime），这些格准是首先透过他的老师哈曼（Johann Georg Hamann）的关系而深植于赫尔德心中的。赫尔德的格准之下，人类之所将要完成（leisten）的一切，都是发源于他的各种能力的全体结构与不割裂的统一性之中的（Was der Mensch zu leisten hat, muß aus der Zusammenfassung und der ungebrochenen Einheit seiner Kräfte entspringen）；一切孤立分离的都是偏差的和要被驳斥的。

在赫尔德早期的哲学里，这一种统一性尚只被了解为自有人类历史之初便即为固然的一项历史事实。对于他来说，这一种统一性乃是一个失去了的乐园，一个于备受歌颂的人类文明的进展路途中日益远离的乐园。只有最古老的和最原始形式的诗歌（Poesie）尚能为吾人保留着对这一乐园的一丝记忆。① 因此，对于赫尔德来说，诗歌乃是“人类的真正的母语”(die eigentliche “Muttersprache des menschlichen Geschlechts”）——而这同时也正好是哈曼和维柯所坚信的②。赫尔德尝试在诗歌里去发见和去活现那一原本的和谐。在人类历史之太始时，这一原本的和谐把语言与神话，历史之叙述与诗之创作（Geschichte und Dichtung）③ 结合建构而为一真正的与无间的整全体。

然而，赫尔德在他自己的路途上愈是走得远，他便愈能超脱这一种富于卢梭色彩的对那“原始的”和那太初世界之

① 就这一问题，Konrad Nussbächer 近年编了一部赫尔德论有关原始诗歌的小书。书名《论诸民族之古诗歌》(*Von der Urpoesie der Völker*, Stuttgart: Reclam, 1980)。——译者

② 有关哈曼与维柯二人对古诗歌的重视，Isaiah Berlin 讨论甚详。请参见 Berlin, *Against the Current*: *Essays in the History of Ideas*（Oxford: Oxford University Press, 1981)，特别请参见 pp.98–99, pp.124–129, pp.167–168。——译者

③ 德文原本中有“Poesie”与“Dichtung”。前者我们在这里译作“诗歌”，其所指的是各民族一些古代传诵的诗歌或诗篇。赫尔德有时称之为“古诗歌”(Urpoesie）以明其“古老”。此等古诗歌之所以在人类文化史中具有特殊地位，正是因为此等古老诗歌既同时是纪实又同时是杜撰。“Dichtung”即指此一浑然一体的诗歌中之“杜撰”或“撰作”一面之成素。德语中“dichten”本即有“创作”之意，例如在康德的术语中，“Dichtungsvermögen”亦即想象力(Einbildungskraft）的近义字。卡西尔言古诗歌同时是“语言与神话，历史和诗作”。此语中所谓“历史”即指的是纪实义的“叙述”，而与诗之“创作”相对应。此外，哲学史上，首次把历史之叙述与诗之创作比邻讨论的，可算是亚里士多德。读者请参见 *Poetica* Ⅷ, 1451b。(当然，亚里士多德“ποίησις”与“ἱστορία”对比中的“ποίησις”较接近于卡西尔文中的“Dichtung”而非卡西尔所指的“Poesie”。）——译者

渴望。赫尔德在他的《观念》(*Ideen*)[①]一书中把他自己的历史哲学与文化哲学推展到一最完熟的形态，此中，那整全体的目标已不再是在吾人之往昔，而是在吾人之当前（liegt das Ziel der Totalität nicht mehr hinter uns，sondern vor uns)。这样，赫尔德的学说的整个重心开始转移了。因为在现在这一情况下，精神的诸种能力之分化再也不单纯地被了解为一原始统一性之坎陷（Abfall von der ursprünglichen Einheit）和一种所谓的知识之原罪（Sündenfall der Erkenntnis）[②]了，相反地，精神的诸能力之分化具备了一正面的意义和价值。真正的统一性乃是先假定了分离（Trennung)，而复于此一分离中重建其自身的那一种统一性。一切具体的精神的历程（Alles konkret-geistige Geschehen)，一切真正的“历史”(Geschichte）都不外是此一历久弥新的“收缩”(Systole）与“舒张”(Diastole)
12 之过程，亦即此一分离与再统一之过程的图像而已。直到赫尔德把他自己提升到这一普遍的构思层面以后，精神的种种个别面相（Momente des Geistigen）对他方能具有真正的独立

---

① 实指赫尔德最重要的一部著述《人类历史的哲学的观念》(*Ideen zur Philosophie der Geschichte der Menschheit*)。本书分为四部，1784—1791 年间出版。——译者

② 卡西尔此中“原始统一性之坎陷（Abfall）”一观念大概导源于黑格尔。参见 *Enzyklopädie der philosophischen Wissenschaften* Ⅱ, *Die Naturphilosophie*, §248。而“知识之原罪”(Sündenfall der Erkenntnis）一用法可参见 Karl Reinhardt, *Parmenides und die Geschichte der griechischen Philosophie*（Bonn：Verlag von Friedrich Cohen，1916)，p.26。两种用法皆就上文所指的“预定和谐”之遗失而言。——译者

性与自足性。它们之中，没有一个是单纯地附属于另一个之下的，相反地，它们每一个都以一作为具有同等地位之成素这身份衔接于整全体及其结构之中。

即使在一纯粹历史意义之下，亦没有单纯的“第一”或“第二”，也没有绝对的“之前”或“之后”。历史之为历史，就其乃一精神性之事实（geistiges Faktum）而言，并不单纯地是时间上彼此交替取代的一些事件之顺序。历史乃是变化（Veränderung）之中的一个永恒的当下（ein ewig Gegenwärtiges）；乃一“同时之整体一切”(ein ὁμοῦ πᾶν）①。历史之“意义”于任何一个别的瞬刻中都不是孤立（allein）的——而另一方面，历史之意义却是完整不断裂地存在于这些瞬刻的每一个之中。

赫尔德的早期著作中，特别是他那一篇论语言之起源的得奖论文②中，曾一度非常强调一个有关语言的“历史根源问

① 卡西尔此中“ein ὁμοῦ πᾶν”一句话，典出前苏格拉底哲学家巴门尼德（Parmenides）之六步韵诗句。巴氏把他的所谓真理称为“太一”时，即言此一“太一”(ἕν）为没有过去与将来，“因为彼于一当下（νῦν）之中为同时之整体一切，为一太一，为一连续体”(ἐπεὶ νῦν ἔστιν ὁμοῦ πᾶν，ἕν，σμνεχές)，参见 Diels/Kranz，*Die Fragmente der Vorsokratiker*，Band Ⅰ，p.235（DK 28B8:5）。这一问题在柏拉图哲学中亦具有重要的相关性，请参见 John Whittaker，“The ‘Eternity’ of the Platonic Forms”，*Phronesis*，Vol. XⅢ，No.2，1968，pp.131–144。——译者

② 请参见赫尔德于 1770 年应普鲁士皇家科学院征文比赛所提问题而参赛得奖之论文《论语言之起源》(*Abhandlung über den Unsprung der Sprache*)，原书 1772 年于柏林发表。目前可找到的有 Hans Dietrich Irmscher 编的校注本（Stuttgart: Reclam，1966/1979)，Universal-Bibliothek Nr.8729。——译者

题”（das historische Ursprungsproblem）；这一问题在赫尔德晚期的思想中却被转化了，并且被提升到一较高的观解层面去了。此中，历史之观点（Blickpunkt）是从来没有被排除的；然而，情况显示出，如果我们不把历史之问题与一系统性的问题相联结的话，则历史之视野（Horizont）是不能全面地和自由地被展现于吾人眼前的。这里所要求的，并非一纯然的发展史（Entwicklungsgeschichte），而是一“精神之现象学”（Phänomenologie des Geistes）。赫尔德所理解的这一现象学是与黑格尔所理解者有分别的。对他来说，根本就没有一固定的、由精神之本性所先在地决定了的（vorherbestimmt）和指定了的途径；换言之，根本没有一种途径能以一均衡的节奏，以一辩证法之三连步（Dreischritt der Dialektik），或秉一内在的必然性而自现象的一个形式及至于另一个，直至于一切现象之形式皆被历过，而结局又复终于能返归于起点。对于赫尔德而言，他根本上并不尝试以这样的方式去把历史的永恒上涨的生命囿锢于一形而上思维之循环之中。相反地，赫尔德察觉到另外的一个问题，然而，这一问题在他的著作中亦只能以一模糊而不很确定的轮廓被窥见而已。

当赫尔德一步一步深入去探讨语言的特有之“本性”，探讨诗的创作，探讨神话和历史底世界时，实有的知识（Wirklichkeitserkenntnis）这一问题之形态便愈变得复杂，而此一问题之层构亦愈变得丰富。现在，我们已明显地和毫无疑问地看到，只要那“自然”的对象一直都是吾人的观察之惟一课题和惟一目标的话，则上述问题不但无法获得解决，而且甚至根本不能以其真正与全面的意涵被提出。那物理的自然世界（Der physische Kosmos），那一自然科学的宇宙，其 13
所构成的，其实不过是一远为普遍的问题铺陈方式（eine viel allgemeinere Problemstellung）的一个个案（Sonderfall）与一个范例（Paradigma）而已。这一问题铺陈层阶，现在渐渐地要取代那自笛卡儿以来一直笼罩整个哲学思维的那泛数学的或那普遍科学的理想了。那数学性的物理天文世界并不能穷尽“世界”这一观念（Idee des Kosmos）或“那贯于一切之秩序”这一观念（Idee einer durchgreifenden Ordnung）所陈示的一切内涵。此一观念并不狭限于自然现象之律则性，也不狭限于“物质”之世界。在殊多相与差别相要显出一定的统一的结构法则（einheitliches Strukturgesetz）的所有场合中，我们都可以触及上述观念。这样的一个结构法则之支配作用：正是我们一般最广义的所谓“客观性”（Objektivität）这一名称的最普遍的表述方式。

为了把这一关键充分清楚地予以突出，我们现在需要对那一自古代思想即被肯定的“Kosmos”这一基本概念加以仔细分析。一个“世界”（Kosmos），亦即一个客观的秩序与决定性：当不同的主体在关联于一“共同的世界”（gemeinsame Welt）和透过他们的思想去参与这一共同世界的种种场合中，“Kosmos”对他们都是当下存在的。这并不单只当我们借着感性知觉去建立一物理自然世界之图像时才生效。只要我们并不是把我们自己封闭于一个只属于我们一己的想象世界，而是在指谓于一超个体的、普遍的和对所有人都生效的世界的话，我们都能够领会到所谓世界的“意义”(Sinn)。最能明晰无疑地显示出这一突破个体限制之可能性与必须性的，莫过于语言这一现象了。那被说出的话语（Das gesprochene Wort）绝对不止于是一些纯然的声响（Schall）或声音（Laut)。它是有所意谓的（Es will etwas bedeuten)；它是镶嵌于一“言谈”之整体之中而与之结合在一起的（es fügt sich zum Ganzen einer “Rede” zusammen)，而此一言谈之所以“是”一言谈，是因为它自一主体过渡到另一主体，从而把此两者于一彼此交谈（Wechselgespräch）中联结起来。对赫尔德而言，正如一度对于赫拉克利特而言一样，语言的理解（Sprachverstehen）乃成为对世界的理解（Weltverstehen）之最真确的和最典型的表述方式了。逻各斯（Der Logos）把个体与整全体之间的联系连接上了；它为各个个体作出保证，叫他们不至于陷入他们的自我之固执（Eigensinn seines Ich)，不至于陷入一己之私见（ἰδίη φρόνησις）之中，而使他们能臻于一普遍之存在（ein allgemeines Sein)，臻于一普遍的与神圣的（ein κοινὸν καὶ θεῖον）领域。

那投注于语言之中和以语言之概念去表达自己的理性进

一步地过渡到科学理性的道路上去。语言是无法借着其独特的条件去产生出或者起码地去接触科学知识的。然而，它却是通往科学知识之道路的一个必经的阶段；语言乃是对事物 14 之知识得以产生和得以不断继续增长的介质（Medium）。命名程序（Akt der Benennung）乃是明确限定这一程序（Akt der Bestimmung）的不可或缺的预备程序和条件，而科学的独特的工作即就是在于这一种明确限定之行为之上。由此可见语言理论之所以是知识理论建立的一个必要的和不可缺少的面相（ein notwendiges und integrierendes Moment）之原委了。

如果我们一定要于掌握了科学理论（Wissenschaftstheorie），掌握了数学、物理学、生物学和历史学之基本概念与原则之分析之后，方才开始从事对知识之批判（Kritik der Erkenntnis）的话，则我们在某一意义上是过于高估自己的能力了。然而，若果我们认为知识不外是对于一些吾人透过感官感觉之成素而直接获得的内容予以一单纯之认定（eine einfache Konstatierung）的话，则我们一样是失诸一正确的进路。就心理学的分析能够不涉于知识论之偏见而开展一点而言，心理学亦足以把上述一问题之关键清楚地显现出来。因为它为吾人指出了，语言绝对不止于是一些吾人借感觉而直接获取的内容与关系的一些单纯的模印（Abdruck）而已。其观念也绝对不是有如那感官主义之论断（das sensualistische Dogma）所宣称一般只纯然地为印象的一些翻版（Kopien von

Impressionen）而已。语言其实乃是精神活动的一种基本方向：乃是心灵与精神的行动之一总集（ein Inbegriff psychisch-geistiger Akte），在这些行动中，实在性——事物之实在性——的一个新的面相方显露出来。

威廉·冯·洪堡特这位同时师事于赫尔德和康德的学者，即就这一个问题作出如下的裁定：语言乃是一种功能，而并非一些被影响下的结果（daβ die Sprache Funktion, nicht Affektion sei）。对洪堡特而言，语言并非一单纯之产品（Produkt），而是一持续而且不断自我更新的过程（Prozeß）；而此一过程进展所持之尺度，正好愈来愈清楚确定地为人类勾勒出他的所谓的“世界”之轮廓。因此，所谓名相（Name）者，绝对不只以一些既成的和当下置放于吾人面前的对象性直觉的一个外在标记（Kenn*zeichen*）的身份去加诸（angefügt）这些对象性直觉之上，相反地，透过这名相而表达出来的，乃是认识活动（Kennen-*Lernen*）的一特定的途径、方法和取向。①

就吾人对儿童语言之发展所拥有的知识而言，这一基本

① 卡西尔述洪堡特对语言之看法时，指出语言并非一些外在之“标记”，而为一些“认识活动”之途径方法和方向。此中“标记”和“认识活动”之德文分别为“Kenn*zeichen*”与“Kennen-*Lernen*”，此中卡西尔故意把“-zeichen”与“-Lernen”两个字根予以强调。而其要强调者，乃前者之名词义与后者之动词义。盖德文中“Zeichen”乃一名词，解“符号”或“记号”，而“Lernen”则为一动词，解“学习”。归根结底而言，即要指出“语言”并非一只为客观学习对象之标记，而实在是一认识与把世界诠释陈示这一“活动”自身。——译者

看法实在是早已获得证明的了。因为，在这一发展之中，儿
童们显然不会先处于一已获得对象性直觉之阶段，然后才继
而进入另一对这些已被拥有之内容予以命名（benannt）、予
以描绘和以言词予以表述的阶段。真正的情况乃是：有一语
言意识（Sprachbewußtsein），有一醒觉性的符号意识（das
erwachende Symbol-Bewußtsein），当此一意识自身在日益壮
大、日益自我拓展和日益自我明了的过程中，它甚至把它的
影响烙印于知觉与直觉之上。知觉与直觉两者之所以成为具
有“对象性”（gegenständlich），是因为语言之能力（Energie 15
der Sprache）成功地于一些单纯的情况的隐晦与未经分野的原
始混沌中（das dumpfe und ungeschiedene Chaos von einfachen
Zuständlichkeiten）作出了厘清，作出了分别和作出了组织之
结果。语言的符号功能开启了心智生命的一个崭新的阶段。
生命离开了一纯然出于本能的层面，离开了作为各种需要之
直接影响之层面，而终于踏入“意义”（Bedeutungen）的层面
之中了。这些意义是可重复的并且是不断重返的；它们不被
限囿于单纯的当前和当下，这些意义乃是众多不同的主体于
其种种生命场合上和于学习与使用中所意指（meint）为同一
与理解为同一的（ein Sich-selbst-Gleiches, Identisches）。

这一意指上之同一性（Identität des Meinens）是超越一切瞬间印象之多样性与分歧性的，透过这一种同一性，某一种固定内容（ein Bestand）和一个“共同之世界”（ein gemeinsamer Kosmos）乃渐渐地和一层一层地展现了。因此，我们一般所谓的某一种语言之“学习”，绝对不只是一纯然为容受性的（bloß rezeptiv）或重现性的（reproduktiv）过程，而是一高度原生性（produktiv）的过程。自我于此一过程中不单只得以对一恒固之秩序予以洞悉，而且，它甚至自身亦参与了这一秩序之建造；当我们说每一个自我参与了语言秩序时，我们并不是说每一自我单纯地把其自身加插入一已被给予和已被置于当前的语言秩序之中，实际的情况乃是，每一个个体都在为他自己去获取（erwirbt）这一秩序，而在获取这一秩序之过程中，每一个体都参与了这一秩序之保存（Erhaltung）与更新（Erneuerung）。

在一发生的观点之下，我们也可以说，语言乃是个体步入的第一个“共同世界”，也可以说，只有透过语言之媒介，一对象实在领域之直觉方足以呈现。即使在这一发展中的一些相当进步的阶段中，我们亦一再可以看到，语言之意识与对象之意识是如何紧密地和不可分解地彼此相连与交互纠缠着的。即使在成年人学习一种新的语言这种情况下，他所获得的，也绝非单纯地为一些新的声响与记号（Zeichen）而已。当他一旦闯进了这一语言之“精神”（“Geist” der Sprache）里面以后，当他一旦开始在这一语言中思想和生活以后，一崭新的对象直觉领域亦即将展示于他之前。现在，直觉不单只于广度上有所发展，并且变得更为明晰和确定了；这一崭新的符号世界（Symbolwelt）促使吾人以一新的方式去对历验内容与直觉内容加以排列，加以表述和加以组织。①

只有经过上述的考虑，我们才可以把哲学上的对象问题 16
（Gegenstandsproblem）与各特殊科学上的对象问题之间的对立充分清楚地显示出来。亚里士多德乃是第一个把这一对立以一尖锐的公式陈构出来的哲学家。他指出了：哲学乃是一普遍的存在理论，即乃是处理“存在之为存在”之学问。各种个别科学则各自关心一特别的对象，而询问此一对象之性质和决定性；至于形而上学（Metaphysik），即第一科学（πρώτη φιλοσοφία），则关心存在一般（das Sein schlechthin），亦即存在之为存在（ὂν ᾗ ὄν）。

然而此一知识种类（Erkenntnisarten）上的和知识目标（Erkenntnisziele）上的分野使得亚里士多德和所有追随他的哲学家都涉足于一对象自身之分野。那与逻辑之分别对应的，乃是一存在论的分别。那些被吾人哲学地认识的，结果会因为此一种知识之形式而逾出了经验所能掌握的范围以外。它变为被经验所条件限定的（das Empirisch-Bedingte）东西以外的另一些东西，即成为一无条件者（ein Unbedingtes），成为一在自身之存在（ein an sich Seiendes），即一绝对者（ein Absolutes）。

---

① 以上的事态，我只尝试作一简约的陈述，读者如希望获得进一步的说明与论证，请参见作者著“Le langage et la construction du monde des objets”, *Journal de Psychologie*, XXXe Année, 1933, pp.18–44。

康德的批判哲学为形而上学的这一种绝对主义（Absolutismus）宣告其终结。然而，这一终结却又同时是一新的开始。康德的批判哲学同样地要把它自己与特殊科学的经验主义与实证主义作出分别；批判哲学同样地在力图就那“对象性”（Objektivität）问题作一普遍之掌握和寻求一普遍的解决方法。康德为了要贯彻地解决这一问题，乃得要对各特殊科学作探讨和紧密地参与它们的组织。他先自纯粹数学出发，以求自数学向数学性之自然科学迈进；在他的《判断力批判》（*Kritik der Urteilskraft*）一书里，他又进一步开拓了他的探讨领域，进一步讨论了那使得生命现象的知识（Erkenntnis der Lebenser-scheinungen）成为可能的基本概念。康德一度曾为自然科学进行了结构分析（Strukturanalyse），然而，在处理到“人文科学”时，他似乎没有比照自然科学而作同样性质的结构分析的意图。

然而，这却不是表示说批判哲学之问题潜在地和必然地会遭受到限制！此间所显示的，只不过是一历史性的和偶然的限制，而这些限制亦皆因为18世纪之科学水平所使然者。当此一限制一旦被解除的时候，也即是说，当浪漫时期以来那独立的语言学、艺术学（Kunstwissenschaft）和宗教学（Religions-wissenschaft）相继兴起的时候，那普遍的知识理论便都要面临许多新的挑战了。

如果我们细察今日各个别科学的形态的话，则我们可以

体会到，我们把不能自19世纪的经验主义的和实证主义的系统这一观点在于哲学与个别科学之间作出分割。我们再不 17
能把个别特殊科学都归入一些只涉及“事实”(Tatsache）之获取与收集之学问之列，而把对“原则”的探讨之工作都一概留给哲学。这一个于“事实”与“理论”之间所作之分野很明显地是一个完全出于人为的分野；这种分野把知识的有机性完全粉碎割断了。其实，根本上是没有所谓“赤裸”的事实的——除了把事实关联于一定的概念假定之上和让这些事实借着这些概念之假定而得以被确定之外，根本便再没有其他途径可以让事实获得确定的了。一切对事实之认可(Konstatierung）都只在一特定的判断结构中方为可能，而此一种判断结构（Urteils-Zusammenhang）本身又复是建基于一些逻辑条件之上的。

因此，“呈现”(Erscheinen）与“有效意义之被认定”(Gelten）其实并非某一意义地可以于空间上彼此分离的和可以用一确定的界线截然划分的两个领域。它们其实是一些彼此相关互属（korrelativ）的面相，这些面相必有赖于这一共同相属性方能构成一切知识的基本的与原始的固定性。而就这一问题而言，最能给予那独断的经验主义以确定的当头一棒的，乃是科学的经验性（wissenschaftliche Empirie）自身。即使就严格科学的领域去看，我们亦可见，“经验”与“理论”，或曰事实性知识与原则性知识是如何地彼此团结在一起的。就科学之建立而言，赫拉克利特的一句话似乎是对的：往上之道与下降之道是同一条路（ὁδὸς ἄνω κάτω μίη）[①]。科学之宏构愈是往高处发展和愈是被捧到半天里去，则它便愈需要接受考查，而其基础（Grundlage）也愈需要日益更新。希尔伯特（Hilbert）便即认为，随着新的事实之纷呈，我们必须相应地“让基础深植”，而这是每一种科学应有之本质。明乎此，则吾人可以了解因何个别科学的原则之发见与确立是不能导生自一独特的“哲学”领域——例如“知识论”或方法论——也不能把这些原则的发见转移于这些哲学领域之上。

然而，如果个别科学日益要自哲学手中争取掌管这一些问题范围的话，则剩下留给哲学的还有哪一些领土呢？哲学还能作什么样的坚持呢？形而上学悠久以来的梦想，还有哲学自古以来要树立一关于“存在之为存在”之学的这一古老的宣言，这一切一切，我们岂不终归将要放弃而退让给各个别的科学了吗？我们岂不将要容许各个别科学去着手展开它们对“存在”之理解，和容许它们循其自己的途径和凭借其自己的方法去决定它们的对象了吗？

但是，尽管哲学已经面临要就其自身之概念与使命作一
18 新的理解这一时刻，“对象性”这一问题却依旧还是有如未为
吾人所悬解之谜语，而这一谜语之解决很显然地是不能单单

① 语出赫拉克利特《残篇》Diels/Kranz 编目第 60 条。参见 Diels/Kranz：*Die Fragmente der Vorsokratiker*，Band Ⅰ，p.164，22 B60。——译者

地落在个别科学的肩膀上的。因为，如果我们自问题最普遍的一面去省察，这一个问题是涉及一个甚至整全意义下之科学亦无法理解与穷尽的领域的。科学（Die Wissenschaft）只不过是“符号形式”系统（System der“symbolischen Formen”）的一个部分（Glied）和一个片面相（Teilmoment）。在某一意义之下，科学构成了这一符号形式建筑的一块竣工石（Schlußstein）；然而，它却不是单独地树立着的，若果失去了其他力量之烘托，它亦根本无法表现它独特的效用；这些为之烘托之力量和科学一起共同分担了那“全相观解”（Zusammenschau）或精神的“综合”（geistige“Synthesis”）之任务。

在这一场合中，“无直觉之概念是空洞的”① 这一句话亦同样是生效的。概念（Der Begriff）是要把现象之整体包含的；它并且透过分类（Klassifikation）、涵摄（Subsumtion）和从属编列（Subordination）之途径去达成这一目的。它把杂多从属编列于种（Arten）和属（Gattungen）之下，它也透过一些普遍的规律去决定杂多，这些普遍规律自身自成一紧密的体系，在这一体系中，任何个别现象和任何特殊法则皆被安立于合适的位置里。然而，在这一种逻辑结构之中，概念于任何场合中都必须与直觉之结构挂钩。在任何情况下，“逻辑”或所谓的概念性的科学知识都不能够于一空洞之场

① “无直觉之概念是空洞的”（Begriffe ohne Anschauung sind leer）出自康德：《纯粹理性之批判》，A51/B75。——译者

域展开。逻辑绝对不会是在先面对一些绝对无形式之素材(ein schlechthin amorpher Stoff）然后才施展其构作形式之能力（formbildende Kraft）的。甚至逻辑的“质料”(Materie)，或逻辑所要假定的并要提升到一普遍层面的那些特殊内容(jenes Besondere)，其本身亦并不是全然无结构可言者。那“无结构的”(Das Strukturlose）不单只根本不能被构想，它甚至也不能被感知和不能作为对象而被直觉到。

这一种“前逻辑层面”的结构性（vorlogische“Strukturierung”）或这一种“模铸形式”(geprägte Form）固为概念操作的先决条件与基础。若要查问证据，最最直接莫过于从语言世界和艺术世界中找寻。这前逻辑层面的结构性让我们注意到概念的逻辑约束性（logische Unterordnung）以外的一些依循其他途径运作和服从其他法则的编配方式（Zuordnung)。这一点我们已透过语言的例子作了说明；而其实也适用于各种艺术的有机构作。雕塑、绘画和建筑似乎有着一共同的对象。于这些艺术中被表达出来的，似乎就是空间的包含一切的“纯粹直觉”。然而，绘画、雕塑和建筑所涉及之空间却又并非“同一”种空间；实在的情况乃是：在它们每一种艺术中，都分别有一独特的理解方式（Auffassung）或特别的空间“观解”(räumliches“Sehen”）被表达出来。[1]我们一方面要在这种种

① 就此一问题，请特别参考希尔德布兰特（Adolf Hildebrandt）：*Das Problem der Form in der bildenden Kunst* [可译作《造型艺术中的形式问题》]。

驳杂的“视野”之间作出分别，而另一方面又要认识它们之间 19
的交互关系，以求在一较高的观点之下把它们综合统一。

这一分别（Sonderung）与合一（Vereinigung），这一所谓“διάκρισις”与“σύγκρισις”的工作，在柏拉图眼中，就是“辩证法”这一门真正的哲学基础科学的职责所在了。① 古代思想结果倚仗着柏拉图的辩证法而建造出一形而上的世界图像，这一形而上之世界图像足足驾驭了两千年来的整个精神文明的发展，并将其影响烙印于这一发展之上。康德开始的“思想模式的革命”宣告了此一世界图像于科学上是缺乏基础的。然而，尽管康德否定一切形而上的存在学说，他却绝对不是要借此而放弃“理性”之普遍性。此一理性之普遍性是不会因为康德的批判哲学而被动摇的，相反地，它必须被确保，并且要于一新的基础之上被证立。现在，哲学之任务已经不再是要在那惟一能透过个别科学去掌握的特殊存在（das besondere Sein）之外去把握一普遍的存在（ein allgemeines Sein）了，也并不再是要于经验知识之外另行证立一“普遍存在论”（Ontologia generalis）作为对“超越性质”之知识（Erkenntnis vom “Transzendenten”）。这一所

① “διάκρισις”与“σύγκρισις”即分别与结合。这一问题以稍为不同之方式滥觞自 Empedocles 和 Anaxagoras 的哲学中，参见 Empedocles，Diels/Kranz，31B8，Anaxagoras，Diels/Kranz，59B17。这一组问题日后在柏拉图哲学中离开了单纯的“genesis”问题而涉及所谓“辩证法”之问题，参见 Plato，*Parmenides*，156Bff。——译者

谓存在之为存在的知识之形式，或这一绝对客体（absolutes Objekt）之假设是要被放弃的了。此外，康德仍把所谓“理性知识”（Vernunfterkenntnis）与所谓“理解知识”（Verstandes-erkenntnis）作出严格和尖锐的区别。然而，理性知识与其于理解以外去寻觅一个脱离理解知识之条件限定而且是“在其自身”之客体，它（理性知识）倒不如说是要尝试于条件限制的系统整全性之中去寻找那“无条件者”（Unbedingte）。在这里，功能之统一性（Einheit der Funktion）取代了客观对象之统一性（Einheit des Objekts）而成为问题之关键。要达成这一个目的，哲学再也不需要与个别特殊的科学在它们各自的领域中去竞争了。哲学可以让这些个别特殊科学享有其完全的自主，完全的自由与完全的自我立法性。因为哲学并不要把这些特殊法则（Sondergesetze）限制或压抑；相反地，哲学是要把所有这些法则总结为一系统之统一性，并要如此地自这一角度去认识这些法则。与其要寻找一“逾于”与“后于”现象世界的对象，与其要寻找一“物自身”，哲学是要寻找“现象陈现本身”（Erscheinen selbst）之杂多性、其内容和其内在之分殊性。

这些内容之所以能为人类的心灵（Geist）所体会，是因为它拥有一种于其自身之中作自我分化之能力。当它面对每一新来临的问题的时候，它都能发展出一个新的体会方式。在这个角度之下，一“符号形式的哲学”（Philosophie der symbolischen Formen）乃可以坚持它对统一性与普遍性之要求，而这些要求乃是独断的形而上学所必须放弃的。它不仅可以于其自身之中把不同的各种对世界之认识方法与方向予以统一，而且除此之外，尚能够把每一种对世界之理解的尝试和每一种人类心灵所能够提出的对世界之诠释的合法性予以肯定，并对其各自的独特性予以了解。只有如此，对象性的问题方会全面明晰地为吾人所了解；于是焉，对象性的问题不单只包含了自然世界，甚至更包含了人文世界。① 20

二

经过了不断更新的尝试，经过了许多哲学流派之间的无休止的争持，19世纪的科学似乎终于为“哲学人类学”(Philosophische Anthropologie) 配给了其正确之地位了。“人是什么?”这一问题一直以来都一再地陷入一些无法解决的穷巷和背反；如果吾人要一直顺从着柏拉图的、基督教哲学的和康德哲学的基本学说，非要把人类了解为“同属两个世界的公民”(Bürger zweier Welten) 的话，则上述问题之穷窘是无法避免的。② 这一项限制，似乎到了19世纪科学的手

① 此中提及有关哲学的本质与使命的基本见解，可参见作者著《符号形式的哲学》之“导言”(Einleitung)。该导言即就有关问题作出更为详尽的说明与论证。

② 参见康德于“本体人”(homo noumenon) 与“现象人”(homo phaenomenon) 之间的分野。Kant, *Metaphysik der Sitten*, *Kants Gesammelte Schriften*, Band Ⅵ, p.239。——译者

中方被解除。19世纪的科学成功地肯定了人类之特殊地位（Sonderstellung），而又不必把人与自然相对比，也不必把人抬举到超于自然之上。“发展”（Entwicklung）这概念被宣称为足以开启自古至今一切有关自然的奥秘和一切“世界之谜”（Welträtsel）的钥匙。自此一观点察看，“人文”与“自然”此一对比之所有辩证上的尖锐性均全然失落。只要我们成功地把问题自形而上学的土壤移植于生物学的土壤之上，并且自一纯粹生物学的观点去考虑和处理问题，则上述之对比便自然会消解。

当然，发展这一概念显然可算是现代自然科学的一项成就。这一概念其实早滥觞于最早期的希腊哲学中：而且，这一概念似乎在希腊哲学的高峰阶段①时，就已经成了一个有助于吾人脱离柏拉图的“二元论”世界图像之霸权的重要概念工具②。这样的一项工作亚里士多德是很自觉地付诸实行了。然而，在亚里士多德的哲学构想下的发展概念尚不能胜任
21 这一项工作。因为发展之概念刚好在面临重要考验的关键问题上失败了。亚里士多德把有机之自然与生物之系列陈述为自一个形式到另外一个形式的递升的发展过程。在亚里士多德的眼中，甚至所谓人类之灵魂，在一广泛的意义场合的理

① 此中所谓“希腊哲学的高峰”，很明显指的是亚里士多德。——译者

② 所谓“工具”，原文是“Mittel”，此间译为“（概念）工具”，是取晚近德语界日渐流行的“Begriffsmittel”或“Denkmittel”之意。——译者

解下——即只单纯地把灵魂了解为“植物性（营养的）”或“感觉的”灵魂的话——实在不过是一些如之所如地与一特定之躯体相结合的自然形式（Naturform）而已。①灵魂可以说就是一有生机之躯体之“隐德来希”(Entelechie)。②

然而，作为整体而言的亚里士多德灵魂学说（Psychologie）③是不能完全被化约为生物学的。因为此间尚留有一项残余，这一残余是亚里士多德自己或他的门人和后学均无法完全剪除的。那“思维中的”灵魂显然无法被完全化约于营养灵魂和感觉灵魂的基本的功能之上。它坚持保有其自身特殊的和例外的地位；因此，我们终于必须另外寻出“思维”卓然自足的根源。如果我们顺着亚里士多德的灵魂理论自感知推进到记忆，自记忆推进到想象（Vorstellung，φαντασία）④，而自想象推进到概念思维的话，则我们将发觉，

---

① 有关亚里士多德对“灵魂”(ψυχή）之讨论，请参见 *De anima*。其中论及广狭数义之灵魂时，共分出营养（θρεπτικόν）、意欲（ὀρεκτικόν）、感觉（αἰσθητικόν）、空间移动（κινητικόν κατὰ τόπον）和思维（διανοητικόν）等，此一排列之次序，大致上反映了生物自低等阶层往高等阶层之“发展”过程中所要一步一步圆现之顺序。由此可见“灵魂”在亚里士多德的自然哲学中，乃是生物发展时所要获得之“形式”。参见 *De anima*，414a30f。——译者

② 亚里士多德曾把“ψυχή”定义为“the first actuality of a natural body potentially possessing life”。参见 *De anima*，BK. Ⅱ, Chapter 1，412a27f。——译者

③ 此处“Psychologie”一词如译为“心理学”便显然太不相称。此中“Psychologie”所关心之课题乃是古希腊所谓的灵魂或心灵（ψυχή），故译为“灵魂学说”。基于同样之理由，康德的“Rationalpsychologie”大概不应译为“理性心理学”，而应译为“理性心灵论”才较为恰当。——译者

④ 有关亚里士多德对“想象力”(φαντασία）之分析，请参见 *De anima*，BK. Ⅲ, Chapter 3，427a17–429a9。——译者

一持续发展之原则一直在贯彻于此一进展之中。如果这样的话，我们将面临一项无可避免之跳越。因为“思维能力”(Denkkraft）是难以透过这一途径去显出其最高的和最纯粹的性能的。因为它本来是一项独特而自成一体的功能。“主动理性”(der“aktive Intellekt”)①是隶属于一心灵世界的，是不能单凭有机生命之成素即可解释的。在这一关键上，二元论再一次地脱颖而出了。这一点可以从亚里士多德如下的一项构想很清楚地看到。亚里士多德曾经说，思维能力（Denkkraft，νοῦς）乃是自一外在之领域（θύραθεν）下降而附于生命世界之中的。②

亚里士多德之形而上学和灵魂学说之所以无法弥补此一裂缝，其原因并不难理解。亚里士多德的“形式”概念是建立在柏拉图的“理型”概念之上的，因此，就在亚里士多德最致力要离开柏拉图的这一关键上，他也正好显得最倚仗柏拉图作为前设。只有晚近出现的发展概念，方足以在这一问题上作出最后的突破。发展一概念很严格地要求对“持续性”(Stetigkeit）予以肯定，而把这一肯定引申到所有领域上去。正如较高层的生命现象形式的流变之过程与一些基本的

---

① 亚里士多德之“理性”有主动（ἕξις）和被动（ὑλικός）之分，详见*De anima,* BK. Ⅲ, Chapter 5, 430a10ff.。——译者

② 所谓理性乃自外界外铄于有机生命之说法，自柏拉图即已开始（参见Plato：*Phaedrus*, *Republic*）。亚里士多德这一种说法可参见*De anima*, BK. Ⅲ, 5，另参见*De gen.anim*, BK. Ⅱ, 736b。——译者

形式相吻合一般，这些生命现象中之任何操作功能都不能与有机存在之基本法度（Dimension）相违背。任何看来逾出了此一基本法度之层面而涉足于一“他世界”的想法，而这些 22
想法如果又不能显示出其依循哪一途径衍生自生命之基本原始层面和不能显示出如何与此一层面相关联的话，则都不外是一些纯粹的空中楼阁而已。在这里，我们必须让一真正的生物学的世界图像参加我们考虑之列。亚里士多德、莱布尼茨和黑格尔以来那一被构想的思辨性的发展概念所不能成就的，应该可以和将会可以由一经验性的发展概念去完成。只有透过此一经验之发展概念，一通往一严格意义下的“一元”观点之途径方显得可行；只有如此，“自然”和“精神”这一裂缝才能够愈合。在这样的一个观点之下，达尔文（Darwin）的学说不单为人类种源之问题提供了一答案，而同时也对涉及人类文化之起源之一切问题作出了提示。当达尔文的学说初度面世的时候，似乎几个世纪以来所一直徒然找寻的那一足以把“自然科学”和“人文科学”绑在一起的纽带终于被发现了。

1873年，施莱歇（August Schleicher）发表了《达尔文理论与语言学》（*Die Darwinsche Theorie und die Sprachwissenschaft*）一书。这一部著述很详尽地列出了一个建基于达尔文学说之上的人文科学的新方案。施莱歇本身最初是研究黑格尔哲学的。然而在上述的著作中，他似乎认为他已看通了黑格尔的学说之不能和其之所以不能获得解决的理由。他要求就语言学之方法作一原则上之修订，以便使语言学成为被提升到和自然科学具有同样地位的知识。[①] 这样，物理学、生物学乃至语言学——也因此一切所谓“精神人文科学”——便可以获得一共同的基础。彼三者之间存在着一种共同之因果性，这一因果性把这三个领域连串在一起，也消除了它们之间的所有本质上之分别。

然而，在 19 世纪结束前的十年内，当生物学圈子内部对达尔文学说的有效性之怀疑日益加强的时候，施莱歇的观点遭遇到第一次的反击了。

人们开始不再把眼光狭限于此一学说之经验范围，而比以前愈来愈强调此一学说有待哲学基础上之确证。而在这一关键上，形式这一概念忽然地复苏过来了。生机论（Vitalismus）便直接地重新掌握了此一概念；并尝试以此一概念为基础去贯彻其“有机体之自律性”和生命之自律性
23 这一基本主张。我们现在即试就其对人文科学之基础与逻辑特性等问题所生之影响对生机论这一项运动稍作说明。这些问题对于生机论的战士们却是相当陌生的。杜里舒（Hans Driesch）即使就其作为一形而上学学者而言，他的主要关心所在亦只在于自然哲学之领域。他从未意图建立一精神人文

① 有关施莱歇的理论，可参见作者著《符号形式的哲学》，第二卷，pp.106ff。

科学之逻辑；诚然，顺着他的系统性的假定说起来，他是必然会对于如此一意义的逻辑之存在可能表示怀疑的。因此，他很尖锐地驳斥了历史的科学价值。然而，借着一间接的途径，那透过生机论的刺激而生的思想上的新取向亦直接影响了我们的问题。我们如果追溯一下这一种影响，相信对我们是有助益的；因为此一影响以很有效的方式对往后的思想工作作出了准备和在许多角度下都开辟了园地，虽然这些往后的工作的真正动力是来自一些完全不同的另外的主题和问题范围的。

于克斯屈尔（J. von Uexküll）有一次曾经说，当 19 世纪的唯物论宣扬一切实在皆由力（Kraft）与物质组成和皆可被力与物质所穷尽时，它是把第三个重要因素全然忽略了的。它在这一问题上对形式这一关键性的和决定性的成素完全视若无睹。[1] 于克斯屈尔要在他的《理论生物学》里把形式这一因素之合法地位再度引进；但是，另一方面，他又要使自己远离任何形而上的和心理学的边际概念。他只纯然地以一解剖学者和以一客观的自然科学研究者之身份去说话。然而，依于克斯屈尔的看法，解剖学的研究正足以提供一严格的证据，去说明每一个有机体皆描绘出一自我包含的世界，在这一世界中，一切皆“交织而为一整全体”。有机体并非众多

① 参见于克斯屈尔（Uexküll）：《生命学说》（*Die Lebenslehre*），p.19。

部分的一个集结（kein Aggregat von Teilen），而是许多交互决定的功能所构成的一系统（ein System von Funktionen, die einander bedingen）。① 于克斯屈尔说：“有关生物之学说乃一纯然的自然科学，它只有一个目的，就是对生物之结构，对其生成和其操作作研究。”没有一个有机体是独立自存地与其“环境”割离的。一生物与环境所构成之特殊关系，就是此一生物之特性：此一关系，是指此一生物如何接受环境之刺激，和它如何把这些刺激于其自身之中予以改变之方法。

这些结构之研习使吾人理解到：低等生物和高度发展生物之间在这一角度之下是没有任何分别的。即使在最基层的生物中，我们亦可以确定其具有一特别的“感触网络”（Merknetz）和一特别的“回应网络”（Wirknetz）；在
24 每一生物之场合中，我们都可以厘清其各种“功能圈”（Funktionskreise）是如何地彼此交织着的。这一种交互关联对于克斯屈尔来说根本上就是生命此一基本现象之表征。一动物依其结构而能接受的那些来自外在世界之刺激（Reize），即就是那惟一对此一动物而言为当下存在之实在性，而借着

① “集结”（Aggregat）与“系统”（System）间之对比乃是康德以降，直到黑格尔为止的一项重要的方法学区分。这一项对比，在康德著作中俯拾皆是。对康德来说，系统可谓是全体“先”于部分，而结集则是部分先存在而拼凑为一所谓之“全体”。与“集结”相比较之下，“系统”之特色是具有整全性，具有统一性和具有原则支配性等。——译者

此一种物理限制，它乃能使其自身与所有其他实有领域相分离[①]。

这一个现代生物学的问题在于克斯屈尔的著作中以极为独特之方式被铺陈出来，并以一非常有成效的方式被一步一步处理。这一个问题为我们明确地显示出一条路，教我们可以于“生命”和“精神”之间，在有机形式之世界和人文形式之世界之间划出一条清楚而确定的界限。人们一直以来一再地试图把此中之分别描绘为一纯粹物理之差别。人们尝试找出一些特定的外在特征，用以把人类与其他的一系列的生物作区别。譬如说，我相信大家都很熟识，人们对人类直立行走这一事实曾引起了哪一些想象性的和杜撰性的说法。然而，经验知识之进展，使得吾人在人类与有机世界之间所树立的种种分判标准都无法再成立了。这一场域之一元性变得愈来愈明确和愈来愈无法击倒了。颚间骨（Zwischen-kieferknochen）之发现对歌德（Goethe）来说，正好非常恰当地证明了，自然之中没有一种形态是绝对地同其他形态割断与分离的。

我们此间所惟一要寻找和惟一能够明确地证明的分别，并非一物理上之分别，而是一功能上的分别。我们是不能够借着指出人文世界的一些特别的个别特征而使得此一人文世界的崭新之处被理解和得到充分的描述的。因为，此间最重

① 参见于克斯屈尔：《理论生物学》（*Theoretische Biologie*），1919 年首版，Berlin，1928 年第二版；此外参见《生命学说》，Zürich，1930。

要的改变并不在于一些新的特征和特性之出现，而却在于功能上之变更（Funktionswandel），因为事实上，一旦我们离开了动物世界而进入人类之世界时，我们的一切特性都会经历这一种功能上之变更。在这一场合而且只有在这一场合之中，我们才可以确实地看到所谓的“过渡至于其他种别”（μετάβασις εἰς ἄλλο γένος）。所谓人类能争取其“自由”并不表示说人类能够逾出于自然之外而脱身于自然之存在和影响。那些加诸人类身上的有机限制，正如加诸每一种其他的生
25 物之上的有机限制一般，是他所无法克服和无法突破的。然而，人类却可以在自然里，或以自然作为基础去为自己创造出一个只对他而言为可行的和只对他而言为可达成的天地，从而掌握到行动的自主性。于克斯屈尔有一次曾经说，每一种生物的结构和那被此结构所决定了的该生物的“感触世界”（Merkwelt）和“回应世界”（Wirkwelt）之关系是有如一监狱的围墙一样紧密地包围着此一生物的。人类如果要越出这一座监狱的话，并不能通过把这一围墙捣毁，而只能通过对这一道围墙予以意识。就这一问题，我们不禁要联想起黑格尔的一番话：若果有人能够察觉到他的限制的话，则他便已经超越了此一限制。这一种意识过程（Bewußt-Werdung）乃是人类所持有之自由之开始与终了（是自由的“Alpha”和“Omega”）；这一种对必然性之认识与承认，乃是“精神”于面对“自然”之际所能够完满达成的真确的自我解放

途径[①]。

这一种过程之进行有待于一些个别的“符号形式”作为其不可或缺的先决条件：例如神话、语言、艺术、知识等。它们乃是人类为其自身所创造出来的一些独特的介质，借着这些介质，人类乃得以使其自身与世界相分离，而正因为这一种分离之缘故，人类反得以更为紧密地与世界联结在一起。这一种转接的做法（Zug der Vermittlung）可谓把人类的一切认知乃至人类的一切行为实践都很典型地刻画描绘出来了。

即使是植物和动物，它们之所以能存在，不单只因为它们容受了不断来自其周遭环境之刺激，而更是因为它们以一定之方式对这些刺激予以“回应”。而每一种生物都在以不同的方式去作出这些回应。于克斯屈尔在他的《动物之周遭世界与内在世界》（*Umwelt und Innenwelt der Tiere*）[②]这一书中便曾指出，我们就这一问题可以作出最复杂最微细的分层。但整体而言，动物世界中存在着一种特别的和统一的行为模式，此一行为模式于任何情况下都依循着一些同样的条件。在动物世界中，回应必定是在时间上直接紧随着刺激的，而且这些

---

① 把自由理解为对某一意义之必然性之承认，乃是一项西方哲学自古以来一再被提及的“共法”，绝对不是黑格尔所首创者。较主要的代表可推赫拉克利特、斯多噶学派、斯宾诺莎等。在黑格尔著作中，此一论调亦屡见不鲜，较有代表性的，请参见《大逻辑》（*Wissenschaft der Logik*），Werke，Band Ⅱ（Frankfurt/Main: Suhrkamp，1969），pp.246–249；另参见《历史哲学演讲》（*Vorlesungen über die Philosophie der Geschichte*），Werke，Band Ⅻ（Frankfurt/Main: Suhrkamp，1970），p.32。——译者

② 参见于克斯屈尔：《动物之周遭世界与内在世界》，第二版（Berlin，1921）。

回应必定是以同样的方式一再重复地进行的。我们一般所说的动物“本能”(Instinkte)，不外就是一些固定的连锁行为，这些连锁中的个别组成部分是依照一些由动物之本性先天决定的特定方式而彼此交织在一起的。一个独特的情况（Situation）成为了引出一连串运动的行为动力（Handlungsimpuls）；当这第一个动力出现以后，一个又一个的驱动力接踵而至，结果终于构成一个恒常地依循一同样方式流衍的特定的“动力旋律”(Impulsmelodie)。一个生物就在不断地演奏出此一旋
26 律；但是，它却不能随意地干涉这一旋律。它在面对和解决一特定的工作时所要历过的道路（Weg）乃是已被规定了的(gebahnt)；生物不必自己去寻觅此一道路便即顺着这一道路前进，当然，它也无法以任何方法去更改此一道路。

然而，当我们踏进人类行为领域的时候，情况便完全改观了。即使在最简单最原始的形式中，人类的行为亦已具备了一种很特别的“转接性”(Mittelbarkeit)[①]，这一种转接性是与动物之反应方式有着尖锐的分别的。最能清楚地说明这一行为模式上的改变的，莫过于人类过渡到工具之使用这一情况。因为，人类如要发明工具，则他的洞察力必须能逾越

① “转接性”，德文为“Mittelbarkeit”，可与“Unmittelbarkeit”(直接性）共同交替使用而构成一双极重要的“辩证术语”。“Mittelbarkeit” 有时与“Vermittlung”之意义很接近。“Mittelbarkeit”与“Vermittlung”一般英译皆作“Mediation”，一般中译皆作“间接性”，今一概把“Mittelbarkeit”译为“转接性”，而把“Vermittlung”译为“转接”。——译者

出他的直接需要（unmittelbares Bedürfnis）之范围以外。人类在创造工具时，他并不是只基于驱动力或基于当前之急需而有所行为。在这种情况下，他并非在被一些实在的刺激所直接地推动，而是在思量着一些“可能的”需要，和为着满足这些可能的需要而事先地作好工具上的准备。一件工具所要服务的目的（Absicht）是包含着一特定的“先见”（Voraus-Sicht）于其中的。这一推动力并不只来自当下之急需，而却是属于未来的，此一未来必须以某一种方式被“预计”（“vorweggenommen” werden muß）然后方能作为一种上述之推动力而有所影响。此一对未来之“构思”，乃是所有人类行为之特征。我们必须把一些尚未出现的东西置于一构想之“图像”中，以便自此一“可能性”过渡到“实在性”，或自潜能过渡到实现去。

如果我们自实践之层面转而考虑理论的层面时，则上述的基本结构会显得更为清楚。这两个层面之间其实并没有主要的分别，因为我们的所有理论概念都带有一种“工具”的性质（Charakter des “Instrumentalen”）。它们归根结底来说都不外是一些工具（Werkzeuge），一些我们为了要解决一些特定的问题而创造出来和要不断创造的工具。[①] 概念并不有如

① 卡西尔以为“理论概念”（theoretische Begriffe）具有工具性质一构想，在近年以来充分地被几个新的德文语词之构作所反映出来了。当代德语，尤其是学术界渐多人使用的“Begriffsmittel”、“Denkmittel”乃至“Problemmittel”等用语，即是最好的例子。——译者

感性知觉一般地只关系于一些个别被给予的事物，也不只关联于一当下具体的情况；概念是活动于种种可能事物和情况之中而且要一定程度上勾划出这些可能性之轮廓的。人类的表象、意见、思想和判断等之境域（Horizont）愈是在扩阔，则吾人要洞悉此一境域所需要的媒介结构体系（System der Mittelglieder）便愈变得复杂。言语的符号乃是这一系列媒介中的第一个和最重要的单元。然而，还有许多其他类别形态的和许多来自其他根源的单元相随而生：例如神话、宗教、艺术等形态。单凭着同一项功能，即如之所如的符号这一项功能，种种新颖的成果（Gebilde）循着上述各种形态的主要活动方向不断被创造，并推陈出新地绽放而出。这些构作之
27 整体，即便正好能刻画出和强调出那独特的人类世界。动物的“感触世界”与“回应世界”，如果被提升到人类之场合时，将进而展示一崭新的面貌：“图像世界”（Bildwelt）；这一图像世界驾驭人类之力量愈来愈显得强劲了。

然而就在这一关键上，一个非常困难的问题产生了：人类于其文化发展的整个过程中都要一再地与这一个问题挣扎。此一途径会不会是一宿命的迷途呢？人们能否以这一种方式去脱离自然和让其自身与自然的存在之实在性与直接性远离呢？人类以放弃了自然而作出之交换或选择是否都是美好的呢？抑或都反而成为他的生命的最严重的危害呢？如果哲学一直对其真正的和最高的职责保持醒觉的话，如果哲学

并不单单止于是对世界的一特定方式的知识（Wissen），而且还是人类的文化的良心（Gewissen）的话，则它于其发展的路途中必定会不断地重新关注到这一个问题。与其随便天真地满足于对进步的信仰（Fortschrittsglauben），哲学不单要问这假想中的所谓“进步”的目的是否可以达到，而且必须询问此一信仰是否值得去追求。此中吾人一旦萌生疑问，则这一疑问是很难再被平抑下来的。如果我们观察一下人类与实在界的实践关系的话，则这一团疑问会最强烈地显示出来。

通过工具的使用，人类成为了事物之主宰。然而这一主宰性对于人类而言，不但不是一种福祉，反而是一种咒诅。人类为了要征服自然世界而发明的科学技术结果倒戈指向于人类。科技不单构成人类存在的日益严重的自我疏离（Selbstentfremdung），而且终于造成人类存在之自我丧失（Selbstverlust）。那些看来是要满足人类的需要的工具，结果反而造出了无数刻意人为的需要。从这一观点看来，科技文明的每一种完满成就都是而且都将会如假包换地是一份诡诈不祥的礼物（Danaergeschenk）①。因此，当科技把愈来愈多的生命领域克服的时候，人们对一原始的、完整而直接的存在

① 德文“Danaergeschenk”一词中“Danaer”是荷马对希腊人之总称呼。“Danaergeschenk”是指荷马叙事诗《伊利亚特》中希腊人攻打特洛伊城不下时而给特洛伊城送的礼物：空心内藏军士之“木马”。于是“Danaergeschenk”乃指一诡诈不祥的礼物。——译者

的渴求必定会一再涌动，而“复返于自然”(Zurück zur Natur)这一呼唤也必定会变得日益壮阔。

于克斯屈尔在反省低等动物时曾经一度指出，每一种动物都会对它的环境完全地适应，都会在其环境中安详和安全地徜徉，正有如一个婴儿在摇篮中一样。然而，当我们进入人类的领域时，这一种静恬安详便再不复存了。

每一种动物的需要和冲动都是被限定了的；除了那一由
28 它的本能所限制了的世界之外，动物便再无其他世界了。然而，这个动物的世界中却没有犹豫波折，也没有失败，本能之限制同时成为最高度的安稳性之保证。

这一种无言的存在（fragloses Dasein）和这一种无言的确定性之道路是任何人类之认知和任何人类之行为所无法再复返归的。因为人类自身创制出来的智性工具所生之疑问较诸其技术层面的工具所生的疑问还要来得强烈。人们往往过于狂热地颂赞语言；人们认为语言正正就是使人类得以优越于动物的理性的一项明确的表现和最清晰的证明。然而，人们就这一种考虑而提出的种种论证到底是否即为一些真确的论据呢？又或者，这是否只不过是语言在自己取悦自己的一些空洞的自我崇拜（leere Selbstvergötterung）呢？这些论证除却了纯粹的辞藻上的价值之外，是否尚有哲学上的价值呢？

哲学史中，从来不乏有重要的思想家在警告我们不要把

“语言”和“理性”混淆，他们并且还认为语言其实是理性的敌人。对他们来说，语言不但不是人类知识之向导（Führerin），反而是人类知识的永恒的误导者（Verführerin）①。他们因此宣称，知识若要达成其目的，则它便必须坚决地背向语言而且不再容让语言的内容对自己引诱。贝克莱（George Berkeley）便即曾经说：“我们实在枉然地在扩阔我们对天空的视野，也枉然地对地球之内部组织作了视察，我们枉然地于饱学之士的著作中搜索意见，也枉然地去寻踏古人隐晦的足迹；我们只需要把文字的障碍去除，便即可以清楚而纯粹地看到知识的果树，而树上甜美的果实乃是吾人信手可及的。”②

贝克莱自己为了要离开这一种纠葛，乃劝说哲学不单要脱离语言之统治，而且更要脱离“概念”之统治，除此之外，对他来说便别无他途了。因为概念作为一种“抽象”和“普遍”，其实是与名相（Namen）言辞（Wort）中所彰示的另一种“普遍”有关联的，概念之普遍其实不单只与名相言辞之普遍有关系，并且还与后者不可割断的联结在一起，换言之，

---

① “Verführerin”一字，此一场合被译为“误导者”之外，主要是因为求使与“Führerin”（向导）相对应而使用。于日常德语中，“Verführerin”除了“误导者”之意涵外，尚有“诱惑者”之意涵。原文“Führerin”与“Verführerin”两概念均从阴性，因为其关系于“语言”，而“语言”于德文中为阴性（die Sprache）故。——译者

② 关于贝克莱有关语言的批判讨论，详见作者著《符号形式的哲学》，第一卷，pp.36ff。

概念是无法脱离言辞的掌握的。因为这一缘故，贝克莱乃认为只能求助于一个极端的解决方法：实在性（Wirklichkeit）必须自概念和自“逻辑”中被夺除，实在性必须被限定于纯粹知觉即“Perzeption”的领域之中。我们一旦逾越了上述此一领域，一旦尝试自知觉（percipi）往概念（concipi）过
29 渡，我们立即便会再度陷身于那我们一直要逃离的语言之魔力之中。所有逻辑认知都透过判断之活动，亦即透过理论反省（theoretische Reflexion）而达成。然而反省一词之名称本身即已显示出其无法避免的一项缺点。那一“被反映的”对象（der “reflektierte” Gegenstand）永远不是对象自身——而每当我们使用一张新的镜面以作反省时，则对象的原始的真理与我们愈为远离之危机便日益严重。

这一种考虑自古以来都成为理论层面的怀疑主义（Skeptizismus）之温床。不仅是语言理论在产生疑问，甚至艺术理论于其发展史上亦不断地要面对相类似的问题去挣扎。柏拉图摒弃了并且驳斥了艺术。柏拉图指责艺术，认为艺术在真理和幻象的斗争中并没有站在哲学的一边，反而站在诡辩术（Sophistik）的那一边。艺术家没法观解理型或真理的永恒的原始形象；相反地，艺术家只追逐于模拟摹本的领域中，并且殚精竭虑于如此这般地去堆砌这些模拟摹本，使别人于观察这些摹本时，还误以之为实在。诗人和画家都有如辩士（Sophisten）一般，是一永恒的“幻象制造者”（Bildermacher， εἰδωλοποιός）①。他们不就存在之在其自身而去理解之，反而造出存在之幻象去迷惑众生。美学只要一朝停留于“模仿理论”之上，则它要有效地回驳柏拉图对艺术的责备之尝试将必属枉然。

人们为了要证立模拟或模仿这一活动，乃放弃为模仿的价值作一理论上的或审美层面上作证立的途径，而试图为这一种价值寻求一快感上的证立（hedonistische Begründung），甚至美学上的理性主义也往往走上这一条道路。彼强调说，模仿诚然地是不能穷尽本质的，而“幻象”也诚然地不能臻于“实在性”的。然而，彼却指出了内在于模仿过程中的快感价值（Lustwert）；当摹本愈接近于其范本（Vorbild）时，其所得之快乐也愈趋强烈。布瓦洛（Boileau）②的《诗的艺术》（*Art Poétique*）一书卷首即言简意赅地、清晰地和很有代表性地把上述的基本思路表达出来了。布瓦洛指出：即使是一只怪兽亦可以在一艺术表达中引起愉悦感，因为愉悦感并不是对如之所如的对象而言，而是对模仿之卓越性而言的。由是观之，一审美性之独特层次最低限度是可以成立的；我们也

① “Εἰδωλοποιός”一概念出自柏拉图对话录*Sophist*（239d）。其中，柏拉图借一陌生人与Theaetetus的对话，指出辩士不外一“maker of image”。至于所谓“image”（εἴδωλον）是什么一问题，柏拉图乃同时举出四个例子：犹如水中、镜中之影像和犹如画家、雕刻家之影像等，此中柏拉图把艺术作品和镜花水月相提并论，其对艺术之态度可见。——译者

② 布瓦洛（Nicolas Boileau Despréaux，1636—1711）乃17—18世纪间法国美学家。——译者

可以对这一层次的独立的价值予以肯定，虽然这一个目的只能透过一迂回曲折的途径方能达到。

但是，在一严格的理性主义和一形而上的独断论的场合
30 里，这一问题是无法得到一圆满的终极解决的。人们一方面坚信逻辑概念乃是事物本质之知识的必要和充足的条件，因此，大凡一切与逻辑概念本质上有异的，和大凡一切不能臻于逻辑概念的清楚明晰性的，都被指为不外是一些无本质的幻象。在这一情况下，那些逾越了单纯的逻辑范围的智性形式的幻妄特性（Illusions-Charakter）便变得无以争辩了；吾人大不了只能够借着追寻幻象的心理产生过程，和借着举列出人类的表象和人类的想象之结构的经验条件，去如之所如地显示这一种幻妄之特性，予之以解释和证立承认。

然而，如果我们并不以对象为自始即固定不变，而是某一意义地把对象看作为一切认知与理解所取向（abzielt）的无限远的焦点的话，则整个问题便立刻面目一新。对象之“给予”（Gegebenes）在这一情况中演变而成为对象性之“工夫”（Aufgabe）问题。我们可以看到，参与了此一エ夫的，不单单只有理论知识，而且，精神的每一分活力都以某一种方式参与了此一工夫。于是，现在我们乃可以对语言和艺术的独特的“客观对象”意义予以肯定了——它们之所以获得此种肯定，并不是因为它们在模仿一如此地即当下存在的实在领域，而是因为它们预期地构作了（vor-bilden）一实在之领域，

因为它们乃是对象化程序（Objektivierung）的一些特定的途径与方向。而上述这一切，除了适用于外在经验之世界之外，还同时地适用于内在经验之世界。

对于形而上的世界观和对于二元论（Zwei-Substanzen-Lehre）而言，“心灵”与“躯体”，“内”与“外”分别意指着两种彼此严格分离的存在领域。它们或许可以彼此作出影响，即使当形而上学之推论愈推愈远时，这一影响之可能性会显得愈来愈暗晦和愈来愈有疑问；但是，它们之间之根本的分别是无法被克服的。“主体性”和“对象性”各自构成一领域；而某一特定的智性形式若要臻于完成和终结，则我们先要清楚地去厘清它到底是属于两种领域中的哪一个。这里涉及一双边可能性（ein Ent-weder-Oder），一“这边”或一“那边”。这一种裁定是依于一空间决定之方式而被构想的，一现象或被裁定属于意识，或被裁定属于存在；或被裁定属于内在世界，或被裁定属于外在世界。

然而，自一批判哲学的观点之下，这一种［双边之］选择（Alternative）其实不过是一个辩证的幻象而已。批判的观点显出了，内在经验和外在经验并不是陌生而分离之事物，而是建基于一些共同的条件之上的；只有在彼此依存和 31
在恒久地彼此关联的条件之下，它们才足以构成。两者之间再不是存在着一实质上之分离，取而代之，此中存在着的是一种交互的关系（Korrelative Beziehung）和彼此的补充

(Ergänzung)。

这一种富有特色的交互决定（Wechselbestimmung）绝对不是单单适用于科学知识之领域。我们在知识与理论性理解之领域以外一样可以碰到这种特色。即使是在语言的场合，在艺术的场合，甚至于在神话和在宗教的场合中，亦没有一所谓“自我”与“世界”的这一项垄断一切的单纯的对分。甚至在这些场合中，两者之直觉亦是透过一共同的过程而构成的，这一过程导致了这两个端点（Pole）之间的一些持续不断的“交缠”。如果这一种关系一旦被否定，如果这一种交缠结果演变为主体与对象这两个端点之分离的话，则此一交缠之真正意义便会丧失。在这一个场合中，符号或对象这一种两分法再一次地显得不可能，因为只要我们稍为细心地去分析，我们将不难体会，符号之运作功能正正就是吾人对“对象”或对客观情况（Sachverhalten）的一切认识的预备条件。[①] 明乎此，则所谓实在性与幻象之间的对立亦显得具备另一种性格和意义了。

我们从艺术这一例子即可以清楚地看到，如果艺术要把“幻象”一般放弃的话，则它也便把“现象”乃至艺术直观上的和艺术构思上的对象都一并遗失了。艺术只有透过色彩之变幻而掌握到它独特的生命。没有一个艺术家于描述自然时

① 参见作者著《符号形式的哲学》之“导言”。

能够不在此一描述中同时把他的自我也一并表达出来的；而所谓自我的艺术性的表达之为可能，莫有不是透过把一些对象之全面之客观性与可塑性陈示于吾人面前而达成的。主观和客观，感受与形态都必须彼此沟通，甚至彼此融合，如是，一伟大的艺术作品方能够产生。由此可见，艺术作品从来不单纯地只是一主观的或客观的又或是一心灵世界的或对象世界的摹本，相反地，此中涉及了双方面（主观和客观，心灵世界和对象世界）真正的发见（Entdeckung beider）：就其普遍特色而言，这一种发见的地位并不居于任何理论性知识之后。

就此一角度而言，歌德乃可以很有理由地说：就吾人之能够透过一些可见可感之形式去认识事物之本质一点而言，风格（Stil）是根种于知识之深层和根种于事物之本质中的。事实上，如果艺术所能够成就的只不过单纯地是对一外在的存在或一内在的历程的重复的话，则这一种成就便实在是非常有疑问，而且在任何情况下都显得过于贫乏的。倘若艺术 32
只不过是存在的模印（Abdruck des Seins）的话，则柏拉图所一度对艺术提出的种种攻击便都将成立，由此看，吾人实在应该为艺术除去所有“观念性的”与“唯心的”（ideell）意涵。因为真正的观念性，例如理论性之概念或直觉之形构，都必定包含一生成的（produktiv）操作于其中，而不是一容受性的（rezeptiv）或模仿性的操作。艺术必须寻找新颖的内容，而不应该只是把一些陈旧的以另一种形式进行重复。艺术若果不能够践行其最高的职责的话，则它便只不过是心灵闲暇时的一种消遣，不过是一空洞的游戏而已。

我们只要看一看历来伟大的艺术作品，即可以领略到艺术的这一种基本性质。每一件的这一类作品都使我们觉得我们是在接触一些前所未识的新颖的东西。这些我们所碰到的作品，绝对不是一些模仿或重复；其实，世界似乎在透过一个新的途径和以一崭新的面貌展现于吾人面前。倘若叙事诗（das Epos）只不过把一些过去曾发生的事情再加以确定，和把这些事情在吾人之记忆中再予以更新的话，则它便实在与单纯的编年史（Chronik）无分别可言了。然而，只要我们想一想荷马（Homer），想一想但丁（Dante），或者想一想弥尔顿（Milton），我们就足以坚定一种信念：在世界文学中每一篇伟大的叙事诗中，我们都在面临一些崭新而迥然不同的东西。这些作品绝对不只是对一些过往的事物的一种单纯的报导；透过了叙事诗（即史诗）的叙事式的陈述，我们最终把我们自己置身于一个世界观点（Weltansicht）之中，这一世界观点使得事情发生之整体与人类世界之整体以一崭新的姿态显示出来。即使一些骤看起来最为“主观”的艺术如抒情诗（Lyrik）亦同时地具有上述的特色。抒情诗似乎比任何一种形式的艺术都更受制于当下瞬刻（Augenblick）。抒情的诗篇旨在捕捉某一种只来一次的、短暂的和永不再复返的气氛，并把这一气氛凝固下来。它萌生自一个独一的瞬间，而并不要对这一创造性的瞬间之外有所洞悉。然而在抒情诗里，或许就在这里我们可以找到歌德所谓的一种“观念性”，用歌德自己的语言说，“观念性”的思维方式就是要于一暂时之中发见永恒。借着把其自己沉湎于当下瞬刻之中，借着去穷搜此一当下瞬刻之全部感受内容和气氛内容，抒情诗的这种观念性乃为该一当下瞬刻取得了历久性与永恒性。

如果抒情诗篇之功用只不过限于把诗人的瞬间的和个人的感受以言词去捕捉下来的话，则抒情诗实在与任何一种其 33
他的语言表达式无异。如此一来，所有的抒情诗都将只不过是语言表达（Sprachausdruck），而一些语言也将等如是抒情诗。克罗齐（Benedetto Croce）在他的美学中，便作出如此的结论了。不过，我们在这一场合里，除了注意表达式一般（Ausdruck überhaupt）这一“最近的属”（genus proximum）之余，实在需要留意掌握抒情的表达方式之“种差”（spezifische Differenz）。抒情诗其实并不单纯地只是语言上有感而发之声响的激化结果或升华结果。它并不单纯地只是当下的情怀的表音结果，抒情诗并非只志于要历过有如沉痛与愉悦、痛苦与快乐、兴奋与绝望等两极性的情绪（Affekte）之间所有音调之系谱。如果一位抒情诗人能够成功地把痛苦描写为一“旋律与衷曲”，则他实在并不单只在替痛苦添上一层新的装扮；他其实已经把痛苦内在地转化了。透过情绪的媒介，抒情诗人使我们得以洞观灵魂的深处；灵魂的这些深层向度，是诗人自己以及吾人以往一直无法理会和无法接近的。

在这里，我们只需要构想一下抒情诗的风格之发展史上的一些重要的转捩点和重要的高潮，即便可以确实地印证它的这一种基本性格了。借着把他们的自我倾诉出来的过程，每一个伟大的抒情诗人都让我们认识到一种崭新的对世界之感受（Weltgefühl）。他们把生命和实在以一种吾人以往见所未见的和无法想象的形态显示出来。例如萨福（Sappho）的诗歌、品达（Pindar）的赞歌、但丁的《新生》（*Vite nuova*）和彼特拉克的十四行诗（Sonette），歌德的《萨森海姆之歌》（*Sesenheimer Lieder*）和他的《西东诗集》（*West-östlicher Divan*），荷尔德林（Hölderlin）或莱奥帕尔迪（Leopardi）的诗句等：这些作品并不单单给我们带来一连串呈现于吾人面前，然后消失，以至于化为乌有的激越的情绪。这些作品是“存在”的，而且是“持续地存在”的（All dies “ist” und “besteht”）。这些作品为我们展现了一种知识，这种知识无法以抽象的概念去掌握，但是却以一些从未被认识的崭新的事物的启示之形式呈现于吾人面前。艺术的一种最大的成就乃是：艺术能够自最特殊之处感受到和认识到那客观普遍的，而自另一方面说，艺术又复能够把它的所有客观内容具体地和特殊地展示于吾人面前，并以最强烈最壮阔的生命去浸润这些客观内容。

第二章　事物之感知与表达之感知①

歌德和黑格尔逝世以后迄今这一百年中，哲学和科学陷入了一种内在的危机。最能显示出这一危机的，莫过于自然科学和人文科学之间的关系。对于这两个领域而言，研究的进步乃是惟一不被间断的胜利之途。不仅在内容上，而且同时在方法上，不仅于素材的逐渐的扩宽一面，而且同时在精神心智之构成和贯彻这一面而言，这上述的阶段都几乎是独一无二的。 34

那严格准确的自然科学不仅在不断地拓展领域，而且甚至创造了极为新颖的知识工具。生物学已经逾越了为各种自然生命形式作纯粹的陈述与分类这一阶段，而已经成为真正有关有机生命的理论了。

至于人文科学，它们所面对的是一项更为庞大的工作。因为在这里，我们首先尚要寻找出“这一科学之确定途径”；在康德的哲学里，康德还认为要把这一途径只留给数学和以数学为基础的自然科学。自从浪漫主义运动以来，历史科学、古语言学、考古学、语言学、文学和艺术学、比较神话学和比较宗教学等都就此一问题不断作出新的尝试。它们都愈来愈严格地去构想它们的任务，也发展出愈来愈精细的，分属于它们个别专门使用的思维工具和研究工具（Denk-und Forschungsmittel)。然而，当我们对人类知识在这短短百年之间所已达成的种种功绩予以肯定的同时，我们也得指出，一严重的缺失和一内在的缺陷亦相对地显露了。当科学的研究在每一种个别领域中得到持续不断的进展的当儿，它的内在

① “Ausdruck”，英译“expression”，是近代哲学极为重要的观念。这一观念本来自拉丁文的“expressio”和“exprimere”。最早是使用于语法与修辞学领域之中，其所指者纯粹是一些具有沟通意义的文词句法。直到今天，德文中的“Ausdruck”与英文的“expression”都还保有这一种古老的用法。例如当人们在写文章时，常常谈到要“找寻一适当的用语以为表达”(to find the right expression）即是此意。然而，在近代哲学领域中，由于主体性哲学之趋向日益明显，随着亚里士多德的“ὑποκείμενον”(subiectum）概念渐渐蜕变为个体义之“人类主体”，“Ausdruck”一概念亦渐从一修辞学概念蜕变为一主体性哲学中的中心概念。在莱布尼茨哲学里，“expressio”本来仍保有某一定的修辞学之意涵，但当莱布尼茨引进“力”(conatus，la force 或 Kraft）等概念去形容其单子实体（monadic substance）以来，“Ausdruck”问题便与日后的“Subject”问题合流，而“Ausdruck”便渐渐具有“心灵的表达”之意涵了。换言之，“Ausdruck”乃成为人类心智活动的总称。近代最强调“Ausdruck”概念或有关问题的有黑格尔（Äußerung，Darstellung)，德罗伊森，狄尔泰，卡西尔，伽达默尔等人。卡西尔本书第二章开始起，其所提出的“Ausdruck”与“Ding”(事物）之对比，实即人（具有心智灵魂者）与事物之对比。本书德文本 41 页，卡西尔在谈论“语言”作为一种“表达”时，即把“Ausdruck”界定为：“一些属于灵魂心智的内容可借以得到披露（offen bart）者”。而借着对人类心智这一种表达，卡西尔乃可以说人为具有“文化”或“人文层面”。本书第三章中“自然概念”(Naturbegriffe）与“人文概念”(Kulturbegriffe）之对比其实根本上是从第二章提到的“事物”(Ding）与“表达”(Ausdruck）之对比导出的。再进一步看，卡西尔借以名于学界的《符号形式的哲学》，就问题之根本处考虑，其实亦与“表达”问题相表里而已。因为“符号”者，正是人类特有的文化构作，而人类能创制“符号”，实亦因为人具有“表达”之能力。有关问题可参见 Leibniz，“What is an Idea？”(1678)，“On the Correction of Metaphysics and the Concept of Substance”(1694)；J. G. Droysen，*Historik*；Hans-Georg Gadamer，*Wahrheit und Methode*（Tübingen: Mohr，1960)，pp.318f，pp.414ff。——译者

统一性却愈来愈产生疑问了。

哲学既不足以维持这一种统一性，又不足以制止分裂瓦
解之继续。黑格尔的系统乃是求涵盖知识之全体，并以一霸
道的思维去组织所有知识的最后一次伟大的尝试。但是，黑 35
格尔这一番悲愿终竟无法达成。因为黑格尔所要建立的力之平衡（Gleichgewicht der Kräfte），其实只不过是一种幻觉而已。黑格尔一生之努力和他哲学上的野心，主要在于使“自然”与“理念”(Idee）相协调。但到头来，他没有真正地成就出这一种协调，而却使自然屈服于绝对理念之下。自然结果丧失了它本身之权利；自然只拥有一虚假的独立性。它的一切存在都是被理念所册封的；因为自然不外就是理念自身，此中，当然我们不把理念作为一绝对存在和绝对真理去理解，而是把自然作为理念的自我异化（Entfremdung）或“他样性”(Anderssein）去观察。而正正在这里，我们即能捉到黑格尔系统最为人诟病的痛脚。当这些诟病日益强烈时，黑格尔系统便终将难以抵挡。

自然科学和人文科学似乎并不因为黑格尔的学说的这一种命运而受到直接的影响。它们双方面都可以在黑格尔系统崩解的时候收复和保有它们各自的领地，它们反而认为，在没有任何来自哲学的训示而得以继续走自己的路的条件之下，它们都更能够保有和护卫它们的领土。但是，这一种做法，这一条道路，却又把它们带得愈来愈彼此远离；它们之间之

分离，到了今时今日，似乎已僵化到无法挽回的地步了。

19 世纪哲学之发展不但没有弥补自然科学和人文科学之间的裂缝，而且甚至把这一裂痕进一步扩大了。因为，连哲学自身也开始内在分裂而分别投入自然主义（Naturalismus）和历史主义（Historismus）两个敌对的阵营之中。这两阵营之间的斗争日益激化。自然主义和历史主义两者之间不单只不容许任何联络与修好进行，甚至连最起码的彼此相互的了解也成为不可能了。在特勒尔奇（Ernst Troeltsch）的一部论及历史主义之发展的很出色的著述中，我们可以重新追探这一番斗争的所有重要阶段。[①] 此中，问题的关键，与其说是涉及一知识批判反省和方法学上的问题，不如说是涉及“世界观”的对立，而这一项对立是很难以纯粹的科学论证去理解的。在短暂地尝试了透过逻辑途径去清理问题之后，敌对的双方
36 都退守于某一些形而上的基本立场之中，在这些形而上立场之中，双方都只在自我吹擂，而都不能叫对方信服和把对方驳倒。自然科学和人文科学之间，自然主义和历史主义之间到底如何取舍抉择，似乎都视个别研究者之感受和主观口味而定；整个场面渐渐地已演变为一论争（Polemik）的局面，而不是一讲求客观论证（objektive Beweisführung）的局面。

---

① 参见特勒尔奇：《历史主义及其问题》（*Der Historismus und seine Probleme*），第一册《历史哲学的逻辑问题》（*Das logische Problem der Geschichtsphilosophie*, Tübingen, 1922）。

在这一番纠纷在进行当中，批判哲学（Kritische Philosophie）一直忠于由康德所提出的普遍工作的使命。它特别地尝试把问题还原于其真正的土壤中；它力求使问题脱以形而上学作审议准则的局限，而把问题于一知识批判理论的角度下去处理。文德尔班在他名为“历史与自然科学”（“Geschichte und Naturwissenschaft”, 1894）① 的演讲中，便即把上述的“问题还原”之意义申明了。依文德尔班的意见，自然科学与历史之间的对立并不是一项世界观上的对立，而是一方法的对立。因此，文德尔班的理论不能片面地拥护自然主义或历史主义两者任何一方；它必须把自然的知识和历史的知识视为同样地必要的和视为同样地合法的知识面相，而问题只在于如何去决定它们两者之间的交互关系而已。

文德尔班于自然科学的“法规性的”(nomothetische）概念② 与历史学的“描绘性的”(idiographische）概念之间所作

① 该文为文德尔班 1894 年于斯特拉斯堡大学履任校长（Rektor）时之演说。全文辑载于 Wilhelm Windelband, *Präludien: Aufsätze und Reden zur Philosophie und ihrer Geschichte*（Tübingen: Verlag von J. C. B. Mohr, 1921）, Zweiter Band, pp.136–160。——译者

② “Nomothetisch” 与 “idiographisch” 字面上之意义分别为“法则置定”和“亲手书写”，为罕见用语，此两概念结合使用，乃出于文德尔班之构想。文氏于上引“Geschichte und Naturwissenschaft”一文中区别两种不同之经验科学(Erfahrungswissenschaften)。其中的一种是以探讨普遍之恒常法则为事者，而另一则是探讨特殊的、“一而不再的”(einmalig）历验（Ereignis, Geschehen）为事的。这两种不同的经验科学，文氏分别以“法规性”(nomothetisch）和“描绘性”(idiographisch）表之。兹引文德尔班原文：“我们乃可以说：经验科学于实在之领域中，或者以自然法则之形式去探求那普遍的，又或者以特定的历史形态之方式去探求那特殊的；在前一种层面，经验科学所（转下页）

的分野其实是求把这一种关系予以确定之尝试。然而，这一项分野虽然骤看是如此简单明了，但正因为它太简单，这一种分野结果实在对其所要描绘的一个极为复杂的问题显得过于草率。柏拉图曾经对搞辩证法的哲学家作出要求，叫他们不要固守于随意采取的概念分野之上。如果他要把一整全体依种与属加以分辨的话，则他于分辨时不应该损害此一整全体的结构：他不能容许自已把整体给割碎掉，而必须顺着“自然的关节”(natürliche Gelenke，κατ' ἄρθρα ἧπέφυκεν）去作分割。文德尔班的分野之不符合此一要求这一点，最显见于李凯尔特顺着文德尔班之思想作进一步发展与贯彻这一场合之中。李凯尔特同样很严格地把自然科学之普遍性与历史科学的个别性分离开来。但是，他马上觉得有必要去承认，科学自身于其具体的操作中并不依从逻辑学家的训令，相反地还不断地在抵触它。在这些具体操作中，理论所必须划定之界限却一再地被抹杀；我们所能够找到的，与其说是上述的两种清楚地互相分别的两极端，在大多情况

（接上页）要观察的乃是那恒久不变易的形式，在后一种层面，经验科学所要观察的，却是实在的历程中那‘一次而不再的’(einmaligen）特定的内容。前者乃是一些法则科学（Gesetzeswissenschaften)，而后者乃是一些历验科学(Ereigniswissenschaften)；前者所处理的是那恒常不易的，后者所处理的是一些一度（einmal）曾经如此的事情。如果我们要以一些崭新和有创意的表式去描述的话，前一种科学思想是法规性的（nomothetisch)，而后一种则是描绘性的（idiographisch)。如果我们以惯用的术语去表达的话，此中所涉及的，乃是所谓自然科学诸学科与历史科学诸学科之间的对立。”Wilhelm Windelband，*Präludien* Ⅱ, p.145.——译者

下，不如说都是某一类型的混合形式或过渡形式。在自然科学中，往往冒出一些问题，而这些问题是只能够以历史科学 37
之概念方法去处理的；而另一方面，我们无法阻止以自然科学之观察方式去应用于历史科学的对象之上。每一个科学概念其实都同时是普遍和特殊的；而概念的工作恰恰在于在两者之间建立一综合。即使依照李凯尔特的理论，每一项历史科学之个别知识都包含了其与一普遍者之关系。只不过对于李凯尔特来说，历史知识所涉及的普遍性并非自然科学的种属概念（Gattungsbegriffe）或法则概念（Gesetzbegriffe）之普遍性，而是一另外的关涉系统（Bezugssystem）；这即就是价值概念之系统（das System der Wertbegriffe）。所谓把一件事实（Tatsache）历史地予以了解或予以历史的定位，其实就是把它关联于一普遍的价值。只有透过如此的一种关联，历史之认知才能够把某一个别事件的无以斗量的丰富意涵依循一定的线索历过之，并且借助这一个过程去把这些丰富的内容予以一内在的组织；一个别的事实一旦失去了其与一普遍价值的关联，则就以其作为一个别事实之身份而言，其潜在的丰富意涵是永远无法被掌握的。于是，理论工作乃面临一项崭新的问题了，我们愈是去设想理论工作的真正出发点，这一问题的分量就愈见得重要了。

文德尔班和李凯尔特是以康德的后学的身份去说话的。康德曾为数学性的自然科学所作出的成就和贡献，文德尔班和李凯尔特二氏现在乃要为历史和为人文科学予以达成了。他们都要把历史和人文科学抽离开形而上学的权力以外，并且要依据康德的“超验的”(transzendental）问题层面，把历史和人文科学都当作为一事实（Faktum）地去处理，这即是说，要探求作为事实的历史和人文科学之所以成为可能的条件（Bedingungen der Möglichkeit）。如果一历史学家必须具备如此一普遍的价值系统作为如上所述的条件的话，则我们便要问，历史学家到底如何能臻于如此的一个价值系统？而他又如何能证立此一系统之客观有效性？如果他希望自历史自身中求取此一证立的话，则他们便有陷入一逻辑循环的危险；如果他希望如李凯尔特于其价值哲学中的做法一般去先验地建构此一价值系统的话，则我们已一再看到，若非基于一些形而上的假定，这样的一种建构工作是无法达成的，而这样的话，则整个问题还是回返到其初出发时的同一个处境之上。

为就人文科学之原则这一问题求取一答案，赫尔曼·保罗（Hermann Paul）① 于文德尔班和李凯尔特之外别辟蹊径。保罗胜于二氏之处，在于他不临于普遍之概念分野而止，而却进一步直接放手从事他的具体的研究工作，并能在这工作之丰硕成果的基础上去进一步创造。他的工作的重点在于语言学的领域，而有关语言发展史之问题，乃成为保罗借以发

① 赫尔曼·保罗（1846—1921）乃德国近代重要语言学家，是19世纪末所谓“新语法学派”(Neo-Grammarians）的中坚分子。——译者

展出他的基本态度立场的范式（Paradigma）。保罗基本上认为，没有一门有关历史的学问是可以单纯地以历史学的方式 38
展开的；并且他认为，一有关历史的学问必须争取一涉及原则之科学（Prinzipien-Wissenschaft）的支援。保罗于是选定了心理学作为如此的一种原则性科学。[①]经过保罗的振臂一呼，纯粹的历史主义的魅力便宣告粉碎了。但是这么一来，从另一面看，语言学与人文科学一般亦马上濒临陷身于心理主义（Psychologismus）的危险。保罗本身的理论便即无法逃离此一危险。他的理论主要是建基于赫尔巴特（Herbart）及其心理学的基本观点之上的。但是，与此同时，他也不自觉地让赫尔巴特的形而上学中的某一些成素潜入他自己的理论中，从而使他的理论的纯粹经验主义的性格受到危害。福斯勒（Karl Vossler）[②]即就这一点作了如下的判断：

> 我们实在难以在借助赫尔巴特之余而不同时容忍他的形而上学。真正的形而上学是我们难以在踏足于经验科学的门槛的当儿随便摆脱得掉的。事实上，赫尔巴特的不可知的神秘主义理论和所谓的那不可知的物自身等理论，最终都在保罗的整个语言学中留下了阴霾；而在

① 参见保罗：《语言学原理》(*Prinzipien der Sprachwissenschaft*)，pp.1ff。

② 福斯勒（1872—1949），著名小说家和语言哲学家，于语言学上主要采取一观念论传统之态度，以为语言乃是思想得以完满构成的必要条件，而非只是一些本身即已完构的思想的工具而已。——译者

这一阴霾的笼罩下，有关语言之本质的这一项基本问题便正恰好无法找到清楚地显示的场合。①

然而，如果语言的本质问题或人文科学的某些其他对象的本质问题既不能单纯地从历史角度，又不能单纯地从心理学角度或自形而上学的角度去提出的话，则我们到底应该如何去了解这一个问题？除了这些领域以外，是否尚有其他领域是我们能够正确地和合法地询问的呢？这么一来，一切有关“精神心智的”(alles “Geistige”）岂不完全被这几个领域所瓜分了吗？

黑格尔区别了主观精神、客观精神和绝对精神这三个领域。主观精神之各种现象我们可以在心理学中去研究；吾人若要了解客观精神，则最好莫如去钻研历史；而绝对精神的本质则透过形而上学为吾人所揭示。如是地，这一三联合似乎把文化的整全内容和它的所有个别形式与个别对象都涵盖了。然而，作为逻辑概念和形而上概念的那一总念（der Begriff）②，除了能达成这一种区分或这一种三分法之外，似乎便无进一步的功用了。

然而，这里所涉及的分别，其实还具有无法借着概念之

---

① 参见福斯勒：《语言中的精神与文化》(*Geist und Kultur in der Sprache*) (Heidelberg, 1925), pp.5f。

② “Begriff”一般译为概念，但这里指的是黑格尔哲学中的“Begriff”，今依贺麟译作“总念”。——译者

分析而完全清楚地被剖视的另一面。在这情况下，我们必须再往后退一步。即使在感知（Wahrnehmung）本身，我们已能找到一个成素，而这一成素于进一步发展时正正是可以导出同样的分别的。我们必须逼近一切意识现象中的这一基本 39
的和原始的层面，务求在这一层面中去掌握那我们一直在找寻的阿基米德点（Archimedischer Punkt），那一“在某处给我一点”（δός μοι ποῦ στῶ）。在某一意义下，我们这样其实已经逾越了单纯的逻辑的限界了。概念形式的分析是不能把自然科学与人文科学之间的独特分别全面地展示的。我们其实倒不如下定决心，把我们的目标再放低一点。我们必须好好去认识清楚感知的现象学（Phänomenologie der Wahrnehmung），并且考虑一下，此一感知的现象学到底能为吾人当前所关心的问题作出哪一种贡献。①

如果我们尝试就其简单的现象内容对感知加以描述的话，感知会于吾人面前显示出一双重的面貌。它包含了两个面相，这两个面相内在地彼此交融，但是却是彼此都不可被化约为对方的。虽然就事实而言，我们难以把它们分离开来，但是，就意义而言，它们是互为分别的。没有一种感知是不意谓某一特定的“对象”和不指向此一对象的，然而，这一

① 就哲学史而言，有一点颇值得一提：“感知的现象学”向来被认为是梅洛-庞蒂（Maurice Merleau-Ponty）所开展的哲学方向，梅氏 *Phénoménologie de la Perception* 一书出版于 1945 年巴黎。今卡西尔于 1942 年瑞典出版的《人文科学的逻辑》即提到“感知的现象学”，为时较梅洛-庞蒂还要更早。——译者

种必然的对象性关联（objektiver Bezug）显出具有一双向性；为着简明起见，我们可简单地和图像化地把它们描述为一朝于“它”(Es）的方向和一朝于“你”(Du）的方向。感知在任何情况之下，都包含了“我-端点”(Ich-Pol）和“对象-端点”(Gegenstand-Pol）之间的分别。但是，一“自我”在一种情况下所涉足的乃是一事物世界（Ding-Welt），而在另一种情况下所涉足的却是一位格①的世界（eine Welt von Personen）。在第

① “Person”一字，今暂拟译为“位格”。然而一般亦有把“Person”译作“人格”者。查德文原本的“Person”有极为历史悠久的使用背景和涉及极为重要的理论背景，吾人实不能因“Person”一字于日常使用中被用得麻木了，便忽略此中涉及的重要问题。“人格”一译于意涵上虽然不成问题，但由于过于日常化，反不足以显出“Person”之特殊意义。现将就“Person”一概念所涉及之主要哲学考虑略加说明。

（一）“Person”一字之使用，源于古罗马教廷为求说明所谓“圣三一”(Holy Trinity）观念所引用，于是乃有所谓“Father, Son, Holy Spirit”为“Three Persons in one Nature（Substance）”的说法。这一意义的“Person”在一般汉译天主教文献中皆译为“位格”。有关这方面的宗教历史讨论，此处不赘，读者可参见 Clarence Augustine Beckwith, *The Idea of God*（New York: Macmillan, 1922), pp.275ff。另可参见 Brugger 编：*Philosophisches Wörterbuch*，“Person”条（此书有项退结中译）。

（二）从（一）可见“Person”一字本不一定指“人”，而可以指基督教义中“圣三一”的三个元目。由是看，虽然“Person”一字后来于使用上愈来愈涉及人，但其根源意义却非指“人”，其日后之使用大概是因为“人”很符合“Person”之某一原始意涵。而此一原始意涵使得“Person”一字得同时指谓(predicate）上帝和人……因此，我们不妨探求一下“Person”之根本意义孰何。

（三）“Person”一字本来自拉丁文“Persona”，此字又复来自“per sonare”之组合，本义是“sounding（sonare）through（per）”解。合并以后“Persona”乃作“面具（mask）”解，其所指者，即舞台上借以辨别不同“角色”的面具，因每一张面具背后均“透”出该角色的“声音”。“Persona”一字用得很早，如西塞罗（Cicero），维吉尔（Virgil），卢克莱修（Lucretius）时均已常使用。而由于“Person”于解作为“面具”之余，尚有“角色”(role)、“性格”(character）等引申义，后来乃如上述一般被罗马教会吸取使用作（转下页）

一种情况下，我们把世界了解作为广延于空间的对象之全体和作为这些对象于时间中展开的变化之全部；在第二种情况下，我们把世界了解作为一些“相等于我们自己”的物事（etwas “Unseresgleichen”）。在两种情况之中，异别性（Andersheit）都是存在的；但是第一种情况下的异别性与第二种情况下的异别性便即存在着分别。“它”乃是一绝对的异别者（ein anderes schlechthin），乃是一“其他东西”（aliud）；而“你”却是一“另外的我”（alter ego）①。毫无疑问地，我们若是朝向第一种方

（接上页）为解释“Godhead”之下可有不同“roles”之可能。然而，这也说明了“Person”一字归根究底而言，既不单指人，亦不单指神，而是指有如舞台上的主角一般地有喜怒哀乐、有感情、有思想灵性的个体。到了公元6世纪的哲学家Boethius乃为“Person”作下经典性的定义：“persona est naturae rationalis individua substantia”（person is the individual substance of rational [spiritual] nature）。而这即奠定了日后因为人之有灵性与有尊严而被称为“Person”之理由。

（四）康德使用“Person”一观念时，固然秉承了Boethius以来对“Person”的基本了解——有灵性之个体；而且康德更进一步透过使“Personen”与“Sachen”（things）之对比而表明“Person”更具有“内在价值”（innerer Wert）和“尊严”（Würde）及“自身即为目的”（Zweck an sich selbst）等特点（参见*Grundlegung zur Metaphysik der Sitten*，*KGS* Ⅳ，p.428）。在“Person”与“Sache”的对比下，所谓“事物”，本身无“内在价值”而只有“工具价值”，不具有“尊严”（绝对价值）而只有“市价”（Marktpreis），不为一“在自身之目的”，而只为一“手段”（Mittel，means）。在晚后的*Metaphysik der Sitten*书中，康德更进一步从实践道德自由之条件角度指出“Person”乃“能为自己的行动负起责任者”（dessen Handlungen einer Zurechnung fähig sind），参见*KGS* Ⅵ，p.223。

（五）康德以后，“Person”一观念继续成为人性问题讨论之焦点，当代哲学中，论“Person”一观念而最具代表性者乃是舍勒（Max Scheler）。有关舍勒就“位格”问题之讨论可参见江日新：“位格与价值基础——舍勒的实质价值伦理学之研究”（台湾大学哲学研究所硕士论文，1983）。——译者

① 在拉丁文中，“aliud”与“alter”虽然均表“我”以外的“其他”的意思。但仔细分析之下，两者之意涵大有分别。首先，“aliud”乃属中性形（转下页）

向或朝向第二种方向活动，则我们的感知便将会分别产生两种迥然不同的意义、两种迥然不同的色彩和基调。

非常明显和毫无疑问地，人类是以这种双重的样式去经历（erlebt）实在界的。这里涉及的，是一项事实，这一事实是不为任何一种理论所动摇的，也不是理论所能抹煞的。理论因何如此难以接纳此一事实呢？为何理论工作一再地不单只尝试抽离此一事实（这于方法学上诚然是可被容许的），甚且一再尝试去否认与摒弃这一事实呢？如果我们希望找到这一反常现象的原因的话，我们便要考虑一种趋向，这一种趋
40 向乃是一切理论之源头，而借着理论逐步的发展，它也变得愈为强烈。这一种趋向乃是：对感知这一成素虽不至于完全打压，但却对它施以限制，和不断去削弱。一切理论性的对世界之解释于首度展现时都要面对另一种心智力量——亦即神话的力量。在这一种对峙形势下，哲学与科学为了要巩固其本身的地位，不单只要针对每一个别的神话解释都提出另

（接上页）容词，所指者乃某一意义之“物”，“aliud”之“中”性，正好与“it”（它）之为“中”性，或与德文“das Ding”（物）之“中”性相吻合；再者“aliud”所解之“其他”通常指我之外的“许多许多”可能的其他东西。由于此一其他之“众多”性，每一“其他”与“我”之关系乃便是一非常疏远的关系。由此推论，乃译“aliud”为“其他东西”，反观“alter ego”中的“alter”；“alter”虽然亦解“其他”，但是，首先说，“alter”乃阳性形容词，而非中性（alterum），其“阳”性指的是“人”而不是“物”，再者“alter”虽然也作“其他”解，但解的乃是“one or other of two”，换言之，“alter”不表一众多的其他，而表一我之外与我单独相对的“你”。就此“面对面”一涵义而言，“alter ego”乃即一与我有同等地位的，与我构成一紧密关系的“另外的我”。——译者

一个解释去作取代，甚至必须对神话为存在和为历史所作之陈述从全体角度予以怀疑和摒弃。哲学与科学不单只要于具体之构作和个别形态上对神话予以批评，而且还要于其根本处予以痛击。

神话的根源其实就在于所谓表达之感知（Ausdruckswahrnehmung）。神话的世界图像最主要的特色，在于其把表达之感知安置于一比事物之感知较为优越的地位之上。对神话世界而言，根本尚无所谓一严格意义的和一独立意义的“事物世界”(Sachwelt)。因为对神话世界图像来说，这些日后一切理论认知所首要掌握的恒常统一性仍然缺如的。在神话世界里每一种形体都可能转变为其他形体；一切都可自一切中变化而得。事物之形态在每一瞬刻之中都有流变的可能；因为事物并不是由一些固定的特性所构成的。“特性”(Eigenschaften）与“性质”(Beschaffenheiten）乃是吾人自经验之观察才掌握到的面相；当我们在作经验观察时，我们得经过一段很长的时间一再地重复发现相同的确定性与同样的关系，因而才知有所谓特性或性质。而这种样态与形式上之相同性（Gleichartigkeit und Gleichförmigkeit）是不为神话所知晓的。对神话来说，世界在任何一刹那都可能换上另一番面貌，因为此一面貌乃是由情绪决定的。视乎吾人是处于恋爱或处于仇恨中，是处于希望或处于畏惧中，是处于喜悦或处于怖栗中，实有之面貌也随之而改变。这类型的每一种刺激都能呼唤出一新的神话形象，一“瞬刻之神明”(Augenblicksgott)。①

当哲学与科学于这一种神话式的反应之外谱出另一种观察方式，也即是说，渐渐发展出“理论”的时候，它们却渐渐被逼走向另一极端。它们必须把神话借以不断地吸取养分的泉源予以堵塞，要达到这一效果，哲学与科学乃一举针对表达之感知，对其独立合法地位予以全面怀疑。如果我们说神话世界是由众多发自吾人心魂的表达性质(Ausdrucksqualitäten）如“惯常自在”或“畏惧”、“友爱”或“怖栗”等特质所构成的话，则科学却其实在建构出另一世界，在这一科学世界中，我们碰到的已不是上述的“表达性质”，而是一些纯粹的感官性质（Sinnesqualitäten)，例如
41 颜色、音调等。而这些所谓感官性质其实必须再被进一步化约。因为它们只不过是一些“次级”的特性（“sekundäre” Eigenschaften）而已，这些“次级”的特性是建基于一些初元的、纯粹属于量的确定性质之上的。这些“初性”乃成为知识领域中的所谓客观实有。物理学便已作出如此的结论。而哲学，就其不接受物理学以外的其他证据而言，乃得继续向前迈进。极端的“物理主义”(der strenge “Physikalismus”) 不单只在宣言说吾人就“我外心灵”(Fremdpsychischen) 的存

① 参见作者著《语言与神话》(*Sprache und Mythos*, Leipzig, 1925), pp.29ff。

在所尝试作出的一切证明皆为不充分或皆为无效，彼甚至还进一步地否认，彼甚至认为吾人就我外心灵问题成就一“你”的世界（而非一“它”的世界）根本不能提出有意义的问题。因为，从物理主义的角度看来，不必等到答案的出现，问题的提出其实早已经显得神秘，和已经是非哲学的了，因此，它们当然要彻底地被淘汰。①

如果哲学只不过等如知识之批判的话，又如果哲学可以把知识之概念限定为只涉及“严格”科学的话，则我们当然可以对此一决定感到满足。这么一来，物理学的语言便将成为惟一的“交互主体的语言”，而一切不属于此一语言的，便都将成为幻象而必须被摒除于吾人底世界图像以外。卡尔纳普因此说：“我们要求科学……不单单具有主观的意义，而必须对一切参与科学的不同的主体而言都为有意义和有效的。如果我们认为物理学语言乃惟一的一种交互主体语言（die einzige intersubjektive Sprache）这一个观点是正确的话，则我们便可据此而进一步推论指出物理学语言乃就是科学的那一语言。”② 此一语言不单只是“交互主体性的”，而且也是普遍的，也即是说，一切语句都可以用这一语言翻译出来；而一

① 这一问题可参见卡尔纳普：《哲学中的虚幻问题——我外心灵与实在论论争》（*Scheinprobleme in der Philosophie: Das Fremdpsychische und der Realismusstreit*, Berlin, 1928）。

② 参见卡尔纳普：“物理学语言作为科学之普遍语言”（Die physikalische Sprache als Universalsprache der Wissenschaft）, *Erkenntnis*, Band Ⅱ, 1932, pp.441ff。

切看来是无法被翻译而剩下的残余（Rest）根本上便与客观事态无涉的（ist überhaupt kein Sachverhalt）。

假如我们采取这一观点的话，则一语言学如要成为可能，便必先要假定我们于“语言”这一现象中能指出其具有某些物理条件，正如语音生理学（Lautphysiologie）和语音学（Phonetik）所描述的内容一般。与此相反的，我们又可以有以语言作为“表达”的这一种想法，或者说，认为一些属于灵魂心智的内容借着语言而得到披露的这种想法，又或那一种观点，彼认为诸如期望语句、命令语句和疑问语句等句子分别对应于吾人种种不同的心灵状态。此种种观点想法却似乎是难以证实的，正有如那所谓“我外心灵”的存在便早已经是难以证实一般。

42 当我们考虑到艺术学（Kunstwissenschaft）、宗教学和所有其他的“人文科学”时，尤其当我们认为这些科学并非一些对自然事物及对发生于这些事物之上的变化之陈述时，则上面所提出的质难便显得更为强烈了。宗教史所涉及的很可能是一些特别的行为方式，有如礼拜与祭仪、祷告与献牲所表征一般。宗教史可以把这些行为的样式和过程很准确地描述，然而它却不能就这些行为的“意义”作任何判断：因为它根本不具备任何足以使这些“圣洁的行为”得以与其他属于“世俗”领域的行为相区别的标准。或有论者可以指出，此中所谓的行为是指社会行为而非指个体行为，然而这对情况并没有太大的更改，因为有关社会的知识亦是与同样的条件联结在一起的。这只是一个行为主义的想法；它只告诉我们，某一特定的人类群体在某些特定条件之下会发生什么事情。但是，如果我们不希望陷入幻象之中，我们便必须很小心地避免去判断此一事情之发生到底具有什么意义，也即是说，我们要避免判断这一事件会引生什么样的表象、什么样的思想和什么样的感觉。

然而，这一反面的后果却给吾人带来一正面的智慧。我们不能否认，“物理主义”为吾人澄清一个很重要的问题，也即是说，“物理主义”使我们洞悉了应该如何于人文科学与自然科学之间作出分别。然而，面对着这一错综复杂的“戈尔迪之结”（der gordische Knoten）①，“物理主义”舍弃了从事仔细拆解之途，而以快刀斩乱麻的方法去把问题解决掉。这一问题若要谋一真正的悬解，则吾人便非要自一现象学的分析方法入手，对问题实在的全面作一处理不可。我们必须尝试在无保留和不作知识论独断的条件下，对诸如科学语言、艺术语言、宗教语言等每一种语言的独特性格予以探讨；我们

① 典出亚历山大大帝故事，传说古代小亚细亚弗利基亚（Phrygia）地方的国王戈尔迪（Gordius）曾于车轭上编织了一非常错综复杂的结，后有神谕曰，若有人能解此一结，他便将成为亚洲的统治者。后来马其顿主亚历山大碰到此一场面，见此结实在太复杂，乃断然挥剑把结斩开。从此“to cut the Gordian Knot”乃象征以强有力的行动果断地克服一连串纠缠不清的困难的意思。但与此同时，亦象征了果毅中偏于草率鲁莽和偏于把问题过于简化之意。卡西尔在谈论“物理主义”时使用此一典故，容或有暗讽之意！——译者

必须厘清，这些语言到底能就一“共有世界”之建构作出多少贡献。有关“自然”之知识构成了每一种这一类型的建筑之基础与实质内容，这乃是不争之事实。一能够脱离此一支撑的纯粹的观念形式是不存在的。观念形式（Das Ideelle）必须在以某一感性的和涉及质料的方式显示其自身（sich darstellen），和在此一显示中体现其自身（sich verkörpern）的条件下，方能称得上是存在的。宗教、语言还有艺术：我们要理解它们，最好莫如察看它们所创造出来的一些不朽的作品。这些作品乃是吾人惟一能借以捕捉到一宗教的、语言的
43 和艺术的意涵的标记和纪念碑铭。这些涵摄于作品中的内涵性正好是吾人于一人文对象（Kulturobjekt）中所能发见的。

正如任何其他对象一般，一人文对象是厕身于空间与时间中的。它具有其“这里”(Hier）和“现在”(Jetzt)，它产生而复消逝。倘若我们所求的只不外是描述此一“这里”和“现在”，此一“生成”和“消逝”，则我们实在不必越出物理决定层面的范围之外。然而，自另一方面观察，在人文对象中，那即使本为物理性的内容却会显现得具有一新的功能。一人文对象并不只单纯地“存在”与“改变”，其实，在此一“存在”和“变化”中，另一崭新的内容显现出来了。“意义”之显现是不能被化约为物理学的领域的，它只不过借助物理之领域和在此一物理领域中被形体化（verkörpert）出来，而此中所指的意义乃是我们所谓的“文化”的一切内容的共

同要素（Moment）。当然，假如人们硬要漠视此一层面，并且硬要透过这一种抽象、忽视和罔顾的方式使吾人自己变得面对人文对象的“符号价值”（Symbolwert）而视若无睹的话，则这实无话可说！我们当然可以把米开朗琪罗的《大卫》自大理石之性质一面去探究；我们在面对着拉斐尔（Raffael）的《雅典学院》时，也当然可以只管它是一张亚麻布，也当然可以认为这只是某一些性质的油彩以某一特定的空间布置方式漆涂于亚麻布之上。但是，在这一刹那间，这件艺术作品将一变而为众多东西中的一件东西，而它的知识所要服从的条件，也将与任何其他存在于时空中的存在物无异。但是，当我们一旦沉醉于这些艺术作品的表现（Darstellung）之中，并让自我忘情于是的时候，一人文艺术对象和一单纯的物理对象之间的分别便再度昭然若揭。

我们在拉斐尔的油画的这一表达中可以分离出两个基本面相，它们必须透过彼此结合和彼此交融才能建构出一整全的艺术对象。拉斐尔的油画上的颜色是因为其指谓某一对象，因而才有其“表现功能”（Darstellungsfunktion）的。我们在视察这些颜色时，是不会迷失的，我们并不会把这些颜色单纯作为颜色而去理解；事实上，透过这些颜色，我们所理解到的，是一个对象内容，是一特定的情景，是两个哲学家之间所进行的谈话。然而，即使这一项对象内容亦不是这一幅油画的惟一的和真正的对象。这幅油画并不单纯地只是一历史情景（即柏拉图和亚里士多德之间的对话）的表现。因为事实上，真正在这一场合中向吾人发话的，其实并非柏拉图和亚里士多德，而是拉斐尔本人。

这三个层次（即物理存在的层次、对象表现的层次和位格表达的层次[①]）乃决定了“作品”之为“作品”；这三个层次乃是“作品”得以成为“作品”（Werk）而不只是单纯的“结果”（Wirkung）所必须具备的，也是使得这意义的艺术作品不单只属于“自然”（Natur），而更属于“人文”（Kultur）的必要条件。这三个层次中任何一层次一旦缺如，或者吾人的观察于任何一层面一旦被封锢，则吾人只能显出文化的一个平面图像（Flächenbild），而皆不足以透显人类文化的真正深层向度（die eigentliche Tiefe）。

44 严格的实证论诚然地是习惯于否定这一深向度的，因为它惟恐陷入此一深向度的隐晦之中。然而，在实证论面前，有一点吾人是必须承认的，当我们把表达之感知和事物之感知比较的时候，前者显然含有一些特别的困难和“不可理解的性质”（Unbegreiflichkeit）。然而此一不可理解性对一原始和素朴的世界观景而言根本不构成问题。因为一原始和素朴的

① 艺术作品这三个层次中，物理存在的层次（Dimension des Physischen Daseiens），所指的是一艺术品的质料成素，如一木刻所用之木材，油画所用之油彩等；对象表现的层次（Dimension des Gegenständlich-Dargestellten）是指艺术所表现之对象内容；位格表达的层次（Dimension des Persönlich-Ausgedrückten）是指艺术家作为一位格，借对此一作品之创造而表达出之心境。——译者

世界观对于所谓“表达”本就自然直率地深深契合，任何理论性的论证都不足以动摇它的确定性。

但是，当人类开始以反省能力（die Reflexion）去掌握这一问题时，情况便改观了。吾人在哲学史中尝试对我外心灵的存在所作之所有逻辑“证明”都全然失败，而人们所提出的所有心理学上的解释，亦全都是不确定的和值得怀疑的。要把这些证明和这些解释的欠缺都看穿，并不是一件很困难的事。[①] 怀疑主义者无论如何都可以不断地指出弱点之存在，然后予以痛击。康德在他的《纯粹理性之批判》(*Kritik der reinen Vernunft*）第二版中加插了对“心灵的观念论”的特别的驳斥[②]。正如康德在该书第二版序言中所说，他是希望借着此一驳斥，把“哲学和人类理性一般的丑事”(Scandal der Philosophie...）摒除，盖因这二者逼于无奈地要把一切吾人以外的事物的存在纯然地安放于“相信”的领域之上。[③] 而如果我们涉及的不是“外在世界”的存在的问题，而是我外心灵的存在的问题的话，则上述问题之窘迫便显得更为尖锐和严重了。而即使一些很有自信的形而上的独断理论家亦得宣称，他们实在无法面对这些怀疑主义的论调提出一些有力的回答。他们认为这些怀疑是难以回驳的，然而却也是无关宏旨的。

① 参见作者著《符号形式的哲学》，第三卷，pp.95ff。

② 参见康德：《纯粹理性之批判》，B274–B279。——译者

③ 参见康德：《纯粹理性之批判》，第二版，序言，p. XXXVIII。

叔本华（Schopenhauer）说，那一认为除了自身个体以外的所有现象皆为幻影（Phantome）的理论上的自我论（theoretischer Egoismus）是再也不能以理论证明去反驳的了。然而，假定真的有人对这一种理论上的自我主义坚信的话，则这种信念大概只能在疯人院中找到；而在这一情况下，吾人对坚持者所要提出的，并不是一些（反面的）证明，而倒是一项疗程。因此，我们大概可以把独我论（Solipsismus）看作为边疆上一小小的堡垒（Grenzfestung）①，这一堡垒虽然永远无法被攻破，然而堡中的驻守者却也绝对无法越出堡垒以外，因此，我们乃可以毫无顾忌地在此一堡垒前面扬长而过，也可以毫无危险地容让它留存在我们的后方。②于是，哲学乃要呼吁那“健全的人类悟性”（gesunder Menschenverstand）去
45 批评和去限制那“独我论”。这一项工作本来应该是哲学的首要任务，但到头来，对哲学来说，结果是非常难令人满意的。

很显然地，证明的程序是不能无穷尽地继续的，我们最终必定要站立在一些据点之上（auf etwas stoßen），而这些据点是不能被证明，而只能被指出的。对外在世界的知识固然

① 把“自我”（das Ich, Ego）视为一堡垒的比喻，除见于卡西尔所引的叔本华外，现代基督教神学家布隆内尔（Emil Brunner）亦有“我堡”（Ichburg）一说；参见 Heinz Zahrnt, *Die Sache mit Gott*, *Die protestantische Theologie im zwanzigsten Jahrhundert*（München: Deutscher Taschenbuch Verlag, 1971）, p.81。——译者

② 参见叔本华：《意志与表象的世界》（*Die Welt als Wille und Vorstellung*），第二卷，第二篇，§19。

是如此，对自我的知识亦复如是。正如笛卡儿曾一再地强调，“我思故我在”(cogito ergo sum) 并不是一项逻辑推论，并非一项形式上之论证，而是一纯粹为直觉性的知识。在真正的基本问题的领域之上，我们是不能让反省单独地决定一切的；我们必须返溯于另外的和更原始的知识根源之上去。而我们所必须提出的要求乃是：一旦我们把一些现象置于反省的清晰的领域之中，它们便必定不能涉足于内在的矛盾，而必须彼此协调一致。然而，如果那“自然的”世界观点把吾人挤压到无可奈何地认为理论一般是不能被证立或者是无意义的话，则上述的条件便无法被满足了。

人们一般都抱有一种假定，就是几乎理所当然地和以为再无需进一步证明地认为，那大凡能直接被吾人的认知所掌握的一切皆是某些特定的物理性资料云云。而惟一能被直接地经验到的，乃是一些感性的被给予的内容：例如颜色和音响、触感和温感、嗅感和味感等。其他的存在，尤其是心灵方面的存在，它们虽或可从这些基本的给予内容推论而知，但终究而言，亦正因此而为不确定的。

然而，于一现象学分析的观点之下，上述这一种假定根本是完全得不到支持的。无论自内容上去观察抑或自一发生的角度去观察，我们都无法提出合理的依据去把感性之知觉安置在一个比表达之知觉为优越的地位上去。而在纯粹的发生观点之下，个体发生理论（Ontogenese）和种系发生理论

(Phylogenese)，以及个体意识之发展和种别意识之发展均同样地显示出：那些最被认为是一切实有知识之起点的资料其实都是一些相对地较为晚出的产品，而且，吾人必须经历一艰苦而漫长的抽象过程，方能成功地自人类经验之整体中获取这些资料。所有不涉及成见的心理学观察都指出，儿童最初的一些生命经历乃是一些对表达方式之经历。① 对"事物"和对"事物之性质"之感知是相当晚期才出现的。此中，语言特别地起了决定性的作用。当我们经历世界的时候，我们
46 并不单纯地只透过印象（Eindrücke）去经历之，而却为此一经历赋予一些语言层面上之"表达"(sprachlicher Ausdruck)；由此之故，吾人就对象表象能力亦随而增长。② 但是，这一种对象表象能力即使在语言的领域中亦不足以掌管决定一切：这从一切语言表式之皆为"比喻性的"表式（metaphorischer Ausdruck)，而且皆将只能是比喻性的表式这一项事实便可得到明证。比喻乃是语言这一有机整体中的一不可或缺的成素；若果没有了比喻，则语言便将要丧失其生命，而僵化为一约定俗成的符号系统了。③

---

① 参见作者著《符号形式的哲学》，第三卷，pp.74ff。

② 详细论述请参见作者："语言与对象世界之建构"(Le langage et la construction du monde des objets)，*Journal de Psychologie*，1933。

③ 有关"比喻"于语言中的地位之讨论，近年最重要的著述，应举 Paul Ricoeur, *La métaphore vive*（Édition du Seuil，1975)，Robert Czerny 英译，*The Rule of Metaphor*: *Multi-disciplinary Studies of the Creation of Meaning in Language* (Toronto/ Buffalo/London: University of Toronto Press，1977)。——译者

即使那如实的理论性的世界观——即哲学与科学的世界观——亦绝对不会自开始便即把宇宙视为纯粹为“物理自然的”事物之全体。把世界视为种种物体之系统这一种构想，和把一切事件之发生视为纯粹的物理的力量之结果这一种构想，都是很后期才出现的；我们几乎不可能于17世纪以前追寻到这些构想。

在柏拉图所提出的许多关于灵魂不朽的论证中，其中一论证一开始便即指出：灵魂乃“一切运动之起点”；[①] 如果我们设想灵魂一旦湮灭的话，则整个宇宙便将趋于寂止。这一个构想乃成为了亚里士多德的宇宙论的主要支柱。如果天体是持续地处于一永恒的运动的话，则此一现象要成为可能，惟一的理由乃是：这一运动是出自一灵魂的原则的。甚至一直到了布鲁诺（Giordano Bruno）这一位哥白尼的崭新的世界图像的预告者和先知，他仍然宣称天体之具灵魂这一种信念乃一切哲学家所必须要同意的共法。

直到了笛卡儿，我们才首次接触到严格数学性的和机械性的宇宙这一种构想；而自此以后，这一种想法乃与日俱长。然而吾人可以清楚看到，这一种想法是一最后的而非最初的想法，它可以说是在科学不断求理解和征服自然现象之余所无奈地逼于接受的一种抽象产品。正如笛卡儿自己所宣扬的

① 参见 Plato, *Laws* X, 895b; *Phaedrus* 245d。——译者

一般，人类希望借着这一种思想成为“自然的主宰和拥有者”(maître et possesseur de la nature)①。事物之物理“本性”乃是现象中的一些不断以同样方式重复（wiederkehrt）的，而且于此一重复中可以被归纳为一些严格的和不可违背的法则的内容。它乃是吾人自给予于吾人的众多现象之总和中所能够析离出来的一些恒常不易的成素。然而，那借着这种方式而被抽离出或被析离出来的成素乃是在理论反省出现之后才产
47 生的产品。它是一“所将要抵达之端点”(terminus ad quem)，而非一“所由发出之端点”(terminus a quo)。它是一终结，而不是一起点。那如是的自然科学诚然地必须而且应当下定决心地循着它的路途去追寻至其尽头。自然科学不单愈来愈要求自己对一切涉及“位格”的问题施以压抑，甚至，自然科学是力图构想一种世界图像，而且甚至力求把位格问题根本地摒诸此一图像以外。②换言之，必须在“我”与“你”的世界被摒除以后，自然科学才认为其目的已达到。

---

① 笛卡儿这一句话出自他有名的《方法论》(*Discourse on the Method*) Part Ⅵ；参见 *The Philosophical Works of Descartes*（Cambridge：CUP，1931），Vol.1，Haldane & Ross 英译，p.119。——译者

② 即使在物理学的世界图像里，“个人位格观点”亦很难完全地或绝对地被摒除，而只能被看作为自然科学方法的一个“限界概念”(Grenzbegriff)；关于“限界概念”，请参见关子尹：“本体现象权实辩解”，《从哲学的观点看》(台北：东大，1994)，第23—71页。这一点，薛定谔（Schrödinger）在一篇饶有趣味的论文中，即曾作说明：“有关科学知识的基础这一课题的一些按语”(Quelques remarques au subjet des bases de la connaissance scientifique)，*Scientia*，Mars，1935。——译者

天文学的宇宙乃是这一种观法似乎得到了最高的战绩和最终的胜利的第一个里程碑。开普勒早年本来还深信所谓“行星灵魂”的想法，然而，当他愈考虑及行星运转之真正的数学理论时，他便愈排斥“行星灵魂”之构想。到了伽利略，便更干脆地宣称这种想法不外是纯粹的神话撰作。近世哲学乃循着这一途径更进一阶。近代哲学不单只在天文学与物理学领域中有排除“神秘的”灵异质素之要求，彼更把这一要求伸延到一切自然变化现象上去。对生物学而言，情况亦复如是；在生物学中“唯生论”(Vitalismus）的辖治似乎亦已告终结了。生命不单被驱逐于无机自然世界之外[①]，而且甚至被驱逐于有机自然之外。有机体本身亦被置于机械论的法则，亦即被置于压力与冲击力的法则之下，而且，甚至被完全地化约于这些法则之中。

面对上述这一种极端地否定自然之具有灵魂的构想(Entseelung der Natur)，许多论者乃尝试提出一些形而上的论据与之对抗；然而，所有这些尝试不单只都付诸流水，更甚的，这些尝试反而与那些它们本来针对的内容达成了妥协。在19世纪，费希纳（Gustav Theodor Fechner）却还敢于作出这一种尝试。费希纳本身是一位物理学家，却希望就灵魂问题去开创心灵物理学（Psychophysik）的道路。然而，

① 所谓“生命被驱逐于无机自然世界之外”是指再不能以生命去指谓如天体运动系统等“无机世界”。——译者

他的哲学努力的真正愿望，是要自根本处对机械论的世界观予以痛击。他提出“日照景观”(Tagesansicht) 去与自然科学的“黑夜景观”(Nachtansicht) 相对比。费希纳此中所采取的方法，对我们当前的问题是非常具有启迪意义的。这方法其实无它，它自表式之感知出发，而复求对表式之感知的合法性予以证立。对于费希纳来说，这一种感知不但不会欺
48 骗我们，而且，它甚至基本上是吾人得以自抽象思维的影响中解放出来和是吾人得以接近实在性的惟一媒介。费希纳朝着这一方向而完成的最果毅的和最值得一提的作品要数《囡娜——或论植物的灵性生命》(*Nanna oder über das Seelenleben der Pflanzen*)。在这一著述中，费希纳把植物世界中的一切现象尽都了解为表达之现象（Ausdrucksphänomene)，并从此一角度去对它们加以解释。对费希纳而言，一切植物都是一些“灵魂”(Seelen) ——“这一些灵魂于静止时绽放其花朵，散发其香气，借着露水的啜吸去解决其干旱，借着萌芽去发泄其冲动，而且借着对阳光的朝向去满足其更高的欲望”①。费希纳固然希望于某一些现象中找寻植物的灵性生命之证明；然而，机械主义理论却很轻而易举地把所有这些现象化约为一些“向性”(Tropismen)，因为这些所谓向性是可以由一些大家所通晓的物理上的或化学上的力去解释的。对机械论而言，

① 参见费希纳：《囡娜》，第四版（Hamburg/Leipzig，1908)，p.10。

向日性、向土性和向光性加起来便已很充分地能够解释植物的生命之整个过程了。现代的向性理论的几位创始人都毫不犹疑地把这一种向性理论伸展到动物生命现象上加以应用，他们并且相信自己已经在这一问题上找到了笛卡儿就有关动物自动性的主张的严格的经验证据了。①

最后，似乎甚至作为意识现象学说之心理学亦无法制止这一种逐步对象化和机械化的趋势。即使笛卡儿的“我思”亦再不足以构成一确实和不可跨越的屏障了。对笛卡儿本人而言，“我思”乃是“自然”和“精神”之间一度清晰的界线，因为“我思”乃是“纯粹思维”的表达故也。然而，如此的所谓纯粹思维是否真有其事呢？抑或这一我们已认定了的“我思”只不过是一理性主义的构作而已呢？如果我们希望把经验主义论题的极端性贯彻到底的话，则我们便自然而然地难免于提出这一个问题。

现代心理学中的一位最精明的分析家便很明确地提出了这一个问题。在他的《极端的经验主义文集》(*Essays in radical Empiricism*) 一书中，詹姆斯 (William James) 便即提出质疑：吾人一般以“意识”(Bewußtsein) 一名称所指谓的东西到底有没有任何经验证明可言？詹姆斯就这个问题的裁决是负面的。对他而言，正如心理学已经学会了放弃心灵

① 参见勒布 (Jacques Loeb)：《生命现象动力学演讲集》(*Vorlesungen über die Dynamik der Lebenserscheinungen*, Leipzig, 1906)。

实体一概念一般，它必须放弃意识这一概念。因为，这两个
49 不同的名目在骨子里其实是指向同一回事的。对詹姆斯而言，什么“纯粹思维”、什么“纯粹自我意识”、什么“统觉之超验统一”等断言都尽是缺乏根据的。我们根本无法征取任何可被证立的心理资料去为这些断言作注脚。它们只不过是形而上学中所谓心灵实体于烟消云散以前的一些单纯的回响或一些微弱的余韵而已。因为，倘若没有一定的躯体感觉的话，则根本便没有所谓的自我之意识和没有所谓的自我之感觉。詹姆斯乃宣称：“我坚定明确地认为，所谓思想之流（Strom des Denkens）只是某种现象的一个不太确切的表式而已，而在更仔细的分析下，此一现象基本上其实就是我自己的呼吸之流而已。康德所谓的那必须能伴随吾人一切表象的‘我思’（Ich denke），其实不外是实际地在伴随这些表象的‘我呼吸’（Ich atme）而已。”①

在一个只顾着确立意识的事实的严格的经验主义观点下，甚至自我意识之概念本身亦显得很有疑问了，尤其当我们从一经典性的观念论传统去了解所谓自我意识的话。詹姆斯诚然马上补充说：此中所生的疑窦并不涉及现象自身，而只涉及现象的某一特定的解释。当詹姆斯在否定“纯粹自我意识”

---

① 参见詹姆斯：“意识是否存在？”（Does Consciousness exist ?），收于《极端的经验主义文集》，1912，p.36；另参见罗素（Bertrand Russell）：《心之分析》（*The Analysis of Mind*，1921）。

这一事实时，此一否定之所以为必须，是因为论者以为“纯粹自我意识”这个名称果真的是在描述着一自身存在的东西（ein für sich bestehendes Ding）。换言之，詹姆斯所否定的，只是自我的实体性（die substantielle Natur des Ich），而非其纯粹功能方面的意涵。詹姆斯乃很明白地说：“让我马上澄清，我要否定的，是以为意识那一名称代表着一元目（entity）这一种想法，但是我却要特别强调地坚持，这名称委实代表着一种功能（function）。”①

如果我们好好地掌握上述这一问题的陈构方式的话，则“我”与“你”的关系这一问题亦马上展露出其崭新的一面。现在，“我”与“你”两者再也不能被了解为两个独立的东西或本质了，也再不能被了解为两个在其自身即存在的，而只是某一意义地被一空间的间隙所分隔开来的对象，而这两对象虽被一距离所分隔，但却能达成某一种遥距影响（Fernwirkung）或一种“actio in distans”者云。[相反地，] 一个“我”和一个“你”只在当它们是“为了彼此”（füreinander）而活，或只在当它们处于一种交互决定的功能性关系（in einem funktionalen Verhältnis）的情况之下，方能称得上是存在的。

而人文文化之事实正是这种交互条件决定性的一项最清

① 参见詹姆斯：《极端的经验主义文集》，p.3。——译者

楚的表达和一项无以推翻的铁证。当然地，文化原则上并没
50 法逾出处理事物与事物之间之关系的自然科学观察方法的范围之外。人类文化和那有关人文之科学并不至于建一“国中之国”(bilden keinen “Staat im Staate”)。人类文化之作品或成果是具有自然物质性的；而创造这些作品的个体，亦是具有其自己的心灵存在和其自己的生命的。而这一切是可以而且是应该被置于一些物理学的、心理学的和社会学的范畴之下加以研究和探讨的。

然而，当我们一旦把我们的注意力自个别的作品和单独的个体转移于文化的种种形式的时候，我们便临于一个新问题的边缘了。极端的自然主义并没有否认此一问题；然而它认为它可以用如下的方式去解决这一个问题：这就是把语言、艺术、宗教、国家等种种文化之形式解释为一些个别效果的一单纯的总和。语言乃被了解为一协定，或众多个体之间的一约定；政治生活和社群生活乃被化约为“社会契约”(Gesell-schaftsvertrag)。这些论调中所涉及的循环是非常明显的，约定只能在语言与交谈之介质中成为可能，正有如一合约只于法律与国家之介质之中方为有效一般。因此，我们第一个有待解答的问题乃是：此一介质之基础和条件何在。有关语言、宗教和社会的起源的一些形而上理论对这一个问题的回答方式乃是把问题归化到“民族精神”(Volksgeist) 或“文化灵魂”(Kulturseele) 的作用之层面去。然而，这实在

不过是代表了一种放弃作出科学解释而回坠入神话之中的态度而已。这么一来，文化的世界（Welt der Kultur）乃被解释为具有影响物理世界和影响人类存在的某一意义的超越界（Überwelt）了。

一个具有批判性的文化哲学是不容被囿于上述的两种解释之中的。批判的文化哲学必须于避免自然主义这块岩壁之余，同时能避开形而上学这个漩涡。[1] 要在这一问题上得到突破，文化哲学必须澄清，“我”和“你”都不是一些既成的被给予的事实（Gegebenheiten），也即是说，文化的形式并不是透过它们彼此间的交互作用而被创造出来的。情况反而显示出，那所谓“我”的世界和那所谓“你”的世界，都是在这些文化形式之中和借着这些形式之力而被建构出来的。事实上，根本没有一个固定的和内在地自为封闭的“自我”去与一同样的“你”产生关联，复意图自外面跻身进入此一“你”的领域这样的一回事。如果我们心存这一种想法，则到头来，我们将会一再地领悟到，这一种假定中的要求根本上是无法达成的。在这种构想下，精神心智的世界中的每一种存在便 51

① 原文是“Sie muß ebensowohl die Scylla des Naturalismus wie die Charybdis der Metaphysik vermeiden.”查“Scylla”与“Charybdis”典出希腊神话中尤里西斯迷途返乡时，途经意大利半岛与西西里岛间的险要海道时的情景。“Scylla”是半岛一边的一块巨大岩壁，而“Charybdis”乃是靠西西里岛一面的一巨大漩涡。参见荷马的《奥德赛》；另参见 Karl Philipp Moritz，*Götterlehre der Griechen und Römer*（Leipzig: Reclam，1878），p.303。——译者

某一意义地亦将有如在一物质的世界中一般，被锢封于一定的位置之上，而不能为其他的存在所影响了。然而，只要我们不再把“我”和“你”视为两个实质上为分离的存在，而把我们自己设想为处于一种于语言或于任何其他一种文化形式中展开的交互沟通（Wechsel-verkehr）之中的话，则上述疑虑便立即消失。这是一项最原始的基本活动：语言的使用，艺术的构作中，思想与研究的过程，它们都分别表达出一种独特的活动（Aktivität），而所谓“我”和“你”，都是在这些活动中借着同时相互区别而产生的。因此，由于所谓“我”和“你”都是处于言说活动、思想活动和其他各种艺术表达活动的统一性之中，它们乃能彼此交融，和彼此共存。

由此可见，甚至我们几乎可以理解其为必然：极端的行为主义（Behaviorismus）心理学对“我外心灵”或对一“你”的实在性所提出的怀疑，终归必定同时指向于“我”或严格意义的“我思”的实在性。因为“我”和“你”有若唇齿相依，两者中一者陷落，则剩下的另一者亦必不保。无论詹姆斯“意识是否存在?”这一问题显得如何矛盾，它根本上亦只不过是一引申的贯彻。然而，这一种引申却能指导我们走出此一两难，因为它让我们很清楚地看到了，“极端的经验主义”和心理主义是走进了怎样的一条死胡同里去。单纯地诉诸表达之感知的说服力是不足以把怀疑的方向转移的。我们其实必须同时也采纳另外一种论证；我们必须就那我们所谓的表达区别出其中两个不同的面相。一种所谓“情绪活动之表达”是在动物世界中即可被发现的。达尔文即有一专著论述这一种表达方式。①然而，此中能够为吾人所确定的，都不外是属于所谓的*被动的表达*（passiver Ausdruck）。但是，在人类存在和在人类文化的领域中，我们却突然遇到了一种崭新的表达形式。因为，无论一切文化形式是如何地彼此分殊迥异，它们一律都是一些*主动的表达形式*（aktive Ausdrucksform）。它们并不有如出于羞憨的脸红一般，不像眉额的皱褶一样，也不像拳头的紧握一般地为一些“不能自已”的反应（Reaktionen），而都是一些行为（Aktionen）。它们并非一些单纯地发生于吾人之中和发生于吾人身上的事件，它们其实是一些所谓的特别的*活动*（*Energien*）②，而由于这些活动的介入，吾人的文化世界、语言世界、艺术世界和宗教世界等乃便得以建立起来。

诚然，行为主义或会自以为可以经得起这一种挑战，行

---

① 参见达尔文：*Expression of the Emotions in Man and Animals*, with an Introduction, afterword and commentaries by Paul Ekman, 3rd edition（New York: Oxford University Press, 1998）。中文版参见《人和动物的感情表达》，曹骥译，北京：科学出版社，1996。——译者

② “Energien”在此一场合不能解作“能量”，卡西尔所指者乃是“Energeia”。希腊文 ἐνέργεια 有“实现”，“现实”和“活动”数种涵义。此中指者实为“活动”，即“Activity”解，盖必先有活动，才有所谓“作品”（ἔργον）。洪堡特把语言定义为一种 Tätigkeit 或 ἐνέργεια，亦是基于同样理由。参见洪堡特：“Über die Verschiedenheit des menschlichen Sprachbaues und ihren Einfluss auf die geistige Entwicklung des Menschengeschlechts,” Wilhelm von Humboldt, *Werke* Ⅲ（Darmstadt: Wissenschaftliche Buchgesellschaft, 1979），p.418 及 p.426。——译者

为主义稳稳地站立在事实给予的基础之上，因而申辩说：这
52 些给予的事实对于吾人而言，终究是不离于一些感官性质的联结、一些色彩的集合和一些音响的顺序而已吧！当我们强调说，这些内容并不只单纯地“存在”，而认为在这些内容之中有一些另外的事物在“显现”出来；当我们宣称说，这些内容除却其纯粹为物理性的自然存在之外尚具有一“符号价值”(Symbolwert）的话，则我们实在已经走出了经验所能为吾人惟一提供的领域以外了。因此，我们实在不能把我们一般称为“语言”的那音响复合体系援引以证明说，语言背后尚有我们一般以“思想”一名称去指谓的另外的那一回事。罗素便曾指出：“行为主义者为吾人作出保证：我们根本不必假定人类能够思想，即便能够解释人类所进行的言谈。而一般认为是涉及思想过程的讨论课题，对于行为主义者而言，都不过是一关乎语言习惯（The Language Habit）的课题。在仔细检示下，这一种假设是超乎想象地显得有一定充分理由的，这实在是一件十分令人感到讽刺和丧气的事。”①

无可置疑地，在这一毁灭性的批判之下，吾人日常生活中的一大部分都陷入了困难。然而，吾人是否能够把这一番判断伸延于人类的语言的全部呢？如果言语是只服从模仿的定律的话，则这岂不便成为了空洞的“鹦鹉学舌”

① 参见詹姆斯：“意识是否存在?”，收入《极端的经验主义文集》，1912，pp.26f。

(Psittacismus) 吗? 难道鹦鹉说话与人类语言之间是没有分别的吗?

罗素自己为了支持行为主义的说法，乃引述出如下一个特别的例子。让我们设想有一位教师，他要考一考他的学生的算术到底如何，于是从乘法口诀表中提出一些问题。从一位学生的口中他得到了一个“正确”的答案，而自另一位学生的口中，他得到了一个“错误”的答案。然而，我们是否能证明这一“正确”的答案并非只不过是出于该学生牢牢地记忆着一段口令，因而能够随口地重复说出答案呢? 这一种疑问无疑是合理的! 但是，没有一位教师，没有一位真正的教育工作者在考试的时候是只注意结果如何的。他必须寻找出一个方法，把学生纳入自我操作的途径中。他会出一道考试题，而此一考题或是考生以前从来未曾碰到过的，这么一来，透过学生解决问题的方式，教师不单只可以了解到学生到底学到了哪一些知识，而且甚至可以了解到学生能够如何地运用这些知识。在这一考虑之下，那一最复杂的单纯地为被动的表达形式原则上无法克服的怀疑亦将趋于瓦解。

当然地，正如有所谓被动的表达，肯定地亦有被动的言谈。这些被动的言谈是不能逾出于单纯的语言习惯(Language Habit) 的范围以外的。然而，一些真正的言谈或 53
那一洋溢着意涵的“话语”(Logos) 却是完全不可同日而语的。它们绝非单纯地为模仿性的 (imitativ)，而是生成性的

(produktiv)；只有在这种生成性的功能之中，只有在这些内在于这些言谈的活动中，那另外一种我们一般称之为“思想”的活动才得到支撑与证立。

借着参与一共同的语言世界，一“我”和一“你”乃获得一真正的联系；透过对这一语言世界的不断参与，“我”和“你”的关系乃得以建立。诚然，这一种情况是既可以于一反面的意义下又复可以于一正面的意义下被理解和被评价的。语言之职司不单只能够“联结”，而且亦能“分离”，这一种抱怨，是由来已久的。无论是哲学，是神秘主义（密契论），抑或是咏诗传统，都曾一再重复了这一份抱怨与慨叹。

> 那活泼的精神云何不能向精神开展陈现？
> 那善道的心灵竟然不再在诉说衷曲！①

然而，这一种渴望一些直接的思想转移与感情转换，并以为可以摒弃一切符号象征活动（Symbolik）和摒除一切言辞与图像的传达（Vermittlung durch Wort und Bild）的想法，

① 原文为：“Warum kann der lebendige Geist dem Geist nicht erscheinen？Spricht die Seele，so spricht，ach，schon die Seele nicht mehr！”典出席勒（Friedrich Schiller）一首题为“Die Sprache”的讽刺短诗。本诗属两行诗（Distichon，epigram）体裁，用意是叹咏语言既是心灵得以表达的渠道，但心灵体验最深刻处，却只有“无言”才能表达之。Friedrich Schiller，*Xenien und Votivtafeln*，Digitale Bibliothok，Band 1，82694。——译者

其实是建立在一种自我欺骗之上的。这如果要成为有理，除非那一属于"我"的世界是以一已给予的和既成的世界的方式存在，而另一方面言辞与图像又不外是要负责把这一些已给予的内容转移（übertragen）给另一个主体以外便再无其他职责可言！但是，正正这一种想法却是对言说和图像构作等程序之真正意义和真正深向度有所歪曲的。如果这一程序或如果语言和艺术之功能不过是要于各个不同的主体底内心世界之间建造一条桥梁的话，则我们实在有理由指出，如此一种缔造桥梁的希望委实是太富于乌托邦气息了。这一道鸿沟是无法弥补的；说到最后，每一个世界都只属于其自身，也只能由其自身加以认识。

然而，实在的情况并不如此。在言说和图像构作之过程中，个别的主体不单显示了和宣布了其所已经拥有的内容，其实，个别的主体必要经过了这些言说和构图之过程方才可以臻于这些内容。在每一个活跃而富有意涵的谈话当中，我们都可以清楚地显示这一基本性相。谈话从来不只是单方向的宣告（Mitteilung），而是涉及陈辞（Rede）和回话（Gegenrede）的。而所谓思想，是必依于这一种双重程序才得以建立的。柏拉图曾经指出，吾人通往"理型"世界之不二法门，就是"让大家于言谈之中彼此询问与回答"。

"我"与"你"必须分享着问题与答案，这样他们不单能彼此了解，而且更能借此而了解自己。两者是不间断地彼此

嵌接的。两者中其中一个的思想点燃了另一个的思想，而借
54 着这一种交互作用，它们两者乃得以于语言之介质中缔造出
一意义上的“共同世界”。如果我们失却了这一种介质，则甚
至我们自身所保有的内容亦将变得不安稳和有疑问。所有思
想都必须通过语言之考验；即使感情的力量与深度亦必要透
过感情之表达才能获得证立与保持。

我们每一个人都有过如下的这种经验：我们大都曾经会在一些睡梦中特有的“未陈构好的”(unformuliert) 思想中忽然产生一些令人惊讶的奇想。这些奇想使得吾人似乎于游戏之间解决了某一些非常困难的问题。但是，在我们复归于清醒的一刹那，这些奇想下的解决便即告杳然；要知道所谓奇想下之“偶得”亦必须能表之于言词才能算得上有意义，这一种必要性正好让我们洞悉到这所谓奇想下之“偶得”的虚幻与空洞。由此可见：语言绝非只是吾人自身底朝外的取向；正如艺术和任何其他一种“符号形式”一般，语言乃是吾人得以臻于自己的道路；我们之所以说语言是生成性的，就是说，必须假以语言之途，吾人的“我识”(Ichbewußtsein) 和“自我意识”(Selbstbewußtsein) 才足以被建构起来。

此中，一双重之途径是必须经常被假定的，那就是综合和分解，亦即分离与重新统一。这一种“辩证的”关系不单只可以于真实的交谈中窥见，其实我们在“独白”的场合已可以发见这一种辩证关系。因为，正如柏拉图曾经说过一般，

即使是孤独的思想，亦不外是“心灵与其自身的对话”。[1]虽然这听起来十分诡异，但我们还是可以说：在独白中，自我分裂（Entzweiung）这一功能是较居于主导地位，而在对谈中，重新结合（Wiedervereinigung）却较居于主导地位。因为，心灵若非先经过某一意义的分裂，则“心灵与其自身的对话”是很难成为可能的。因为心灵必须同时担负起发言人与听众，或询问者与回复者的工作。就这一点而言，一个处于自我交谈状态中的心灵便再不是一纯粹的单一体或“个体”(Individuum)。它一变而为一“位格”(Person)——正如person一字于字源上（persona）的基本意义乃是“面具”与“戏剧演员角色”[2]。福斯勒就这一问题即有如下的一番话：

> 在个体一概念中，这一种可能性是根本没有被考虑的，因为个体之本质即包含了内在不可分之意。[3]而如果人类都是彻头彻尾的个体，而不是位格的话，则我们实在很难理解人类之间如何可以进行交谈，因为交谈乃是一些讯息之分享传达（Mitteilung），换言之，是一些心智上的分割与结合……因此，归根究底而言，也即是说，如果我们把整件事情从一哲学的观点去观察的

① 参见 Plato, *Sophistes*, 263E。——译者

② 位格问题，详见 78 页注①。

③ “Individuum” 字源上本即因其有不可分之意，方言其为个体。——译者

> 话，交谈的真正承担者与创造者于任何情况下都只是惟一的位格（eine einzige Person），而这位格却可以分裂为两个、多个或甚至于任意多个角色（Rollen）或次位格（Unterpersonen）。①

55 在艺术的领域中，一切符号所具备的这种双重功能，也即分裂与重新结合的这一种功能将表现得更清楚和更富于说服力。"吾人要逃避世界，最稳妥莫如透过艺术，吾人要让自身与世界联结，最稳妥也莫如透过艺术。"②歌德的这一番话传达了一项基本的感受，这一番感受是存在于每一位伟大的艺术家的心灵中的。艺术家拥有着最强烈的求沟通表达的意志，也拥有着最强有力的沟通传达能力。在一个艺术家未能成功觅得一条把活现于胸怀中的一些内容于他人的胸怀中唤醒的途径之前，他是很难歇息和休止的，而正因如此，一个艺术家往往因为这一无时无刻不在涌动的求沟通传达的欲求而终至于完全孤立，甚至被投掷返回其本身的自我的界线之上。因为，没有任何一件单一的作品是足以把他胸臆中所感所怀之全相予以掌握的，此中，艺术家乃怆痛地感受到一种驱之不散的对立：一"外"与"内"之对立；这一对立根本

① 参见福斯勒："说话、谈话与语言"（Sprechen，Gespräch und Sprache），收于《语言中的精神与文化》，pp.12f。

② 参见歌德：*Die Wahlverwandschaften*，2. Teil，5. Kapitel，p.264；Digitale Bibliothek，Band 1，24840。——译者

上从来没法彼此照应。然而，这个必须承认的界限却没有成为艺术家的限制，他还是勇往直前地继续其创作，因为他明白，只有在创作中，他才可以找到和拥有其自我。只有在他为世界和为自我赋给的形格（Gestalt）中，才保有他的世界和他本真的自我。

甚至在宗教情感中，我们一样可以发见这一种双联性。这些情感愈是深邃内敛，便愈显得与世界割离，也愈显得不为一切人与人间的乃至人与其社会实在性之间的枷锁所樊圄。信仰者只认识他自己和上帝，除此之外，他根本不再关心去认识其他事物了。奥古斯丁便即会说："我只希望认识上帝和心灵。此外无它了吗？彻底地无它了。"（Deum et animam scire cupio, nihilne plus？Nihil omnino.）[①] 然而，正如所有其他宗教奇才的情况一般，奥古斯丁的信仰力量必须于这些信仰之宣示中才可获得明证。他必须把他的信仰与他人沟通传达，他必须以他的宗教激情与渴求（Leidenschaft und Inbrunst）去充满他人的胸怀，俾使信仰能真的变得坚定。而这些宗教信仰之宣示（Verkündung）之为可能，莫过于透过宗教图像——这些图像起初是一些符号表征（Symbole），结果却演变为一些教条（Dogmen）。在这一种场合中，同样地，每一种表达（Äußerung）的展开即便是一舍弃（Entäußerung）之开始。吾

① 参见奥古斯丁：*Soliloquiorum*，Libri 1，7。卡西尔原文所引与坊间所有主要版本稍有出入，现在跟从一般文本更正之。——译者

人的心智无法把这一种内在的张力消弭化解，这大抵可以说是每一种精神形式之命运，甚至在某一意义下，是每一种精神形式的潜在的悲剧。或许，这一种张力如果一旦被消弭化解，精神心智之生命亦将会一并归于泯灭；因为，所谓精神生命，不外就是把一些本来是统一的予以分离，以便能够进一步以更确实的方式把这些被分离的重新结合统一。

第三章　自然概念与人文概念

一

我们一直以来的基本立场是：如果我们不下定决心逾越 56
单纯的逻辑与科学理论的领域的话，则我们实难以圆满而充分地决定“自然科学”与“人文科学”之间的根本分别的。为使吾人能够更尖锐地刻画出这一种分别，我们于上面的陈述里，乃需要自概念结构反溯于感知结构的层次之中。正如我们已经指出一般，自然科学与人文科学于其方法学上充分显示出的那一种对立，即使在感知的根本层面中便已隐然潜伏。一切概念，只要宣称能为吾人提供任何一种有关实有的知识，终究而言，都必须于直觉中获得“兑现”：这几乎是今天所有知识论立场所不置疑的共法。然而，这一项原则不单只对于每一个单独的概念生效；它更对于吾人于建立科学过程中所碰到的各种不同的概念类别（Begriffstypen）生效。若果这些类别不希望单单只成为一些虚构的撰作，假若它们不希望其意义只狭限于作为吾人为求分类（Klassifikation）的便利而自行创制的一些随意的名相（willkürliche Namen）的话，则它们必须具备一“存在中的基础”（*fundamentum in re*）。这些概念类别最后的知识根源必须能被穷根究底；它们之间的分别亦必须被显示为根植于它们于直觉层面和就感知层面的一根源性的双重方向之上。

如今，在我们在这一些考虑中获得了一个坚固的立足点和支撑点后，我们必须把问题重新铺陈。我们必须重新回归到逻辑之中，并探求人文概念的逻辑性格（der logische Charakter der Kulturbegriffe）。任何最粗浅的观察和反省都足以告诉我们：这些人文概念确实是拥有如此的性格的；而且，无论所有这些人文概念是如何地复杂，无论它们是关系于各种如何不同的对象，它们都是借着某一种"精神联系"
57 （geistiges Band）彼此联结着的。然而，这一项联系到底是怎样的一种联系呢？这些概念是属于哪一个家族的呢？这些人文概念和其他概念种类之间到底又存在着哪一种关系呢？

直到目前为止，针对这一问题共可有三个原则上不同的回答。这些回答恰好清楚地反映了现在科学理论在竞执牛耳的各种不同的趋向之间存在着的竞争与矛盾。此中，在层次上互相角逐的，有自然科学、历史学和心理学。而它们之中的每一个都作出一些十分有根据的诉求，而且这些诉求都是值得我们听取的。正因为如此，我们乃可以得知，这一问题是不能借着诉诸一些单纯为教条式的命令所足以解决的。这三个趋向中，每一个都可以退守于一个立场之上，在这一立场上，它们每一个都能卓然成立，而且都不会被敌方的任何论据所击倒。因为，物理性的、心理性的乃至历史性的，它们三者其实都必然地参赞人文对象之概念。它们乃是人文对象之概念得以构成的三个要素。一人文对象（或文化对象）显然地于任何情况下都需要一物理的或质料性的基础（Substrat）。一幅油画必须依存于一张画布之上，一雕像必须具形于大理石之中，而一份历史文献也必须着迹于一些书写于羊皮或纸张上的文字。而一往昔的文明亦必须借着这一类的文献与遗迹而得以保留并陈示于世人跟前。然而，我们对这所有文献遗迹必须同时作一双重的解释，方能正确地理解与阅历之。我们一方面必须确定其于历史上的时序位置，我们必须考查其年代与来源，另一方面，这些文献或遗迹必须被了解为某一些特定的心智上的基本态度的一些表达，而这些基本态度又是可以被吾人以某一种方式重新感受的。

由此可见，物理性概念、历史性概念与心理性概念经常地参与了一人文对象之描述。然而，吾人于此一描述过程中所碰到的问题，并不在乎这些概念的内容自身，而却在乎其综合，借着这一综合，我们乃可以把这些概念于观念层面总结起来而构成一崭新的整全体，也即是说，把它们统一而为一独特的（sui generis）整全体。任何不能充分地说明这一综合的观察方式都是不完备的。因为，当我们的观察进展到某一特定的概念层面的时候，问题之关键已不在于这一概念层面到底包含了哪些成素，而是在于这一概念层面以哪一些特别的法门去统一融合这些概念成素。因此，虽然每一人文对象无疑问地具有物理性的、心理性的和历史性的面相，然而，只要这些成素一朝尚仍是从孤立割离一面而不是从其彼此之交互关系或交互渗透一面被了解的话，则这一对象的独特意涵便一朝不能全面显出。就其本身而言，物理学的观点、心
58 理学的观点和历史的观点都是必须的；然而，它们之中没有任何一个单独的观点可以把吾人于人文科学中在努力寻求的那一全相（Totalbild）掌握和显示。

我们在这一场合显然碰到了一项困难，这一项困难涉及当代的逻辑学之现况，和涉及逻辑学于历史上的发展。自从柏拉图以来，我们即拥有一数学的逻辑；自亚里士多德以来，我们即拥有一生物学的逻辑。此中，数学上的关系概念和生物学上的种与类概念获得了其巩固的地位。在笛卡儿、莱布尼茨和康德的手中，那基于数学的自然科学的逻辑被建立起来，到了 19 世纪，终于出现了“历史的逻辑”的第一个尝试。另一方面，如果我们察看一下语言学、艺术学与宗教学的基本概念的话，则我们定会惊讶于，这些概念某一意义地还是处于一无所依归的阶段中，它们尚未于逻辑体系中寻找到其“自然位置”。

与其把这问题以一些抽象的讨论去显示，我宁可于人文科学的直接工作中提出一些具体的例子去阐明整体关键之所在。这一领域中的研究工作一向都在走其自身的道路；而并

没有去迁就逻辑与知识论所要求，把其自身置于一些特定的概念分野的强制性的尺度[①]之下。因此，我们于这些研究中，大概比任何其他场合都更能够了解到问题的真正面貌。每一门独特的人文科学都能创制出一套特定的形式概念和风格概念，并能使用这些概念作系统性的全面观察，和把这一科学所要处理的现象加以分类和区别。这些形式概念既不是“法规性的”，又不纯然是“描绘性的”。其之所以不是“法规的”，是因为它们并不在于要树立一些众多特殊现象得以演绎地导生的普遍法则。然而另一方面，它们亦不能被化约于历史观察的层面。

要澄清这一连串问题，我们最好就语言学的建立谈起。我们经常都能就语言的发展一面去研究语言，而这一历史方面的研究又最能够就语言问题给予吾人最丰富和最有成效之启迪，这两点可以说是无可置疑的了。然而，为了要全面洞察我们当下要研究和要解释的课题，我们必须循另一途径入手。

我们必须自威廉·洪堡特所谓的“内在的语言形式”

---

① 此中所谓“强制性的尺度”，原文用的是“Prokrustesbett”，英译“Procrustean bed”。典出于希腊雅典神话，内中的英雄忒修斯有一次碰到一怪物，此怪物备有大小铁床各一。它有一癖好，是把捉到的人视其高矮，人高者放于小床上，其身高逾于床之长度者，于足部切除之；人矮者置于大床上，以强力拉扯其躯体使与床的长度符合。由是世人称之为普罗克拉斯蒂（Prokroustes），意即“拉扯者”、“暴虐者”。参见 Karl Philipp Moritz，*Götterlehre der Griechen und Römer*（Leipzig：Reclam，1878），p.270。——译者

（innere Sprachform）出发，而且，我们必须尝试探索此一内
59 在的语言形式的结构。此中所涉及的，是一些与历史问题迥然不同的，有关语言的纯粹的结构问题，因此，这些语言的纯粹结构问题可以而且必须独立于其历史问题另予处理。即使我们对于这一语言的历史发展知道得很少，或甚至一无所知，我们对于这一种语言的结构还是可予确定的。例如，洪堡特即曾首倡"多元综合语言"（polysynthetiche Sprachen）之概念，并借着这一概念的阐释为他的语言分析和形式分析缔造了一极出色的例子。此中，洪堡特对于这些语言的产生与发展简直没有任何资料可言。当我们研究一些没有文字的民族的语言时，相同的情况亦会出现。在《班图语言比较语法》（*Vergleichende Grammatik der Bantu-Sprachen*）一书中，迈因霍夫（Carl Meinhof）对一些语言的特性作了研究，在这些语言中，名词的区分并不是依照一般所谓"自然性别"——阳性、阴性、中性——而进行，而是使用了一全然不同的区分原则而进行的。① 在这些分析中，历史的观点同样地是不能产生任何作用的；然而，历史观点的缺如却不会对吾人关于语言结构的知识的确定性产生任何危害。

我们可以把我们的注意力从语言学转移到人文科学的另一个庞大的领域上去，那就是艺术学（Kunstwissenschaft）。

① 详见作者著《符号形式的哲学》，第一卷，pp.264ff。

要在这两者之间建立一座桥梁，骤看起来，似乎是相当大胆的；因为无论就其处理的对象而言抑或就其所使用的方法而言，语言学和艺术学都是迥异的。然而，它们所用以操作的概念，就其普遍形式一面而言是有关联的，这些概念某一意义下是隶属于相同的逻辑“家族”的。就以艺术而言吧，倘若美术史必要严格被限制于一些历史性的省察，亦即被限制于对一些已经发生了的事物的描述的话，则美术史实在难以向前挺进。柏拉图曾经以为，单纯的变化是不能构成科学知识的，柏氏这一句话显然也适用于艺术学。如果吾人要对“变化”(das Werden）予以贯穿、予以看透和予以掌握的话，吾人必须事先于“存在”(Sein）中找到一定的立足点和支撑点。任何历史知识都是关系于某一些有关“形式”和有关“本质”的知识，和都是以这些知识作为其基础的。

只要艺术学感到有反省其自身的独特的方法的需要的话，这两个层面之关联性和其彼此嵌接的性质将愈见明朗。在韦尔夫林的《美术史基本概念》(*Kunstgeschichtliche* 60
Grundbegriffe）一书中，这尤其显得明晰。韦尔夫林意图小心地排除一切思辨性的东西；他以作为一纯粹经验主义者的身份去作判断和作申论。然而，他却大力地申明：我们若非事先即掌握了某些可借以排列和诠释经验事实的概念性观点的话，则这些事实便将成为一些缄默（stumm）的事实。此

中，韦尔夫林察觉到他于他的著述中所将要填补的空隙了。他于书中的前言里便即指出："概念的研究并没有与事实的研究保持相同的步伐。"韦尔夫林的书其实并不志在提出一套真正的美术史；而是某一意义地要提出"任何未来的美术史的前言"(Prolegomena zu einer jeden künftigen Kunstgeschichte)，而这所谓美术史是要以科学的形态被陈现出来的。在某一段落中，他又指出说："此中我们要提出的并不是色彩风格（malerischer Stil）的历史，我们所要努力处理的，乃是那普遍的概念。"① 这一普遍概念之发见与确定，是因为我们于色彩风格与线条风格（linearer Stil）之间作出严格而确定的区别，并使前者与后者的一切表现形式相对比之故。韦尔夫林认为"线条"与"色彩"乃是两种相对而迥异的视觉形式。② 它们乃是空间关系的两种领受方式（zwei Auffassungsweisen räumlicher Verhältnisse)，这两种空间关系的领受方式指向于两种全然不同的目的，而因此，两者分别各自掌握了空间的一独特的面相。线条（Das Lineare）所针对的，是事物的固定形构（die feste plastische Form der Dinge)；而色彩（Das

① 参见韦尔夫林：《美术史基本概念》(München，1915)，p.35。

② "Das Malerische"与"Das Lineare"在这里分别译作"色彩"与"线条"。"Malerisch"一般本应解作"绘画的"，然而在与"linear"(zeichnerisch）相对比时则解作"色彩"。色彩与线条之对比，继后被类比为"现象"与"物自身"之对比。这一种构想，显然根自笛卡儿、洛克有关"次性"与"初性"(secondary and primary qualities）之分别。——译者

Malerische）所针对的，却是事物的现象（Erscheinung）。韦尔夫林说："前者涉及固定的形态，后者涉及变易之现象；前者涉及的，是恒常不变的、可量度的（meßbar）和有确定界线的形式，后者涉及的，是运动，是活动中的形式；前者乃是事物之自身（Dinge für sich），后者则是交互关联下之事物（Dinge in ihrem Zusammenhang）。"①

很明显地，韦尔夫林若非不断有机会饱览大量来自历史的直觉性素材的话，则他势难以提出"线条"和"色彩"之间的这一项对立，也势难以把这一项对比清楚明晰地以直觉方式表达出来。但自另一面而言，他亦大力地强调指出，那于他的分析中被陈示出来的，并非一些只联系于或被限制于某一特指的时间点的，只一次而不复再的历史性事件之展现。韦尔夫林的基本概念，一若洪堡特的基本概念一般，都不是一些"描绘性"的概念。这些概念以一个全然为普遍的事态之确定为出发点；然而，其所陈示出来的所谓"普遍"，乃是与自然科学的普遍的类概念与律则概念为迥然而异的另一种 61
普遍。

如果我们留意一下古典时期的形式语言与巴洛克时期的形式语言之间的对立，或注意一下 16 世纪与 17 世纪之间的对立，或许稍注意一下丢勒（Albrecht Dürer）与伦勃

① 韦尔夫林：《美术史基本概念》，p.31。

朗（Rembrandt）之间的对比的话，则我们将发觉，我们于这些历史现象之中是可以找到一些基本的形式上的分别的（Formunterschied）。个别的现象再不只是这一分别的一些范例性的说明，也不只在如此地去证立这一分别。韦尔夫林认为，所谓“古典”（Klassik）与“巴洛克”（Barock）不单只出现于现代的美术史上，而且同时也出现于古代的建筑艺术里，甚至在有如哥特时期（Gotik）这样迥异的领域里[①]，也一样有所谓“古典”与“巴洛克”。同样地，我们实在难以把上述这一项分别化约到民族的或个人的分别上去。诚然地，民族风格的分别和个人风格的分别的确在线条风格与色彩风格的发展史上扮演了一定的角色；然而，线条与色彩之本质样态是不能自民族风格与个人风格里导出的。此一本质样态（Wesensart）乃是吾人自各个全然不同的时期，自全然不同的民族文化，和自迥异的个别艺术家中所得以明晰地直觉到的。至于所谓一种风格自另一种风格发展出来这一个问题，韦尔夫林也认为是可以完全独立于上述种种假定之外予以提出和解答的。有关风格的历史是可以推进到某一基本层面的概念上去的，而这些概念是指涉于“如此的表现”（Darstellung als solche）的：“我们可以构想出一套西方人视觉的发展史，而在这一套发展史里，个人与民族性格都将再没有任何重大意

① 韦尔夫林：《美术史基本概念》，p.243。

义。”[1] 韦尔夫林又说：“有一种本质上是客观的风格，此一风格依事物的固定和可触的（tastbar）关系去领受事物并使之活化；相对地，又有一种较为主观的风格，这一风格于表现时是以对眼目而言为实在可见的（sichtbar）图像为基础的。”[2] 这两种风格上的形式是可以为最为殊异的艺术家们所分享的。韦尔夫林在他的阐述中某一段落中又说：“若要举例以作说明，我们当然只有援引一些个别的艺术品作为例子一途，但是，以下我们于援引拉斐尔与提香（Tizian）、援引伦勃朗与贝拉斯克斯（Velásquez）时所述说的，都只是为了显示那普遍的趋向，而都不在于要指出被征引的各个艺术品之独特价 62
值。”[3] 在这一种考虑之下，韦尔夫林甚至要提倡一“不记名的美术史”（Kunstgeschichte ohne Namen）的理想[4]。这一美术史是不需要名字的，因为其问题的陈构并不是朝着某一些个人的层面而展开的，而是朝着一原则性的层面，也即一“匿名”的层面而展开的；亦即涉及空间性视觉之变化，与涉及被这些变化所决定的视觉形态感与空间感之变异（Modifikation des optischen Form-und Raumgefühls）。

对于逻辑学者而言，其中最耐人寻味和最值得观察的，乃是：借着把艺术学的纯粹的结构概念（Strukturbegriffe）明

① 韦尔夫林：《美术史基本概念》，p.13。
② 同上书，p.23。
③ 同上书，p.237。
④ 同上书，p.V。

确地展列这一番工作，韦尔夫林已不自觉走向“形式科学”（Formwissenschaft）的一些普遍的问题上去。他结果自艺术学的领域而转向于语言学上去，其实绝非偶然之事。洪堡特不是曾经多次地强调说，各个别语言之间的分别并非单纯只为“音响与符号”之间的分别吗。① 对洪堡特来说，每一种语言形式（Sprachform）都表达了一种独一无二的“世界观点”（Weltansicht），表达了思想与表象的一独特的基本方向。韦尔夫林显然以一极为类似的构想作为理论基础，虽然很明显地，韦尔夫林并不见得直接取法于洪堡特的思想体系。他把洪堡特的原则自思维与表象的世界移植到直觉和视觉的世界里。正如他所强调一般，每一种艺术风格不单只可以依照一定的形式层面，如依照描绘之样式，线条之导向等予以确定；他甚至认为，在每一种这些层面上，某一定的整体取向（Gesamtorientierung），或某一义上，眼睛的某一种精神调度（eine geistige Einstellung des Auges）亦得以表达。这种种取向与调度上的区别实在远远不只是一单纯的品味问题：“这些区别一方面既能决定而另一方面又被决定，并且包含了一个民

① 参见 Wilhelm von Humboldt, “Über das vergleichende Sprachstudium in Beziehung auf die verschiedenen Epochen der Sprachentwicklung” (1820); Wilhelm von Humboldt, *Werke* Ⅲ: *Schriften zur Sprachphilosophie*（Stuttgart: Cotta/Darmstadt, Wissenschaftliche Buchgesellschaft, 1979）, p.20。另参见 Karl-Otto Apel, *Transformation der Philosophie*, *Band* Ⅰ, *Sprachanalytik*, *Semiotik*, *Hermeneutik*（Frankfurt/Main: Suhrkamp, 1973）, p.106。——译者

族的整个世界观点的基础。”[1] 正有如不同的语言于语法上和于句法上彼此异殊一般，艺术的语言在线条风格到色彩风格的过渡上，亦涉及语法和句法的转变。世界之内容对直觉来说，并非以一成不变的形式透析出来的。[2] 而艺术学的一项主要任务，即在于探索此一直觉形式的转变过程，并且去理解此一转变过程的内在必然性。

这里，我们被转介到另外一个问题上去。我们前面曾经 63
指称说，人文科学的形式概念与风格概念很明显地同时异别于自然科学的概念和历史的概念，我们并指出人文科学的概念自己构成一独特的概念类别。然而，人文科学的概念是否可以被化约于另一种概念形态，即价值概念（Wertbegriffe）的形态呢？我们都知道，价值概念在李凯尔特的历史逻辑中所扮演的角色。李凯尔特曾经大力强调：历史科学并不只在于要确定一些个别的事实，而更要于种种个别事实之间建立一些纽带（Verknüpfung），而若非使关联于一“普遍”的话，这一种历史性的综合是既不可能又无法实行的。在历史和在人文科学的场合里，产生作用的不是自然科学的存在概念，而是一个价值概念系统。我们若要于纷陈的众多历史资料上作出安排整理，并把这些资料交付于历史认知之下的话，则我们必须把那特殊的与一些普遍而且是超个体的价值

① 韦尔夫林：《美术史基本概念》，p.251。

② 同上书，p.237。

(allgemeine überindividuelle Werte) 关联起来。然而，在吾人对人文科学的具体结构作准确的考查之下，甚至上述这一个论旨一样是经不起考验的。因为风格概念与价值概念之间是存在着一基本分别的。风格概念所要表现的，并非一"应然"(Sollen)，而是一纯粹的"实然"(Sein)——虽然这一种实然并不涉及自然事物，而只涉及"形式"的存在。当我们谈及一语言之"形式"或某一特别的艺术形式时，我们所谈论的，其实与价值问题没有什么关系。

当然地，这些形式的确定过程中，某一些价值判断(Werturteile) 很可能被连带涉及；然而，就对如此这般的这些形式作理解一点而言，或就这些形式的意义与指涉而言，这些价值判断并不是决定性的 (nicht konstitutiv)。因此，例如洪堡特，他在论及人类语言建构的论著中，即认为可以于各个别语言形式中确定某一种精神性的"等级"(geistige Hierarchie)。洪堡特并认为屈折语 (flektierende Sprachen) ① 乃是此一等级层次中的最高峰；他力图证明，"屈折方法"

① "Flektierende Sprache"，英译"inflective languages"，中译拟作"屈折语"。这一种语言通常透过语词之"屈折变化"(inflexion) 去表达不同的语法关系与语言范畴关系上之改变，如时态 (tense)、格 (case)、数 (numerus) 等。所谓"屈折"，通常涉及于一基本词干 (stem) 上增加及 (或) 变更其前缀 (词头，prefix) 和后缀 (词尾，suffix) 而达成。此等变化如发生于动词上通常称为"conjugation"(Konjugieren)，如发生于名词、代词或形容词上者，通常称为"declension"(Deklinieren)。这些变化有时较轻微，称为弱屈折变化，有时较繁复，称为强屈折变化。屈折语以印欧语族 (Indo-Germanic languages) 为主。——译者

(Flexionsmethode）基本上是“惟一的一种服从法则的形式”，这种形式是其他如孤立语（isolierende Sprachen）①、胶着语（agglutinierende Sprache）②和多元复合语（polysynthetische Sprache）③所不能完全达到的。洪堡特把一些“服从法则的形式”的语言和另一些在此角度或彼一角度为与这一形式歪离的语言区别开来。④然而，显然地，洪堡特若要作出这一种等级编排，他便必先要依照一些原则去把种种语言于结构上的 64

① “Isolierende Sprache”，拟译为“孤立语”，是指一些不涉及字尾变化的语言，在这些语言中，句子中各语词之间之关系全仗词与词之间于句子中的次序决定。西方语言分类学中所谓的“孤立语”主要指的是汉语。——译者

② “Agglutinierende Sprache”，一般译为“胶着语”。这种语言于一些不变的词干之末后附加后音节以把各语词串连成句，并由此表达一定的语法关系。胶着语以阿尔泰维吾尔语族，匈牙利语等为主。——译者

③ “Polysynthetische Sprache”，拟译为“复合语”或“多词素综合性语言”，这一种语言之特色乃把若干词素综合变成一个单字，如印第安语、班图语、格陵兰岛上之因纽特语等。——译者

④ 参见洪堡特：*Einleitung zum Kawi-Werk*，*Werke*（Akademische Ausgabe），Ⅶ，1，pp.252ff。[*Kawi-Werk* 是洪堡特一部整理爪哇岛上卡维语的著作，书成后谋写一导论以交代普通语言学的基本问题，然而，这一篇导言篇幅之广，足以成书，洪堡特逝世翌年，其弟亚历山大·洪堡特（亦一著名地理学者和探险家）把导言辑会印行，单独发表，正式名称为 *Über die Verschiedenheit des menschlichen Sprachbaues und ihren Einfluss auf die geistige Entwicklung des Menschengeschlechts*（*1830–1835*），是书版本甚多。最好的是施泰因塔尔（Heymann Steinthal）编的校注疏本，收于其编纂的 *Die sprachphilosophischen Werke Wilhelm's von Humboldt*（Berlin: Dümmler，1884），台大文图有藏本。上述洪堡特的“导言”，20 世纪 70 年代始有英译本面世，参见 George C. Buck and Frithjof A. Reven（transl.），*Linguistic Variability and Intellectual Development*（Coral Gables: University of Miami Press，1971）。有关洪堡特语言学之讨论，参见关子尹：《洪堡特〈人类语言结构〉中的意义理论——语音与意义建构》及《从洪堡特语言哲学看汉语和汉字的问题》，均收于《从哲学的观点看》一书（前引）；另参见 Tze-wan Kwan，“Wilhelm von Humboldt on the Chinese Language—Interpretation and Reconstruction”，*Journal of Chinese Linguistics,* Vol.29, nr.2, Berkeley, June 2001, pp.169–242。——译者]

分别厘定——而此一厘定又必须是完全独立于任何一种价值观点之外而产生的。

同样的情形亦出现于艺术学的风格概念上。在这一领域中，我们同样可以在一些我们甚为确定的审美规范的基础上，于此一风格与彼一风格之间作一取舍。然而各个别风格的具体内容、特点与特色等却是不能借着这些规范概念去掌握的，若要确定这些具体内容，吾人必须倚仗一些其他的标准。当韦尔夫林谈到所谓“古典”与“巴洛克”时，这两个概念对他来说，只具有单纯的描述性（deskriptive）意义，而不具有任何审美裁定方面的（ästhetisch-qualifizierende）或规范性的意义。其中第一个概念无论如何都不应使与“经典性的”（Vorbildlichen）或“典范性”（Mustergültigen）这些弦外之意义相混。同样地，美术史固然一般都在宣称色彩风格为继线条风格而后来发展出来的，然而，我们却不能据此一事实而推论说这一项转变涉及一种“进步”或一种较高层的发展。韦尔夫林认为，这两种风格形式所代表者，只不过是某一个问题的不同的解决方法而已，而这些不同的解决就审美而言，其实是具有平等地位的。在内在于（innerhalb）这两种风格的每一种之中，我们都可以区别出完美的与不完美的，也能区别出那微不足道或平平无奇的与那超卓的。然而，这些区别是不能无条件地被随便应用于作为整全体而言的这两种风格之上的。韦尔夫林乃说道：

> 色彩风格不错是较为晚出的，而且，若果没有第一种较早的风格的话，色彩风格是难以被想象的，然而，色彩风格于两者之间却并不居于一绝对的高位。因为线条风格结果发展出一些作品来，而这些作品是色彩风格所不再掌握和再不要掌握者。此中所涉及的，其实是两种世界观（Weltanschauungen），它们分别以不同的品味与兴趣朝向于世界；它们两者都分别足以提供那可见领域的一完美的图像……吾人对世界的不同向度的兴趣里，产生一种不同的美。①

直到目前为止，我们尝试显示出一些基础，这些基础俾使吾人得以宣称，或甚至促使吾人必定要承认：人文概念与历史概念和价值概念相较之下，都具有一定的特殊地位，也使得吾人可以并且必须于这些不同概念的逻辑结构上作出区别。

然而，此中尚存在着一个至今悬而未决的问题。问题乃是：形式概念与风格概念在与心理学的问题相对之下，是否仍然具有同样的自足性呢？文化的整合体——语言、艺术、 65
宗教等之发展——是否可全被化约到心智过程这一领域之上

① 韦尔夫林：《美术史基本概念》，p.20，p.31。

呢？而这所有的过程是否自己先要服从于心理学的裁判权之下呢？此中是否尚有某一分别的可能？或者说，于这一关键上是否尚有可疑或转折之余地呢？事实上，不乏有一些很出色的学者，一再作判断和作结论说，吾人根本不必去寻找一人文科学的“原则性科学”：因为这一原则性科学早已现成地存在于心理学之中云云。

在语言学的领域中，赫尔曼·保罗最为明晰地和最强有力地捍卫了这一种论调。保罗基本上是一个语言史学家——我们绝对不能怀疑他要以任何一种方式对历史省察方法予以限制。然而，就另一面而言，他又强调说，原则性的问题倘若未获解决，历史演变的一般条件倘若未经确定，则我们根本没有获取历史性的个别结果之可能。因此，他乃认为，正有如任何其他一种文化形式的历史一样，语言史必须要取得另一种科学以为之辅，而这一种科学是要“处理那些历史发展中的对象的一般生命条件，和是要研究那些于一切转变中皆存在着的因素之本质与效力的”。这些恒常的因素，除了可于心理学中被发见之外，便再别无他途了。此中，保罗所谓的心理学，其所指的乃是个体心理学（Individualpsychologie），而不是有如施泰因塔尔（Heymann Steinthal）①、拉撒路

① 施泰因塔尔（1823—1899），与拉撒路、冯特等同为民族心理学之主要代表。施氏同时为一语言学家。主要著作有 *Der Ursprung der Sprache*，（转下页）

(Lazarus) ① 和稍后的冯特（Wilhelm Wundt）② 一般所指的“民族心理学”(Völkerpsychologie)。于是焉，个体心理学之职责乃便要面对语言理论的原则性问题提出解答：“事情完全环绕着如何自个体彼此间之交互关系中导生出语言之发展”。

当保罗在他的《语言历史之原理》(*Prinzipien der Sprachgeschichte*) 一书卷首处提出此一论调时，哲学和一般科学理论中“超验”的与“心理学”的两种方法之论争正好发展到了最为激烈与尖锐的阶段。一方面有所谓新康德诸学派，它们力持说，一切知识批判工作之首要任务乃在于要区别法理问题（quid iuris）与事实问题（quid facti）③。心理学，就其作为一经验科学而言，其所涉及的乃事实问题(Tatsachenfragen)，而这些问题却是绝对不能成为有关理序问题（Geltungsfragen）的决定准则的。“逻辑主义”与“心理主义”之间这长久以来一度决定了哲学的整体风貌的界线， 66
在今天看起来，已经显得有一点过时了。此中，经过双方漫

（接上页）1851/1888; *Grammatik*, *Logik*, *Psychologie*, 1855; *Abriß der Sprachwissenschaft*, 2 Teile, 1861–1871；*Die Sprachwissenschaft Wilhelm von Humboldts und die Hegelsche Philosophie*, 1848。——译者

① 拉撒路（1824—1903），为与施泰因塔尔同期的犹太裔心理学家，曾任教于贝恩与柏林等大学，曾与施泰因塔尔合编 *Zeitschrift für Völkerpsychologie und Sprachwissenschaft* 一期刊（首刊 1859）以期推广心理学与语言学之研究。主要著作有 *Das Leben der Seele*（三册）。——译者

② 冯特（1832—1920），哲学及心理学、伦理学等著作极多，又为第一个创立 Institut für experimentelle Psychologie 的学者。——译者

③ “法理问题”与“事实问题”之对比，请参见康德：《纯粹理性之批判》，A84/B116。——译者

长的斗争，问题的答案已经产生了，而这显然无须再予以驳论。一些极端的心理主义者推论说：逻辑乃是思想的形式与法则的学问，就此而言，逻辑其实乃是一心理学的学问，因为思想与认知的过程是只能于心灵中（in der Psyche）被发见者云云。①

这一种推论中潜在着的悖论，其实胡塞尔早已于其《逻辑研究》(*Logische Untersuchungen*）一书剖析得很清楚，而且甚至已把这一悖论的最隐秘的立足点也追究出来了。胡塞尔把作为“观念性的意义单元”(ideale Bedeutungseinheit）之形式这一方和作为认知、信仰、判断等种种关联于这些意义单元并以之为对象的心理经历（psychischen Erlebnissen）或“行动”(Akte）这另一方之间根本的和不可磨灭的分别显示出来。② 于是焉，把逻辑的形式学说和把纯粹数学的形式学说都化约于一些心理学的决定范畴的这一种危险，乃无形中被消解了。

诚然，在人文科学的领域中，骤眼看起来，这一种界线是很难划分的。因为我们于此可以质疑说：到底语言、艺术、神话、宗教等有没有所谓一固定的“具体内容”呢？抑或我们此中所指的一切都可以归化为一些个别的言说行动，归化

① 参见利普斯（Theodor Lipps）：《逻辑学纲要》(*Grundzüge der Logik*, Hamburg/Leipzig), 1893, pp.1ff。

② 特别参见胡塞尔：《逻辑研究》，Band Ⅰ, Cap.8。

为一些个别的艺术形构与欣赏行动、一些神话式的信仰行动和一些宗教的表象行为等呢？在这些“行动”的全部的范围以外，是否尚存在着某一研究对象呢？只要我们稍涉足于这一问题于今天的发展，则我们当可知晓，情况确实是如此的。此中，问题亦变得愈来愈明显了。

在过去的几十年里，语言心理学、艺术心理学和宗教心理学不断地有所发展。然而，它们再不声称要取代或弃置语言的理论、艺术的理论和宗教的理论。此中，同样地，一纯粹的“形式学说”(Formenlehre）之领域很明显地已被结晶出来，而这一形式学说是要建基于经验心理学以外的一些其他概念之上的。比勒（Karl Bühler）的《语言理论》(*Sprachtheorie*）乃是一很好的例子。尤其值得一提的，比勒是以一心理学家的身份进而处理语言问题的，而在他的研 67
究的进程中，他从来没有忘记他这一个观点。然而，依比勒看来，语言之“本质”是既不能于单纯的历史研究或单纯的心理学研究中被充分地显示出来的。他在有关著述中的“前言”里即便强调地指出，就语言之研究而言，他要提出的问题乃是“你是什么”，而不是“你循何途径而成为如此”。这即是那古老的“是什么”(τί ἐστι）① 的问题。此中，在方法

① “*Tί ἐστι*”问题本是亚里士多德哲学中“*οὐσία*”问题的另一表达方式，所指的是“is what”或“what is the case”。读者可参见 Aristotle，*Categoriae* V，2b8; *Topica* A，103b23; *Metaphysica* Z1，1028a17。——译者

学的观点上，“符号学”(Sematologie) 的完全的自主性乃获得承认了。正正是以作为一心理学家的身份，和正好是基于心理学的分析，比勒乃主张“语言”这一对象之观念性这一论调。比勒指称：“自一柏拉图式的角度看，语言构作(Sprachgebilde) 乃是一些类似理型的对象，自逻辑的角度看，它们乃是类别之类别，有如数或有如科学思维的一较高层的形式化程序的对象一般。”[①] 这同时显示了并且说明了为何“把语言学毫无保留地安置于‘描绘性科学’之系列之中是不能令人满意和是有待修正的”。依比勒的看法，倘若人们动不动就要把语言学研究限制于一些历史事实之上或“化约”于物理学或心理学的层面之上的话，则我们必终将会引发出语言学研究的一种无所依归的境况。[②]

如果自这一角度省察，则语言哲学 (Sprach-Philosophie) 和语言心理学 (Sprach-Psychologie) 之间的所有边际冲突都将可获消弭——而到了今天，我们可以说是已经超越了这些冲突，并宣称其已成为历史陈迹了。各种职分彼此之间的界线已经获得了确定。一方面，我们已经很明白，我们若果不是与语言历史学和语言心理学保持一定的关连的话，一语言理论之缔造是不可能的。因为如此的一项理论是不能于抽象

---

① 参见比勒：《语言理论：语言之表现功能》(*Sprachtheorie: Die Darstellungsfunktion der Sprache*, Jena, 1934), pp.58ff。

② 参见比勒：《语言理论：语言之表现功能》, p.6。

思维与思辨活动的空洞的场合里建立起来的。然而，我们又当要同样确定地承认，在语言学或在语言心理学的领域中的经验研究将不断地要假定一些汲取自语言的“形式学说”的概念。例如，有一些研究，它们力求探讨，到底不同的语词 68
类别于儿童的语言发展过程中依哪一次序先后呈现，又或要探讨，到底儿童在哪一阶段会自“单字语句”(Einwortsatz)之使用过渡到“排比秩序语句”(parataktischer Satz）之使用，和在哪一阶段再进而过渡到“涵蕴秩序语句”(hypotaktischer Satz）[①]之使用上；[②]此中很明显地，这些探讨得要先假定某一些如语法和句法等形式学说之基本范畴。同样地，即使在其他场合，我们也一再地看到，如果经验之研究不是小心地以一对“语言”之概念反省作为其后盾和以此一概念反省去伴随其问题之陈构的话，则此经验之研究是很容易迷失于一些虚幻的问题和一些无法予以解决的背反之中的。

正如我们已提及的一般，韦尔夫林在他的《美术史基本概念》一书中曾经抱怨说，在美术史之研究里，有关概念之

---

① 单字语句、排比秩序语句和涵蕴秩序语句乃许多研究儿童语言发展的学者所拟定的有关儿童语言学习的三个阶段，单字语句当然指一些以单字作为基础的语句，如“妈妈”、“不要”……排比秩序语句是指由一些互相比邻（παρα = para=alongside）地排列在一起（τάξις=order）的单词所组成的句子，这些构成部分之间却尚未显示一严格的语法结构组织，而得以想象力去理会其中之意涵。至于涵蕴秩序语句则指一些语句，其中某一部分透过连接词或关系词等使被涵摄于另一主句之下（ὑπο=hype=under）而构成一主从之结构。——译者

② 例如可参见克拉拉·施特恩与威廉·施特恩（Clara und William Stern）：《儿童语言》(*Die Kindersprache*)，2. Auflage，Leipzig，1920，Cap. XII–XV。

研究并没有与有关事实之研究取得同样的步伐。而在语言心理学的领域里，我们今天看到了愈来愈多的相同的抱怨了。要举出一例子的话，我们可以引述雷韦斯（G. Révész）的一篇很重要的论文，论文的题目乃是“人类的沟通形式和所谓的动物语言”①，雷韦斯的问题是如此出发的，他认为，人类就有关“动物语言”所作出的许多“观察”，和人们于此一领域上所从事的许多（即使不是大部分的）实验，都因为某一理由而变得可疑和毫无建树，这理由乃是，人们这些研究根本不曾从某一特定的对“语言”之概念出发，换言之，人们根本不知道要朝哪一个方向去从事研究和探讨。就这一点而言，雷韦斯力称要于语言研究之方法学上作一彻底的改变。在上述的一篇论文中，雷韦斯指出说：

> 我们必须认清楚，所谓动物语言这一问题是不能完全基于动物心理学的种种事实而获得解决的。任何人，只要他不带着成见地去对那些由动物心理学家或发展心理学家所提出的论点和理论作一批判性的省察的话，他都终将会相信：透过动物的种种不同的沟通方式的枚举，和透过某一些训练成果之列举（而这些训练成果本身是

① 雷韦斯：“人类的沟通形式和所谓的动物语言”（Die menschlichen Kommunikationsformen und die sogenannten Tiersprache），收于 *Nederl. Akademie van Wetenschappen*, Vol. XLIII, No.9-10，1940，Vol. XLIV, No.1，1941。

可以容许最为迥异的解释的)，上述被提出的问题还是不能于逻辑上准确地予以回答的。因此，人们必须致力于找寻一个逻辑上为合法的出发点，俾使经验科学可以得到一自然而有意义的诠释。这一出发点必须于语言之概念厘定上去找寻……如果人们努力试从一语言哲学和语 69
言心理学的观点去观察（依我的意见看来，乃是惟一合法的立场）所谓的动物语言的话，则我们不单只将会放弃动物语言之学说，我们甚至将会深深地而且全面地体会到今时今日这一问题的铺陈方式之荒诞。①

雷韦斯这一番理论是建基于一些我认为是十分重要的论据之上的，只不过，我在这一场合不必就这些论据详论。在这里，我只直接引述了他的言词，以期显出语言结构问题是如何强有力地涉及了经验之研究，并且显出，经验之研究在未能为逻辑反省安立其应占的地位之前是绝对无法觅得“科学的坦途”的。在自然科学以至在人文科学里，康德就有关经验和理性的关系所说的一番话似乎都是同样地切合的：

理性必须挟着一些原则去走在它的判断之前，并且

① 参见雷韦斯前注文章。此一论文中许多重要观点，后来于雷韦斯另一有关语言学之专著中再被提出：Georg Révész, *Ursprung und Vorgeschichte der Sprache* (Bern: Francke, 1946)。——译者

要求自然回答它的问题，而不能让自己（理性）好像被自然拴于学行带子一般地引着走路：因为除此以外，那本为偶然的和并非出于某一些预先设计好的计划而从事的一些省察是根本无法于一套理性所寻找和冀求的必然法则之下联结起来的。①

只当我们以这一种方式使人文科学的形式概念和风格概念相对于其他类型的概念区别开来之后，我们才能进而处理一个对把这些概念应用于那个别的现象而言为具有决定性意义的问题。我们若要了解一门科学的逻辑结构，必先要弄清楚，这门科学是如何地把那特殊的收蓄于普遍之下。然而，在作出这一项回答时，我们必须防止陷入一种片面的形式主义之中。因为此中根本没有一种一般性的模式是足以被吾人关联与取法的。在所有科学之中，问题是以同样方式存在着的，然而它们的答案却是朝向于相当不同的路途。而这一异别性恰好显示出这些科学各自具有的独特的知识种类。如果我们硬要使自然科学的“普遍概念”与历史科学的“个体概念”彼此对比的话，则这很明显地是一种很不充分的解决方法。因为这一种分别某一意义下正好把概念之命脉割断了。每一个概念就其逻辑功能而言都是一“杂多中的统一性”，亦

① 参见康德：《纯粹理性之批判》，1787，第二版，序言，p.BⅫ。——译者

即都是特殊与普遍之间的关系。我们若果把这些成素之一予以孤立，则吾人便彻底地把每一概念所要实行的“综合”给摧毁了。正如歌德所曾说的一般：“那特殊的永远都是处于那普遍的之下；而那普遍的永远都是要切合那特殊的。”① 然而，这一“切合”的方式，那普遍底下特殊的联合，却是因各种不同的科学而迥异的。如果我们比较一下数学概念系统和经验的自然概念系统的话，这些方式便已显得不同；而倘若我们把后者与历史概念相对比较的话，情况又复变得不一样。我们若果要对这些分别予以确定，则我们必须不断小心地作个别分析。 70

倘若人们能成功地把那普遍的以一法则概念之方式，换言之，以一可演绎地导出各特殊的“个例”的法则概念的方式去予以说明的话，则上述这一种关系将会表现得最为简单。例如，开普勒的行星运动定律和有关潮汐涨退之周期性规律都是基于这一种方式自牛顿的重力法则“推论”出来的。经验的自然科学的所有概念都循着某一种法门去达到这一个理想，虽然它们之中并非每一个都能立刻地或以同样方式达成这一番理想。此中经常存在着一种趋向：观察所最起初提供的不是一些经验因素的平行排列（Nebeneinander），然而，经过思维上的处理，乃渐倾向于转变而为一种因素与因

① 参见歌德：*Maximen und Reflexionen*, Digitale Bibliothek Band 1, p.2586。——译者

素之间的条件限制（Bedingtsein）关系。自然科学的描述性的概念若果愈是能关联于理论性的概念，并进一步不断转化为这些理论性概念的话，则这一“收蓄（Subsumtion）”[①]之形式便愈能臻于完美。这一工作一旦达成，则基本上便再没有所谓经验概念之个别限定（Einzelbestimmung）这回事了。相反地，我们将有如在纯粹数学的场合一般地只拥有一项基本的限定（Grundbestimmung），而一切其他的限定都将是从这一基本限定中导生的。就这样地，例如现代的理论物理学便能成功地把某一特定的事物的一切个别的“性质”，即一切可以物理常数或化学常数（Konstante）表达的限定，都溯源于一共同的根源。现代理论物理学已经显出，那些本来是借着经验之观察而个别地被发现的元素之种种性质，其实皆是某一特别的量的一些函数（Funktionen），亦即“原子量”（Atomgewicht）这一种“量”（Größe）的一些函数，而这些函数是以一定的方式与各元素的序数（即“原子序”或周期表次序数目）彼此相关联的。由此我们可以察见，某一种经验地给予的特定的物质，或者说，某一种金属，若果将要被
71 收蓄于“金”这一概念之下的话，则此一物质先必须要能够
显示出那一相关的基本性质和其他可以由此一基本性质导出的其他性质。在这一场合里，犹疑折衷是不可能的：我们一

① 所谓“收蓄”其实即指把特殊的收于普遍之下解，参见康德：《纯粹理性之批判》，A132ff/B171ff。——译者

般所说的“黄金”，都必只指那些具有某一严格特定的比重(spezifisches Gewicht)，某一特定的导电能力和某一特定的展延系数（Ausdehnungskoeffizient）等等的物质而已。

但是，如果吾人于艺术学的形式概念和风格概念中也期待类似上述的情况的话，则我们必定大失所望。这些概念似乎是无法克服地被一种独特的不确定性所萦绕。在这一场合里，“特殊”亦以某一种方式于“普遍”之中被安放(einordnen)；但前者却绝对不以同样方式被收蓄（unterordnen）于后者之下。在这里，我只希望举出一些个别的具体例子，以便说明这一种情况。

雅各布·布尔克哈特在他的《文艺复兴时期的文化》(*Kultur der Renaissance*)[①]中曾经就所谓“文艺复兴人”(Renaissance-Mensch）作出一番经典性的描写。内中谈到的许多特色，都是吾人所熟识的。文艺复兴时的人物拥有着许多特别的性质，而与“中世纪时的人物”有一定的分别。这些特色分别为趋向感官、热爱大自然、对“此生”之根植、对形式世界之开放、崇尚个体主义、非宗教信仰和非道德主义等。结果，经验之研究乃致力于去寻找布尔克哈特笔下的所谓“文艺复兴人”——然而却没有找到。人们根本找不到一个历史上的个体能够确实地于各方面体现布尔

① 原书全名为*Cultur der Renaissance in Italien*，为瑞士史学家布尔克哈特(1818—1897）主要作品。——译者

克哈特构想下“文艺复兴人”的种种构成因素。于是瓦尔泽（Ernst Walser）在他的《文艺复兴世界观研究》书中乃指出说：

> 如果我纯粹以归纳的方法去综览15世纪最有代表性的名人，有如科卢乔·萨卢塔蒂（Coluccio Salutati），波焦·布拉乔利尼（Poggio Bracciolini），莱奥纳尔多·布鲁尼（Leonardo Bruni），洛伦佐·瓦拉（Lorenzo Valla），洛伦佐·马尼菲科（Lorenzo Magnifico）或路易吉·浦尔契（Luigi Pulci）等人，并细察其一生与其思想的话，则惯例地，我们会发觉上述提出的种种特征，对于这些我们考察中的人物来说，是绝对不合适的。我们若试图把那一直以来都是个别地拼凑而成的所谓“特征”就其与这些我们谈论中的人物之生平之关联性着眼，尤其是自其所处的世代之大潮流一面去观察的话，则一般而言，这些“特征”都会显出完全另一番面貌。如果我们把这些归纳性研究的结果都总结起来的话，则我们将渐渐获得一崭新的有关文艺复兴的图像，这一图像同样地是混合了虔诚与不虔诚、善与恶，混合了对天国之仰望与对尘世的眷恋，只不过这一新的图像是远远较为复杂而已。整体而言的文艺复兴的生命与努力是无法自一个原则
> 72 （个体主义和感官主义）引导而获得的，正如中世纪文明

其实不能自那为众人所乐道的所谓中世纪的统一结构导出一般。①

瓦尔泽这一番话我是完全同意的。任何本身曾经亲自用心参与过有关文艺复兴时期的历史、文学、艺术和哲学之具体研究的人，都将能凭自己的体验去印证并多方面地补充上述的一番言论。但是这么一来，布尔克哈特所谓的“文艺复兴人”这一概念是否便被否定了呢？我们是否站在逻辑的角度某一意义地应该把所谓“文艺复兴人”这一概念视作为一“空集”——一个并没有任何对象的集？然而，除非我们所处理的概念是属于那些透过个别例子之经验性比较，亦即透过一般所谓的“归纳”而获得的类概念中的一种，否则，我们根本没有上述之必要。就这一标准而言，布尔克哈特的概念是经不起考验的。

然而，这一番假定，恰恰是有待逻辑上之更正的。无疑地，布尔克哈特之所以能够提出他有关“文艺复兴人”的描写，是因为那是建立在一庞大的事实资料基础之上的。当我们研习布尔克哈特的著作时，这些资料之丰富与可靠性在在令人惊叹。然而，布尔克哈特所作的这一种统观活动

① 参见瓦尔泽：《文艺复兴世界观研究》（*Studien zur Weltanschauung der Renaissance*, 1920），现已辑录于《文艺复兴时期的精神文化史研究论集》（*Gesammelte Studien zur Geistesgeschichte der Renaissance*, Basel: Berno Schwabe, 1932），p.102。

(Zusammenschau）之方式，他所提供的历史性的综合，基本上是与借经验途径获得的自然概念迥异的。如果我们在这一场合要谈论所谓“抽象程序”(Abstraktion）的话，则此中所涉及的，乃是胡塞尔所谓的“观念化抽象程序”(ideirende Abstraktion）①。我们是既不能期待，也不能要求这一“观念化抽象程序”的结果终将可以被某一具体的个别情况印证的。同样地，就所谓“收蓄”而言，假定吾人当前有一件物体，我们于发觉了这一或某一块金属具有了一切我们所知晓的作为“金”的条件后，乃可以把这一块金属收蓄于“金”此一概念之下；然而，在谈论到有如所谓“文艺复兴人”时，所谓收蓄便不能以上述的方式进行了。当我们把莱奥纳尔多·达·芬奇与阿雷蒂诺（Aretino)，把马尔西利奥·菲奇诺与马基雅弗利，和把米开朗琪罗与切萨雷·博尔贾等人都称为“文艺复兴人”的时候，我们当然并不意图说这些人物全

① “观念化抽象程序”一概念乃胡塞尔为确立“普遍对象”(allgemeine Gegenstände）的地位而构思的。此一观念与“kategoriale Anschauung”，“Wesensanschauung”，“generalisierende Abstraktion”等概念有极为密切的关系。有关Abstraktion之历史性处理（Berkeley，Hume，Mill等）可参看胡塞尔的《逻辑研究》中的第二研究；“ideirende Abstraktion”这一概念则见于是书第六研究（*Logische Untersuchungen*，Band Ⅱ，Teil Ⅱ，Tübingen: Niemeyer，1968)，p.162。此外，“Abstraktion”与“Ideation”并论之文献，可参见胡塞尔的《观念》一书，*Ideen zu einer reinen Phänomenologie und phänomenologischen Philosophie*，Erster Buch，hrsg. von Walter Biemel（den Haag: Nijhoff，1980)，§22，pp.48–50。另参见Ernst Tugendhat，*Der Wahrheitsbegriff bei Husserl und Heidegger*，2. unveränderte Auflage（Berlin: de Gruyter，1970)，pp.138–143。——译者

都具有某一些于内容上为固定的、彼此吻合的个别特征。我们不单只认为他们彼此之间其实完全不一样，而且更感觉到他们之间甚至是对立的。我们所要指出有关于他们的，不过是：无论他们彼此之间是如何对立迥异，或甚至正因为这些对立，他们恰恰共同地站立在某一特别的观念上的相关性之上；也即是 73
说，他们之中的每一个都以其自己的方式参与缔造上述我们一般所谓的文艺复兴的“精神”或文艺复兴的文化。

此中吾人所要表达的，乃是一方向（Richtung）上的统一性，而非一存在（Sein）上的统一性。这些文艺复兴时期的个别人物之所以属于共同的一群，并不是因为他们彼此相同或相似，而是因为他们一同地参与了一共同的使命（Aufgabe），而此一使命乃是吾人相对于中世纪而言可视之为崭新的，而且是吾人觉得是代表了文艺复兴的独特“意义”的。在精细的分析下，人文科学的所有真正的风格概念都是可以被化约于这些“意义概念”之上的。我们若要确定一个时期的艺术风格，我们便必先要把这一时期的种种不同类型的和看起来甚至根本不相干的艺术表现都统一起来，而要达成此一统一，我们便正须要有如里格尔（Alois Riegl）所说的一般，把这些艺术表现了解为某一特定的“艺术意欲”（Kunstwollen）的种种表现。① 而这一类的概念虽然有一定的表征之功能，但却并

① 参见里格尔：《风格问题》（*Stilfragen*, Berlin: R. C. Schmidt, 1893）；另参见《罗马晚期的艺术工业》（*Spätrömische Kunstindustrie*, Wien, 1901）。

没有决定之功能（Derartige Begriffe charakterisieren zwar，aber sie determinieren nicht）：那统属于其下的特殊个例是不能自这些概念里导生出来的。

倘若有人由此而推论说：此中吾人只能从事一些直觉层面的描述而根本没有所谓概念层面之刻画（begriffliche Kennzeichnung）。这种推论同样地是不正确的。因为，此中吾人所涉及的，乃是这一种刻画的一很特别的方式和方向，是一种自成一格的逻辑心智操作（eine logisch-geistige Arbeit sui generis）。

在这一关键上，我们不妨稍作停顿，以便再一次地回顾一下我们以上的观察。若要对有关风格概念的逻辑分析的结果的意涵作全面的揭示，我们必须把这些结果与现象学分析的结果作一比较。对我们来说，此中不单只存在着一种类似的并行性，而且更存在着一真正的交互决定性。形式概念与风格概念这一面和事物概念这另一面的分野，在纯粹逻辑的语言层面而言，正好反映了我们较早时就有关知觉的结构时所指出的一项分别。这一分野在某一意义下，可说是某一种方向上的对立于逻辑层面之翻版（die logische Übersetzung eines bestimmten Richtungsgegensatzes），这一种方向上的对立其实不必等到概念的世界方才展现出来，事实上，这一方向对立是早已根种于知觉的土壤中的。概念只不过以一“曲行”（diskursiv）的方式去把那些于知觉中以一纯粹为“直觉”

(intuitiv) 的知识的内容表达出来而已[①]。我们透过知觉及透

① "曲行"一概念是康德用语中最为奥晦难懂的词汇之一。加上"discursive"一概念尚涉及许多康德哲学之外而与康德之用意有密切关联的问题，结果更增此一概念之奥晦。此一观念的全面的处理，本当另文详细申述，但由于这概念涉及若干重要的基本了解，现在且就其梗概作一最简要之说明。

(一) 先就康德经典中"discursive"之用法而论。康德《纯粹理性之批判》中多次用"discursive"一字时，皆使之与"intuitive"相对。康德特别指出：吾人之理解所获得之知识皆为"discursive"的。又常强调：理解之知识之所以为"discursive"，是因为这些都是"透过概念（durch Begriffe）而生"的知识(A717/B745ff; A68/393)。然则康德在哪一意义下把概念知识称为"discursive"呢？在其《理则学》中康德有很明白之说明："人类知识自理解一面看是discursive的，这即是说，它是透过一些表象而产生（geschieht）的，这些表象透过如其所如的特征（Merkmale，characters）把众多事物间的共通性变作为知识之基础（Erkenntnisgründe）。"(参见 *Logik*，*KGS*，Band IX，p.58。) 康德又指出："吾人一切概念皆是一些特征，而一切思想皆不外是透过特征而进行之表象活动。"(同前引。) 而作为"知识基础"之"特征"(亦即概念) 又复可以有两种"使用"，一为"内在的""导生"(Ableitung)，另一为"外在的"依于同异规则的"比较"(Vergleichung)。前者大底相等于概念（范畴）之超验使用，后者则等于一般性概念之经验使用。这个意义之下，可见"discursive"实即理解之运作方式。牟宗三即顺这一意思而译"discursive"为"辩解的"。

(二) 然而，以"辩解"去译"discursive"虽然并不违背康德使用"discursive"一观念时的基本立场，但是却不能解释康德因何不用其他字词而独用"discursive"一字。换言之，说不定"discursive"一字还有更根本的涵意，而所谓"透过特征"以达成之"辩解"乃要建立在"discursive"这更深刻和更根本的涵意之上的。就这一角度而言，劳思光译"discursive"为"曲行的"应更为恰当（参见劳著《康德知识论要义》)。查"discursive"一字是与"intuitive"(直观的) 相对者，"discursive"来自拉丁文中的"discursivus"和"discurrere"，牛津字典解作"running hither and thither"，即往返而行之意，因此"曲行"极为切合原义。然而，作为"discursive"的根本义的"曲行"，到底与概念思维或"辩解"有何关联。盖"曲行"是相对于"直行（观）"而解，它可以表一种"间接性"(Mittelbarkeit)，即指思想之不克直接产生对象，而只"间接地"(曲行地) 作用于某一意义的"被给予"之上而构成对象。这些被给予的，一般言，就指"杂多"，这些"杂多"并不直接出于吾人，盖康德明确表示，杂多之最后源出问题对吾人而言是不可决定的 (B145)。也正因为这原因，康德乃把"思想"所作之"判断"活动称为"对一对象之间接知识（mediate knowledge）"(A68/B93)。然而，"曲行"一观念除了康德用语中所指的作为理解之概念知识活动一意义外，其实尚涉及许多更为重要的哲学 (转下页)

过直接的直觉得来的知觉（亦即所谓“实有”）是以一根本

（接上页）问题。其中最重要者如下：“曲行”其实不仅是理解之活动模式，而且更是思想一般之基本模式。而所谓“曲行性”，正同时可说明“Discourse”，“Dialegesthai/Dialectic”，“Reflection”等观念。盖上述这些观念于开展之时，都或多或少地涉及某一意义的“曲行性”的。康德谈论人类理性之超验辩证时所列出之一切辩证方式均可归纳为一些“Syllogistic”的方式，而这即就是某一意义的“曲行”的方式。不单康德系统中是如此，即使在康德以前的古希腊各种“辩证法”，乃至康德以后黑格尔之辩证法，无论他们的“辩证法”是只有“破坏性”（tollere）用途（例如Zeno的“reductio ad absurdum”和一般辩士学派的“elenchos”）抑或兼具“提升性”（elevare）用途（例如柏拉图晚期的和黑格尔的辩证法），然而各种出于人类理性之辩证法之皆为“曲行的”却十分明显。

（三）以上说明了概念思维之辩证乃至思想一般之辩证皆具有某一义的“曲行性”，然而我们又可进一步追问：思想之“曲行性”到底代表了些什么？要回答这一问题，我们当要接触一对康德来说更为基本的课题。总括言之，所谓“曲行”是根种于“人类”意识活动乃至人类自身的“有限性”之上的。正因为人之“有限”，“人知”乃不能如一假想中的“神知”一般无往不利地和“直接”地施行，而只能在一定的“限制”之中开展。从知性（理解）之辩解活动一面看，知性理解只能顺着一些并非由知性直接产生的杂多而“间接地”建立对象；从理性之思维活动一面看，理性只能“反省地”（reflectively）转折于种种片面的理解之中寻求一思想内部之调配（regulation）。因此可言人类之意识活动之所谓“曲行”，皆就此意识活动之被限制一面而言。因此，对康德来说：人类的理解必定是一曲行之理解（diskursiver Verstand），而不可能是一直行（观）之理解（intuitiver Verstand）。朝着这一方向考虑，我们不难发现，尽管康德屡次使“discursive”之思想与“intuitive”之直觉（观）相对比，但是，这并不表示“直观”即就可以无条件地直接决定对象者。尤其是当我们谈的是“人类”的直觉的话，则更应指出，“直觉”相对于“思想”虽然在某一意义上已较为“直接”，但是就其乃人之直觉而言，它同样地是处于限制之中的。人之直觉之限制即在于其只能使用于能够呈现于感性之时空格度之预料之上的，而“不是原生的（not original），即是说，不是一种本身即能提供其对象之存在的直觉”（K.d.r.V., B72）。因为顾及“人”之有限性问题，康德乃特别提出“导生的直觉”（intuitus derivativus）与“原生的直觉”（intuitus originarius）之分别。这两种直觉分别对应于“依待之存在”（abhängiges Wesen）与一“原始之存在”（Urwesen）。前者指人，而后者即只能指宗教理解下的上帝。只有上帝能够单凭智思即“直接地”构成对象之存在（即只有上帝可有所谓的智的直觉“intellektuaelle Anschauung”），人之所谓“直觉”在这一比较下，即绝对不“直”，而只能“间接地”透过感性之被“影响”（affiziert）而展开，由此看人之“直觉”，实在“直中有曲”，而此一切之原委，皆在于人之为“有限”，而必要认定其自身之限制之故也。——译者

上不容许生硬分野的整全体之姿态给予吾人的。然而，此一实有是“既为单一又为重复”的；因为我们一方面自一物性 74
（dinglich）的观点去理解此一实有，而另一面又把此一实在理解为一“属于位格的”（personal）实有。

任何有关知识之批判之首要任务乃是要把这两种基本的经验方式之逻辑建构予以澄清。就事物世界，或者说，就我们一般所谓的“物理”实在界而言，这一问题已由康德作出了一精要的回答。一切与经验之质料条件相关联的，或者说，一切依循一些普遍法则而与感觉相关联的，皆为实在。然而，物理意义的实有并不只穷尽于感觉之领域。它并不被限制于单纯的“这里”与“现在”。它把此一“这里”与“现在”置于一普遍的和系统的关系之中；它把此一“当下”安插于空间与时间的系统之中。科学施展于感觉之“质料”之上的一切概念性操作，归根结底而言，其实都是朝向着这一个目的。这一番工作于科学发展的过程中变得愈来愈丰富和愈来愈复杂了。在逻辑分析穷根究底的追索之下，这番工作愈来愈显得高妙了。然而，倘若我们能容许把问题作一模式上的简化的话，则我们可以把这番工作大体化约于两个基本成素之上。

性质恒常性（Eigenschaft-Konstanz）与法则恒常性（Gesetz-Konstanz）乃是物理世界的两个基本特色。如果我们可以谈论一个“宇宙”（Kosmos）的话，则这表示说：我们可以借着某一种方式使赫拉克利特所谓的变化之流停止下来，或者说，我们可以自此一变化之流中举出一些恒常的决定性质出来。这一项过渡，不必等待到哲学和科学之理论各自提出如此的要求，便即已显示出来。这一种求“固定”(Verfestigung) 之趋向其实早根种于感知之中——倘若没有这一求“固定”的趋向的话，感知便将永远不能成为对“事物”之感知了。所有概念建构所必须假定和必然关联的第一步，其实早已为知觉（视觉、听觉和触觉）所踏出了。因为，早在此一知觉之层面，已有一过滤程序（Ausleseprozeß）在进行，借着此一程序，某一对象的“真实”的颜色乃得以与其表面看来的颜色相区别，而其实在的大小尺码亦得以与其骤看下之大小尺码相区别。现代有关感性知觉的心理学与生理学把这一程序予以剖白，并全面地自不同角度加以研究。有关知觉之恒常性之问题乃成为其最重要的而且于知识论观点而言为最富于成果的问题。因为，自这里出发，吾人可以建立一条桥梁，把知觉的知识与严格科学的最高层次的概念构作，尤其是与
75 数学中的“群”概念（Gruppenbegriff）联结起来。

就此场合而言，科学只于如下一点上（这固然为非常重要的）与知觉相区别，盖科学要求一严格的确定（Bestimmung），而知觉却满足于一单纯的估计（Schätzung）。① 要达到此一目的，一独特的和崭新的方法是必须被发展出来的。科学以纯

① 详细讨论可参见作者文章“群概念与知觉理论”(Le concept de groupe et la théorie de la perception), *Journal de Psychologie*, 1938, pp.368–414。

粹的数字概念，或者说，以一些物理常数和化学常数去对事物之“本质”作出决定，而这些物理与化学常数是独特于每一事物种类的。为了要建立一个系统网络（Zusammenhang），科学以一些固定的函数关系或一些方程式去把这些常数连结起来，这些函数关系和方程式让我们知道某一个数值是如何地被决定于其他数值之上。这样，我们才终于获取了“客观”实有界巩固的架构；如是，一单一的、共同的事物世界乃被建构出来。然而，这一项成果却必须以一种牺牲作为其代价。吾人的事物世界乃彻底地被褫夺了灵魂（radikal entseelt）；大凡一切以某一方式令人联想到自我之“位格”的生命体验的，都不单只遭到压抑，甚至遭到排斥和消解。

在这样的一个自然的图像中，人类的文化是难以觅得一栖迟之所与归宿的。然而文化同时地又是一“交互主体之世界”（intersubjektive Welt）；此一世界并不在于“我”之中，而是对一切主体来说都开放的，而且是所有主体所应该参与的。然而，这一种参与之方式却与物理世界中的所谓参与迥异。与其共同地关联于事物的同一的时空世界，众主体却参与于一共同之行动，并因此而互相统一起来。借着此一行动之共同参与，众主体乃互相认识，并且于那构成文化的各种不同的形式世界的介质中彼此了解。自一“我”过渡至于一“你”这第一步和这关键性的一步，亦得由感知踏出。然而，正有如感觉或单纯的“印象”对于构成对象知识为不充分一般，那被动的表达经历对于自“我”到“你”之过渡而言也是不充分的。真正的“综合”只有到了一主动的交流之层面方能成就，这种主动的交流（aktiver Austausch）最典型地表现于每一种语言层面的“沟通”（sprachliche “Verständigung”）之上。

吾人此中所渴求的恒常性并不是性质上的或法则上的恒常性，而是一意义上的恒常性。文化发展得愈是进步或其涉及的个别领域愈是繁多，则此一意义的世界便愈显得丰富和多样化。吾人是生活于语言之言辞中的：这或许表现为诗歌
76 与造型艺术之形态，或者表现于音乐之形式，又或表现于宗教构想的图像或宗教的信仰之中。只有在这些表现形式中，吾人才能彼此“了解”对方。这种直观性的认识尚未具有“科学”之特性。我们并不有待于语言学或语法学，便即能于交谈中互相理解；而我们不必需要有美术史和风格理论之认识，便即能具有“发于自然”的艺术感受。然而，这种“发于自然的”（natürlich）理解很快便濒于穷尽。正如那单纯的感性知觉鲜有能刺透宇宙深邃的穹苍一样，我们也很难单凭着直觉之成素窥探到文化之深奥。在第一个和第二个场合里，我们所能掌握的，都只是一些近在当前的事物；那遥远中的一切，都迷失于暗晦与重雾之中。而就在这一关键上，科学展开其功用。

科学之所以能克服那遥远的领域，是因为它把其自身提

升到普遍法则知识的层面上去，而对于此一法则而言，“近”与“远”根本上是没有分别的。科学自一些吾人能就近吸取的观察开始。例如说：科学从物体的自然下跌运动之规律出发，而可以推而广之，并引申至那充塞于宇宙之整体的万有引力定律。

这种形式的普遍性乃是人文科学所不能企及的。人文科学是无法否认其拟人主义（Anthropomorphismus）和人类中心主义（Anthropozentrismus）色彩的。其对象并不是如此的这一世界，而只是世界的单一范围，而这一范围自纯粹空间观点之下看来，简直是微不足道的。人文科学固然是踯躅于人间世界之中，并且固然因此而囿于尘世的存在的狭窄的限界之中，却因此更为坚决地要遍历那一赋予给它的领域。它的目的并非法则的普遍性；然而亦不是事实与现象之个别性。相对于此两者，人文科学有着其独特的认知上的理想，它所希望认识的，乃是*形式的整体*（die Totalität der Formen），而人类的生命即是在这些形式之中展开的。这些形式是无限地分殊的，然而却不因此而失去其统一的结构。因为，归根结底而言，这都是文化的发展过程里以千般彰显方式和千般面目展现出来的“同样”的人类而已。这一同一性是不能被吾人透过观察、衡量与量度而获得的；同样地，也不能由心理学上的归纳方法而获得。除了透过行动之外，此一同一性实无其他证立之途。我们必须要主动地进入一文化之殿堂，这

一文化才会为吾人开启；而这一迈进是并不单限于当下之现在的。在这一场合里，所谓时间上之分别，或那“较早”与
77 那“较迟”之间的分别，也都一样地成为彼此相对了，这正有如在物理学与天文学的观念中，那些空间上的分别，或者说，那“这里”与“那里”之间之分别是彼此相对的一般。

自然科学与人文科学这两种不同的学问功夫，其实都涉及一高度精巧与繁复的概念转接（begriffliche Vermittlung）。这一概念转接在一种情况中表现为事物概念和法则概念，而在另一情况中则表现为形式概念与风格概念。在这一过程中，历史知识乃是一不可或缺的成素；然而它本身却不是一本有目的，而只是一手段。

历史的职责并不单单在于教导吾人认识过去的或既往的存在与生命，而更在于教导吾人去诠释之。倘若除了重现性之记忆力之外再没有其他“力”在作用于其上的话，一切单纯为有关“既往”(Vergangene）的知识对吾人而言都不过有如“黑板上的静止图像”一般。吾人借着记忆（Gedächtnis）而记取的事实与事件之历程，若果要变为一些历史回忆(historische Erinnerung）的话，则吾人必须把这些记忆与吾人的一些内在心境（unser Inneres）关联起来，并把这些记忆转化为一些内在心境。兰克（Ranke）曾经说过，历史学家的真正使命乃在于去描写“那曾经实在发生的”。然

而，即使吾人接纳这一番话，则我们仍当指出：那所谓“曾经”(Gewesene）在历史的观点上看必须具备一崭新的意涵。① 历史并非单纯地只为一年表（Geschichte ist nicht einfach Chronologie）②，而历史时间也不是客观的物理时间 ③。对于历史学家而言，那既往的并不像对自然科学家而言地为“过去”(vorüber)；“既往”具备着，并且保有着一很特别意义的“现

① 所谓“既往”(das Vergangene, die Vergangenheit）与所谓“曾经”(das Gewesene, die Gewesenheit)，是有着极大的分别的，这一点，海德格尔早于卡西尔写本书之前论之甚详。在海德格尔，简略言之，“既往”与“曾经”乃是广义言之“过去”的两种不同的模态。所谓“既往”者，是对一些活在非真实心境中的，只顾每一当前事情的人而言的。因为所谓“既往”，就是一些早已被“遗忘”了的，早与当事人当前的生命与心境失去了联系的，或某一意义地为早已逝“去”了的（德文 vergangen 乃 gehen［去］的过去分词）经历。而所谓“曾经”，其意义却丰富得多，当吾人把以前的事物了解为一些“曾经”时，这即是指：在一真实的存在心境之中，吾人为求掌握未来的可能性而作投射性的安排（Entwurf）时，当下的每一瞬刻固然是要充分掌握，而以前的一切经验亦弥足珍贵，盖“以前”并不是一些与当下断裂的“既往”，而是对当下而言的一些珍贵而且无法磨灭的和继续不断重复地(wiederholend）弥留的“曾经”。从德文语法上看，“gewesen”乃是“sein”(to be）的过去分词，而于使用时，必与现在时结合，例如现在时的“ich bin verliebt”(我在恋爱）的过去时即可为“ich *bin* verliebt *gewesen*”，换言之，以前的恋爱经验，对于当前存在的我（ich bin）而言，是一些“曾经”(gewesen)。(又按：“Das Vergangene”或“Die Vergangenheit”英文一般翻译为“past”或“by-gone”；“die Gewesenheit”一般译为“the character of having been”或“By-gone”。）参见 Martin Heidegger, *Sein und Zeit* 12.unveränderte Auflage（Tübingen: Niemeyer, 1972), pp.325–329, p.393。不过应注明，“曾经”与“既往”这些概念上的细节，在卡西尔本书的理论表述中，区别并不明显。——译者

② 历史不就是年表（编年史）这一观念，海德格尔《存在与时间》一书亦曾指出，参见 *Sein und Zeit*, pp.418–419。——译者

③ 请参见海德格尔少作“历史科学中之时间概念”(Der Zeitbegriff in der Geschichtswissenschaft, 1916)，收于 Heidegger, *Frühe Schriften*（Frankurt/Main: Klostermann, 1972), pp.355–375。——译者

在”(Gegenwart)。

一个地质学家可以为我们报导一些有关地球过去的形态；一古生物学家可以为我们讲述一些已绝迹的有机品种。这一切于过去皆“存在”过（All dies “war” einmal)，而其存在与其性质都不能再次更新的了。

然而历史却从来不志在只为吾人展示一些纯属既往的存在；它是要教导吾人去理解那过去的生命。历史虽然无法把这一生命的内容翻新；然而，它却力图保持此一生命的纯粹形式。而人文科学所塑造出来的种种不同的丰富的形式概念与风格概念，归根结底来说，都不外是为了这一番使命而已：只有这样，文化的复苏与“再生”(Palingenesie）方为可能。我们自既往所实实在在保留下来的，乃是一些历史的陈迹：是一些记诸语言文字的、表诸图像与器皿的“纪录”(Monumente)。这一切若要成为吾人之历史，则吾人必须能够晓得自这些“纪录”中发见一定的“符号”(Symbole)，这些符号不单只能教吾人认识到某一些生命的形式，而且更能协助吾人重新缔造之。

二

78 任何理论，如果它要捍卫风格概念于逻辑上的自律性的话，则它必须面对19世纪自然主义对这一种自律性所发动的攻击。丹纳（Hip-polyte Taine）[1]即尝试就风格概念的所有特性提出了一些最为精审和最为一贯的质难。最令人侧目地，丹纳并不单单停留于讲理论的层面之上，而却直接地把理论付诸行动。在他的《艺术哲学》(*Philosophie de l'Art*）和《英国文学史》(*Histoire de la Littérature Anglaise*）中，丹纳以极为精审的方式陈述了他的基本论点。他以一套几乎涵盖了美术史和文学史所有重要阶段的材料为基础，援引论据以证明说：文学与艺术学若要成为可以用真正的科学方法去处理的话，则它们首先必须放弃其所宣称的一切特殊地位。它们自任何角度都再不可以自以为与自然科学有所区别，而必须全然被溶化于自然科学之中。由于一切科学上的认知皆是关乎因果之认知：所以，正如根本没有所谓两种不同层面的因果系列（即一“精神性”的和一“自然性”的因果系列）[2]一般，于自然科学之外也根本没有另有一“精神人文科学”(Geisteswissenschaft）这一回事。丹纳在《艺术哲学》中申论说：

① 丹纳（1828—1893），19世纪后期的法国哲学家与文艺评论家，基本上采取实证主义立场去讨论艺术及其他人文科学问题。主要著作有 *La Fontaine et ses Fables*（1853）；*Histoire de la Littérature Anglaise*（4 volumes，1863–1864）；*Philosophie de l'Art; De l'Intelligence*（1870）；*Les Origines de la France Contemporaine*（1876–1899）等。——译者

② 倡举所谓“两种因果系列”之说法者，近世当首推康德。参见其《实践理性之批判》(Berlin: de Gruyter，1968)，p.55。——译者

> 我即将要讨论的，乃现在于所有人文科学中开始取得领导地位的那一方法。这一方法旨在把人类的种种创作，尤其是艺术作品都视为一些事实和产品，而吾人所必须指出和研究的，乃就是这些事实和产品的特征与原因；除此之外，即无其他。科学是既不会作出谴责，又不会作宽恕的；它只作出确定和予以解释……此一科学（指人文科学）之操作方式正有如植物学一样。无论其面对的是橙树或月桂树，是松杉或是桦树，植物学都以一同等的兴趣去研究之。人文科学本身亦如某一意义的植物学一般，只不过其研究的对象不是植物，而是人类的作品而已。从这一角度看起来，它是符合于今日的一种普遍潮流的。今日科学研究之趋向，是要让精神人文科学向自然科学看齐，并且，借着以后者之原则与批判方针赋予前者，使前者获得同样的稳固性，和确保前者将能享有同样程度的进步。①

丹纳如何就上述提出的问题予以解决，这一点是众所周知的。倘若吾人要成功地把人文科学化约于自然科学的话，
79 则吾人首先必须尝试把文化历程（Kulturgeschehen）令人目眩的殊多性予以掌握。骤眼观察之下，语言、艺术、宗教，还有政治与社群生活看起来都不过是一些个别形态纷呈的杂多面相和无休止的更换。在这纷呈的诸面相中，没有一项是与

① 参见丹纳：《艺术哲学》，第一卷，第一章，第一节。

另一项等同的，而且没有一项会以同样的方式重演。然而，吾人实在不应该被这些缤纷耀目的内容迷惑。在这里，知识必须再重踏自然科学所曾经走过的路。它必须把事实化约为法则，和把法则化约为原则。这么一来，杂多性之表相骤然消失，取而代之，一种足能与严格的自然科学争一日之长短的规则性与单一性乃豁然而现。结果，无论是在精神心智历程中抑或在自然历程中，吾人都是面对着一些特定的固定因素，和面对不断地以同一种方式产生作用的一些根本力量（Grundkräfte）。丹纳说道：

> 有一系列的主要和普遍原因，而事物之普遍结构和事件之步伐乃是此一原因系列的成果。举凡宗教、哲学、诗歌、工业与技术，和社会与家庭之形式，都不外是此一普遍原因于各种事件上所留下之烙印而已。①

我们在这里并不打算追问，丹纳就他的有关严格的决定论（Determinismus）之论调到底提出了哪一程度的内容上的证明。②对吾人而言，此中所涉及的只不过是问题之逻辑

---

① 丹纳：《英国文学史》，导言。

② 这一个问题可参考作者著“文化哲学的自然主义基础与人文主义基础”（Naturalistische und humanistische Begründung der Kulturphilosophie），*Göteborgs Kungl. Vetenskapsoch Vitterhets-Samhälles Handlingar*，5e följden，Ser. A，Band 7，No.3（Göteborg, 1939）。

层面，也即是说，不过涉及丹纳所潜在采纳的概念，和他于诠释文化现象所提出的方法而已。如果丹纳是要忠于他自己的原则的话，则他便必须抱定宗旨，力求把“人文概念”从“自然概念”中推衍出来。他必须能显示出前者是如何地衔接于后者并可自后者导生。丹纳就有关人文科学的诠释基础而提出那一有名的“三连合”(Trias）时，他正自以为已经达到了上述目的。这些诠释基础：种族（Rasse)、社会环境(Milieu）和决定要素（Moment）等概念，在任何一个角度看起来，都无法越出吾人就自然科学所能掌握的范围之外。然而，另一方面，这些概念其实早已隐含了吾人要导生那即使为最复杂的文化现象时所需要的所有内容。这些概念满足了一双重的条件，它们一方面显出一极为单纯而不可争辩的具
80 体内容，而这内容却同时可以作出极不寻常的变化，并于那最为繁杂的应用个例中以同样的方式一再重现。在他具体的有关个别例子的陈述中，丹纳以极为精巧和令人激赏的方式，把他用以作为解释基础的一固定的图式予以活化了，并为这一图式赋予了极为丰富的直觉内容。

然而，倘若吾人追问到底丹纳因何能有这一番成就，则我们将发现此中涉及一非常奇特的，而且就方法学而言为非常复杂的关系。因为，此中吾人一直都在不知不觉中被带引到一个地步之上，在这里，丹纳的解释样式某一程度而言将会辩证地过渡到其自己的相反面。

我们可以借一个独特的例子以说明这一情况：丹纳就有关17世纪荷兰绘画之描述这一例子。丹纳一本其一贯宗旨，从那些“普遍”的原因着手。荷兰乃是一片由冲碛运动所造成的土地；它是由许多巨川所带来的土壤于河口沉积而成的。这一个地理特征结果使荷兰这一国家乃至其居民之基本性格获得了决定。我们当前便看到荷兰人生长于斯的气候和周遭，也便能理解到这一周遭是如何必然地影响并决定了荷兰人的躯体上的和道德心智上的特质。而荷兰艺术便不外都是这些特质的一自然的和必然的表达（Ausdruck）与模印（Abdruck）而已。

顺此观察，除了思辨的和属于观念上的美学之外，吾人实可有一唯物的和属于自然主义的美学——换言之，于一“发乎上的美学”（Ästhetik von oben）之外，吾人可有一“发乎下的美学”（Ästhetik von unten）。此中，在概念严格性的要求之下，吾人必须循序渐进，原因系列之连续性是不容被中断的。在任何情况下，自“躯体”层面往“精神心智”层面之跳跃都是不可能的。我们必须自无机世界通到有机世界，自物理学通到生物学，再自生物学递进至专门的人类学上去。这么一来，我们大致上已经抵达我们的目的；因为，当我们一旦认识到什么是人，我们便也同时理解到人类所具有的功能。

这一套方案无论在任何角度看起来，都是充满着允诺的——然而，丹纳是否已把这一套方案贯彻实行了呢？他是否真的逐渐地从物理学提升至植物学与动物学，乃至于解剖学与生理学，并再臻于心理学与性格学的层面，以便于此一层面中对各种独特的文化现象予以解释呢？如果我们仔细地观察一下，则我们会发觉情形并不如此。丹纳起初先以自然科学家的口吻开始申论，然而我们可以感觉到，
81 他讲这一套科学语言实在讲得不够道地。他的申论愈是发展到后来和愈是接近于真正具体的问题时，便似乎愈觉得有一迫切的需要以另一种概念语言去思想和陈述。他无非是以一些自然科学的概念与名相为出发点，然而他在工作过程中，这些概念与名相都经历了一至为独特的意义转变(Bedeutungswandel)。

当丹纳在谈论希腊的、意大利的和荷兰的山水风景时，倘若他要坚持其一贯的方法的话，则他便必须就这些山水风景的“物理学上的”特征作描述，换言之，必须以一地质学家或地理学家的身份去对这些山水作描述。平心而论，丹纳的描写其实并不缺乏这一类的开端。但是，我们很快便发觉丹纳在谈论完全另外的一种特征，这一种特征与一般所谓的物理上的特征（physische Charakteristik）迥然不同，我们大概可称之为一种“风水相学上的”(physiognomische）特征。山水风景有时被称为阴黯或明朗，有时被称为严峻或明媚，有时又被称为细致或超逸。凡此种种，显然都不能透过自然

科学观察之途径而决定的，而都是一些纯粹的表达性特征（Ausdrucks-Charakter）。只有透过这些特征，丹纳才可以缔造出一条通往希腊、意大利和荷兰艺术的桥梁。

当丹纳愈向真正的人类学问题迈进时，上述的一种情况便愈明显了。他的论点扬言要为每一个重要的文化阶段关联于某一特别的人间样板（Menschentypus），并申明要自各个别的人间样板去导出其相应的文化阶段。于是，他便或必须指出，希腊人由于其种族和由于某一些由其种族而引出的物理上的特殊决定条件的缘故，非要成为荷马诗歌和帕提侬神殿支柱中楣（Parthenon-Friese）的创造者不可，同样地，英国人终究必须成就伊丽莎白女王时期的戏剧，而意大利人也必须成为《神曲》（*Divina Commedia*）或西斯廷教堂（Sixtinische Kapelle）的缔造者。然而，丹纳却回避了这一些引人疑窦的构想。

在这些问题的处理上，丹纳同样地，在经过短暂地尝试了以自然科学的概念去申论之后，便很突然地转而使用他那富于表达的语言了。与其依傍于解剖学与生理学之上，丹纳倚仗了全然不同的另一种认知方式。自逻辑的观点看来，这或会显得是一种倒退，甚至显得是一种矛盾；然而，自他的真正的工作目的的观点看来，这甚至是一种决定性的胜利。因为只有如此，那枯涩的逻辑图式——那种族、社会环境、决定要素等之图式——方能获得色彩与生命。人类个体不单只获得了其合法地位；它甚至被宣示作为一切人文历史省察的中心点。“一切事物莫不透过个体而存在，吾人所要认识的，实乃个体自身。”(Rien n’existe que par l’individu; c’est l’individu
82 lui-même qu’il faut connaître.）只有自个体的观点去观察，一个时代的艺术生活、社群生活和宗教生活之特色方会显露出来。丹纳说：

> 教条（Dogma）并不是一些在其自身之事物；倘若我们要理解一教条的话，那么就请看一看造就此一教条的那些人们吧——看一看16世纪的这一幅或那一幅画像，看一看一个大主教或一个英国的殉道者那严峻而充满活力的脸容吧。只当历史学家越过了时代的阻隔，把一些活生生的人物，把他们的音容、他们的举止与衣冠都展现于吾人面前的条件之下，真正的历史方会于吾人面前跃现。①

对于丹纳而言，这些具体的有关个别人物的认知(Menschenkenntnis）②实在乃是一切人文历史工夫的全部。然

① 参见丹纳：《英国文学史》，导言。

② “Menschenkenntnis”一概念，除了卡西尔此中之用法外，一般所指者乃是一种很特别的对“他人”(die Anderen）的认识态度。中译大致上可译作为“知人学”。在这一态度之下，“他人”乃是吾人之观察与认识之对象。经过一些对他人的经验观察之后，吾人乃某一意义地看透了其可能的反应，并因（转下页）

而，吾人到底从哪里可以获得这些认知呢？此中，丹纳的基本论点是：一切文化皆为人类之产品，只要吾人对人性予以洞察的话，则一切其他问题亦皆可获完满解决。丹纳这一种论调乃是我们所不置疑的。然而，于哲学史上就有关自由之思想宣扬最有力的康德，便曾经指出说，假使我们真的完全地认识了一个人的经验性格的话，则我们依理便应该能够绝对准确地预测这一个人未来的一切行为，一若一天文学家之能预言日蚀或月蚀之现象一般。[①] 若果我们把这一问题自个别层面转移到一普遍层面上去观察的话，则我们可断言说，只要我们一旦认识到 17 世纪的荷兰人的性格后，则其他一切便亦将了然。我们将可以自此一知识之基础上演绎得到一切文化模型，换言之，我们将便能够理解荷兰之所以和因何在这一时期中产生了一政治生活和宗教生活的变更，为何引发了经济上之蓬勃，为何经历了思想自由的滋长和科学与艺术上的黄金时期。

然而，即使我们能够看透此中的因果关联，我们还是不

（接上页）而懂得如何于利害之际予以利用或懂得如何与之“周旋”(mit ihm rechnen)。在这一态度下，个人与他人之关系实非一目的与目的之关系，而是一目的与手段之关系。人性由此而普遍地趋于“物化”。这一种对“人”之基本了解与康德所谓的人应具有道德性格一态度有根本之分别。此一课题可参见 Hans-Georg Gadamer，*Wahrheit und Methode*，4. Auflage，(Tübingen: Mohr，1975)，p.341。——译者

① 参见康德：《实践理性之批判》，*KGS*，Band Ⅱ，p.99。注意：康德此中用的是虚拟语气。——译者

能回答我们的逻辑上的基本问题的。因为逻辑并不关心事件的实在基础，而只关心其认知基础。因为，逻辑的真正使命乃是要知道，假如我们对作为文化的承载者的人类能有所认识的话，则此一认识之样式（Erkenntnisart）是怎样的？然而，丹纳和他的陈述显出了一项至为独特的扭转。无论是古
83 代的希腊人、文艺复兴时期的英国人或 17 世纪的荷兰人，丹纳对他们的知识都并非全自历史资料中去获取。同样地，他也并不全依赖于自然科学的观察与推论，又或是心理学实验室的资料。正如他所强调一般，这一切都只能达至于个别的描述，而都不能有助吾人掌握一有关人类底实在的整全图像（Gesamtbild）。那么，丹纳如此清晰地呈现于吾人面前的而且视之为一切解释之真正根据的此一整全图像的基础到底在哪里呢？

为了免于附会曲解丹纳之嫌疑，我们在这里最好还是引用丹纳自己的语言去回答如上的问题。丹纳曾经提出疑问说，吾人自何处获得有关 17 世纪的佛兰芒人（Vlamen）一些准确知识，以至于几乎使吾人自以为曾经与他们一同生活过一般呢？到底是什么使吾人有与这些佛兰芒人如此熟络的感觉？对这一问题，我们的答案乃是：这都因为鲁本斯（Rubens）首先以这一种眼光去看佛兰芒人，借着鲁本斯的笔触，他所看到的图像便从此深深地而且不可磨灭地烙印于吾人心中，而决定了我们今天对佛兰芒人的看法。然而，丹纳就这一问题有更进一步的

阐明。他不单只申论说鲁本斯亲睹了（vorgefunden）和于他的画艺中捕捉了并保存了佛兰芒人的这一种样板（Typus），而且更力持说鲁本斯创造了（geschaffen）这一形象。这一形象是不能借着直接的自然观察而获得的，也不是透过单纯的经验上的比较所能掌握的。因为，实在没有一个“真实的”低陆国国民（一般称的荷兰人）具备着鲁本斯所希望传递的或其已为吾人传递的性格的。丹纳乃说道：

> 你们且到佛兰德斯地方去走一趟，看看当地的风土人情，在根特（Gent）或安特卫普（Antwerpen）的节日中领略一下他们的欢乐和愉悦的时刻。你们将会遇到一些善良的人们，他们无忧地吃喝，宽容而淡泊地在抽着烟，他们做事迟缓，神情冷淡而不动容，线条粗犷而不规则，如同特尼尔斯（Teniers）笔下所画的一样。至于鲁本斯的“年市图”(Kirmes）中所画的充满活力的角色，是根本无法找到的。鲁本斯显然自另外一根源创造出这些形象。而他们这典范其实是出自鲁本斯自己的心境之中。他本身深深地感受到那放浪的生命，那精神洋溢、豪迈不羁和毫无羞赧的感官满足以及那野性的快乐的壮阔的展现和令人情怀激越的诗境。为了要把这一番感受表达出来……他乃以历来的画家从未之有的丹青妙笔，于他的“年市图”中，把人类兽性的令人惊叹的辉煌给

> 绘画出来。当鲁本斯于他的诠释中（Wiedergabe）把人体
> 84 各部之比例更改时，他是秉持着一单一而相同的意涵和秉持一特定的目的去从事这些更改的。借此，他希冀能把对象的一种基本特色（caractère essentiel）和他所构想的一主导观念（idée principale）显示出来。我们特别要留意这一番说法。此中所谓特色，其实就是哲学家们所谓的事物之本质（l'essence des choses）了。在这里，我们并不打算细谈所谓本质这一个专门名词。我们只希望借此而指出：艺术之职责，乃在于要把对象的一个基本特色（Grundcharakter）或其某一突出而触目的性质，一个重要的观点，又或，把对象的一根本样态给揭露出来。(L'art a pour but de manifester le caractère capital, quelque qualité saillante et notable, un point de vue important, une manière d'être principale de l'objet.) ①

如果我们就丹纳的理论出发点考虑的话，我们会发觉，上述所有就有关艺术对象之诠述根本上都充满了谜团。例如说，就某一特定的直觉对象而言，我们到底可凭什么方法去裁定其“本质”或其“突出的特色”是什么？此中，直截了当的经验观察显然无济于事。因为经验观察所提示的

① 丹纳：《艺术哲学》，第一卷，第一章，第五节。

种种特征，自经验之观点看来，其地位都是均等的：没有一种特征与其他特征相较之下是具有一本质优位或价值优位的。同样清楚地，一些静态的方法在这一场合里亦不能提供任何进一步的帮助。对丹纳自己来说，我们实在不能把鲁本斯在他的油画中所表达的低陆国人（荷兰人）之图像看作为经过数百次个别观察之余的一个纯粹的“平均图像”(Durchschnittsbild)。它并不出于直接的自然观察，而也不能借自然观察的方法而获得。它是出自艺术家的灵魂的；因为只有艺术家之灵魂才具有这一种能力，以这一种方式把那“本质的”自那“非本质的”析取，并把那“决定性的”和“驾驭性的”自那“偶然的”分离。丹纳说道：

> 在自然里，所谓特色只不过是较显著而已，然而在艺术领域中，特色是要被造成具有驾驭性（Dans la nature le caractère n’est que dominant; il s’agit, dans l’art, de le rendre dominateur）。此一特色构成了真正的对象，但是它却并不完整地构成了它们。在其他原因的参与决定下，此一特色的决定能力乃受到约束。它结果便不能完全清晰和完全可见地把其自身烙印于对象之上。人类由于感觉到此一空隙，为求予以弥补，乃发明了艺术。① 85

① 丹纳：《艺术哲学》，第一卷，第一章，第五节。

当丹纳写下这一段文字时，他是认为自己在任何角度之下看来都未曾逾越严格的自然主义理论的。然而，谁都可以一眼看出，这番话是在任何一套“观念论”美学中都可以找得到的，而且我们都可以见到，此中丹纳其实把他起先似乎要否定的一切结果都予以承认了。[1]结果，艺术还是被认为具有一种独特而富创造性的功能，而“本质的”与“非本质的”、“必然的”与“偶然的”之间的分别，其实都是建立在艺术的这一种功能之上的。艺术并不单纯地拱让于经验观察与庞大数目的个别例子，相反地，艺术一直在“作分别，作选择，和作取向”(unterscheidet，wählet und richtet)。

我们在这里所面对的所谓有关“本质”的知识，是不能透过自然科学的归纳方法而获得的。我们需要一些如荷马或品达，米开朗琪罗或拉斐尔，但丁或莎士比亚等人物来为吾人传递这一种知识。这些伟大的艺术家们，凭着其独到的直觉，为吾人捕捉了古代的希腊人和文艺复兴时期的意大利人和英国人的图像之基本轮廓。

很明显地，丹纳的思想为求达成一确定而具体的结论，必须提出一独特的循环论证。丹纳本拟从一自然力量之世界

① 此中最值得注意的，乃是丹纳基本上完全站于“模仿理论”(Nachahmungstheorie)的立场上说话的。他不单只要把诗歌吟咏、绘画或雕刻，甚至要把建筑和音乐都解释为一些“模仿性艺术”。这一套解释显然涉及一非常矫情的和牵强的构想。

去导生及解释艺术形式之世界。然而，他结果却要把这些形式以另一套名目重新引进来；因为，只有这样做，他才能够把一些他于理论陈构上必需要的分别标准引进于自然现象和自然原因的“恒常不断的系列”之中。

而这第一步对于所有继后的步骤而言，是有着决定性的意义的。因为这第一步一旦踏出，则严格的自然主义方法钢铁般的门禁便从此破败。丹纳从此乃可以自由自在地援用任何专断的假定和诉诸于一些“天真”的直觉了——而事实上，丹纳是深深地浸淫于其中的。渐渐地，什么地质学与地理学、什么植物学与动物学、解剖学与生理学，都被置诸脑后了。 86
当丹纳在谈论荷兰的自然景观时，他天真地把他从荷兰山水画中学回来的一切都用来形容这些景观了。而当他要谈论希腊人种的时候，他所仗以刻画这一种族的，并不是一些人类学方面的观察与数字，而是菲迪亚斯（Phidias）和普拉可西泰勒斯（Praxiteles）所留存下来的希腊雕刻。毫不惊奇地，这种观察角度说不定是可以被倒置过来的：自然之图像说不定基本上是来自艺术，并且是从艺术中得到其证立的，而只当人类借此而构成了自然之图像之后，人们才能从自然“导出”艺术。

我们此中所碰到的困难，其实指向一极为普遍的问题，这一问题乃是任何涉及人文科学的概念之使用或迟或早必要面对的。自然的对象似乎是直接地呈现于吾人当前。较为细密的知识论分析将会显出，如要决定此一对象，或者说，如要决定物理、化学与生物学之独特对象的话，吾人是需要极多和极繁复的概念的；然而，此一决定是朝向某一固定的方向而进行的：我们某一意义上是在不断钻研此一对象，务使愈来愈准确地去认识它。

然而，人文之对象是有待于另外的一种观察方式的；因为它正所谓好像是站在吾人的背后一般。骤眼看起来，一人文对象似乎是吾人较为稔熟而且是比其他对象为较易于接触者。因为，正如维柯曾经指出的一般：还有什么东西能较诸人类自己所造就的东西（即所谓文化）更能直接地和完全地为吾人自己所认识的呢？① 然而，似乎正好在这一关键上，我们发见了知识的一个限制，而这一限制又是极难以克服的。因为，理解之反省程序（reflexiver Prozeß）就方向上而论是与原生程序（produktiver Prozeß）相对立；此两程序是不能同时进行的。文化源源不绝地不断创造出崭新的语言符号、艺术符号和宗教符号。科学和哲学乃必须把这些符号语言的各

① 何谓一人文对象？一人文对象到底是否由于其与人之密切关系而较一自然对象易于为吾人所处理这一组问题，自维柯至狄尔泰以来一直是一热门课题。伽达默尔的 *Wahrheit und Methode* 就此一问题有极为深刻的见地。维柯本来持一态度，认为由于人文对象是某一意义地内在于人的创造能力中的，所以理应可成为一较为明晰的研究对象。经过一番申论后，伽达默尔乃提出一总结性之问题："那样的话，维柯那脍炙人口的公式到底是否正确的呢？……此中，那所谓的知识论上的简化性（Erleichterung）到底从何而来？其实会不会把事情弄得更复杂化（Erschwerung）呢？"参见 *Wahrheit und Methode*（Tübingen: Mohr，1975），pp.205–217，特别是 p.217。——译者

种成素分解出来，以便使其自身成为可以被理解。科学和哲学必须把那些透过综合而造就出来的以分解的方法予以处理。此中乃存在着一无休止的流动与回流。正如康德所说一般，自然科学教导吾人如何去拼阅（buchstabieren）现象，以便把这些现象诠读（lesen）为经验；[①] 而人文科学则教导吾人去诠释符号，以求使吾人能把隐藏于其中的内容揭示——也即是说，把这些符号所由出的生命再度展现于吾人面前。

① 参见康德：《纯粹理性之批判》，A314/B370–371。——译者

第四章　形式问题与原因问题

87 形式概念与原因概念构成了吾人对世界的理解所环绕之两极。吾人之思想倘若要臻于一固定的世界秩序的话，则上述两个概念都是不可或缺的。而此中第一个步骤乃是，先把直接呈现于吾人知觉之中的存在之杂多面相予以组织(gliedern)，并依照一定的状态，一定的类别和种别予以分类。然而，在这一个有关存在的问题（Frage nach dem Sein）之外，却另有一问题存在着，彼与存在之问题具有同样的根本性和同样的合理性，而这即是所谓变化的问题（Frage nach dem Werden）。我们不单只要问世界之“是什么”(Was)，而且更要问世界之“从何而来”(Woher)。

其实，这两个问题早于神话中已为人所知晓。神话所涵盖的一切如世界和神祇等，都是被置于此一双重的观点之下去观察的。甚至是诸神们，它们亦有着存在和变化（Sein und Werden）：因此，在神话式的神学（mythische Theologie）之外，我们尚有神话式的神统纪（mythische Theogonie）。在神话之外，哲学思维异军突起，构成了一种与神话相对立的、自成一格的对世界的认知方式。然而，即使在哲学思维的肇始阶段，我们即已发现了同样的分裂，而此一分裂很快便升级为一有意识的对立。当形式概念和原因概念尚未臻于一严格的理解之际，它们便已开始各走一端了。它们之间的斗争弥漫于整个希腊哲学史之中，并且构成了希腊哲学的独特的色彩。此中，“形式思维”① 与“原因思维”不单只分道扬镳，而且呈现为一双敌对的对立面。爱奥尼亚自然哲学家恩培多克勒（Empedokles）、阿那克萨哥拉（Anaxagoras）和原子论者（Atomisten）等人，他们所关怀的，乃是变化之原因这一课题。“认识事物之原因”（Rerum cognoscere causas）乃是这一番思维与研究工作的真正目的。德谟克利特曾经说过，若果他能够找寻到一惟一的“原因学说”（Aitiologie）②，则便更胜于能君临整个波斯王国。除了这一批关心生成（Entstehen）与变化（Werden）之基础或原因的“自然论者”（Physiologen）③ 之外，另外一群思想家却起而否定此一生成与 88

① 此中，所谓“形式思维”并非指日后逻辑思想作为形式思维的意思，而乃指柏拉图传统中有关不变之形式（μορφή）之思维学说。——译者

② “Aitiologie”来自希腊文“*αἰτιολογία*”，此中的“*αἰτία*”，即中世纪以后所谓“causas”。当然，希腊世界之“*αἰτία*”有原则、决定基础等涵义，其意义是否全与“causas”或“cause”吻合，是有疑问的。卡西尔所引用的关于德谟克利特的典故，可参见其《残篇》DK68B118 条，Diels/Kranz：*Die Fragmente der Vorsokratiker*, Band Ⅱ（Berlin：Weidmannsche Buchhandlung，1935），p.166。——译者

③ “Physiologen”应译作关于“Physis”也即“自然”的研究者。此一用法，最早可追溯到亚里士多德 φυσιολογόι 一概念。参见 Aristotle，Met. 986b14，990a3，1062b22；De An. 426a20；Phys. 203a17，203b16；Part. An. 641a7. Physiologoi 一用语不可译作 physiologists，以免与现代一般所谓的“生理学家”相混。Physiologoi 在亚里士多德以后还偶尔被使用，如 Empedocles，甚至康德都曾用过。康德在《第一批判》中常提到的 physiologisch 和 Physiologie 虽与亚氏所指者理论层次有别，但其之以经验自然为对象则一。参见康德：《纯粹理性之批判》，A845/B873。——译者

变化，并因此进一步把有关生成变化的原因或基础这一问题宣告为纯属一种自我幻相。柏拉图在《泰阿泰德篇》(*Theaitet*)中把巴门尼德描述为此一传统的宗祖[①]。柏拉图自己即以极为详尽和清晰的文字，就他自己本身思想上之发展，陈说了他如何历过了自“变化”至于“存在”，自“原因问题”至于“形式问题”此一危机。在《斐多篇》(*Phaidon*）中，柏拉图提到他如何向往阿那克萨哥拉的典籍，原因是阿氏书中提及所谓“Nus”，即作为世界之原则的所谓理性。然而，柏拉图很快便对阿氏感到失望；因为，与其找到他所要找寻的理性原则，他只发现了一机械式的原因。他乃必须另辟蹊径——而就这样地，他被带领到那理型国度（Ideenland）之彼岸。

亚里士多德系统似乎应允了就此一对立提出另外的一种消弭方法。亚里士多德力图与谈纯粹形式思维的思想家，也即是说，力图与爱利亚哲学家（Eleaten）和柏拉图相抗衡，重新对“变化”的地位予以肯定；因为亚里士多德抱有一种信念，认为只有透过这样的做法，哲学才可以离开一单纯的概念学说（Begriffslehre)，而成为一门涉及实有的理论学说(Lehre vom Wirklichen)。然而另一方面，他同意柏拉图，认为对形式之认知乃是一切有关世界的科学之解释的真正目标。结果，形式与质料，存在与变化，双方都必须要彼此嵌合交融，这样地，上述解释方为可能。这种交融的结果，乃产生

① 参见柏拉图：《泰阿泰德篇》，183 E。

了“形式因”这一个亚里士多德哲学中的独特概念。至于原子论者因努力求确立所谓“原因学说”而掌握住的“质料因”，便再没有能力去回答有关变化之“为什么”这一问题。因为“质料因”根本上不能说明是什么使得变化成为有意义，是什么使变化融合为一整全体。一整全体是不能由部分的机械式的拼凑而产生的。① 所谓真正的整全性（Ganzheit）乃是指：一切部分（Teile）都必须由一单一的目的所驾驭，而且这些部分都必须努力去实化此一目的。② 由于现实具有这一

① 卡西尔此中所谓整全体（Ganzes）其实即德国近世哲学中所言之“系统”（System）。系统是必须作为一整全体而存在的，它不能由一些先在的“部分”拼合而成，如是的一种拼合（Zusammenstückung）的结果，最多能成就一“集结”（Aggregat），而不能成就一“系统”或“整全体”。而一系统之为系统，正在于其“全体”优先于“部分”，此一优先性即表现作为德意志哲学“体系”中的一些所谓“原则”（Prinzip），如黑格尔的思辩（Spekulation）等即是也。有关“System”（Ganzes）与“Aggregat”之分辨，康德论之甚详，参见《纯粹理性之批判》，A832/B860，A645/B673，A429/B457，B112……另参见康德：*Prolegomena zu einer jeden künftigen Metaphysik, die als Wissenschaft wird auftreten können*，*KGS*，Band Ⅳ，§26，p.310。
此外，有关“系统”和“原则”之关系，参见 Walter Schulz，“Philosophie als absolutes Wissen：Hegels Systembegriff und seine geschichtliche Aufhebung”，收于 *Vernunft und Freiheit*（Stuttgart：Reclam，1981），p.54。——译者

② “真正的”系统，于“全体”和“部分”间这一种特殊关系，几乎可说必是封闭的（abgeschlossen，closed）。此中所谈的目的，必指一先在而纵贯一切部分之目的。除了亚里士多德哲学之外，黑格尔哲学中，这一意义的目的最为明显。译者 1976 年硕士论文“论黑格尔哲学中‘理念’之系统性与内在目的性”中，即求指出，黑格尔哲学之系统性格乃由“内在目的性”（innere Zweckmäßigkeit）所构成者。有关“内在目的性”，参见 G.W.F.Hegel，*Nürnberger und Heidelberger Schriften*，(hrsg.) Moldenhauer/Michel，*Werke*，Band. Ⅳ（Frankfurt/Main：Suhrkamp，1970），p.29；*Wissenschaft der Logik*，Band Ⅱ，*Werke*，Band Ⅵ（Frankfurt/Main：Suhrkamp，1969），p.440，476；*Vorlesungen über die Philosophie der Religion*，Band Ⅱ，(hrsg.) Moldenhauer/Michel，*Werke*，Band XVⅡ（Frankfurt/Main：Suhrkamp，1969），p.34。——译者

种结构，由于现实乃是一有机之存在和一有机之变化，它乃因此是可被科学概念与哲学知识所掌握的。对于科学和哲学来说，形式的原则和原因（理由）的原则是彼此重叠的，因为彼两者于目的原则之中得以结合。亚里士多德哲学中的“αἰτία”（原因）、“εἶδος”（形式）和“τέλος”（目的）其实不过是同一回事的三个不同的表式而已。

就这样地，亚里士多德哲学似乎已成功地不单只能使形
89 式概念和原因概念和解，而且更能使二者彼此交融了。有关形式之省察，有关原因之省察和有关目的之省察乃可以自一最高原则演绎而出。这可以说是亚里士多德哲学系统最伟大的成就了。因为如今哲学已获得一值得赞叹的有关世界之解释的统一性和自圆性（Geschlossenheit）。物理学和生物学，宇宙论和神学，伦理学和形而上学都被关联于一个共同的原因之上了。凭借着表现为一不动之动者（Unbewegter Beweger）的上帝，它们获得了它们的统一性。这一番成就只要一朝不遭受到怀疑，亚里士多德哲学就不会被真正地撼动。凭着这一番成就，亚里士多德哲学结果一直保持其祭酒地位，历数世纪而不歇。

然而，自 14 世纪以降，愈来愈多的征象显示，亚里士多德哲学的驾驭地位已开始受到挑战和打击。威廉·奥卡姆（Wilhelm von Occam）和他的学生们建立了一种对自然的新的观察方法，他们奠定了一套在许多地方都与亚里士多德物

理学相冲突的运动学说。在文艺复兴的第一个世纪里，出现了亚里士多德主义者和柏拉图主义者之间的一些漫长的斗争。然而，亚里士多德主义之崩溃既不是由辩证式的争论，也不是由经验的研究所导致的。只要亚里士多德的一个基本概念，亦即形式因这一个概念一朝稳据其中心地位，亚里士多德将继续屹立不倒。只当敌方将其攻击聚焦于这一点，方能击中亚里士多德哲学之要害，一举予之以掣肘。

这一时刻的来临，在于数学性之自然科学挟其种种申言而冒起的时期；在此时刻中，数学性之自然科学，不单只实实在在地要实现其知识上之理想，甚至要把此一理想予以哲学之证明。如今，原因此一概念经历了一种形变(Umgestaltung)，此一形变俾使并促使原因概念完全地自形式概念分离出来。因为，那在柏拉图哲学中尚且是完全属于“存在”范围的数学，如今已过渡到“变化”一阵营上去了。伽利略的动力学于数学形式中开启了变化之领域，并使得这一领域可循一严格的概念知识之途径去掌握。亚里士多德的形式因概念的种种申言乃都被宣告为失据了。只有那数学性的原因才是一真正的原因（*causa vera*）。亚里士多德哲学的形式，都不外是一些要摈于理论研究以外的“黯晦性质”(dunkle Qualitäten)。数学思维和“机械因果性”(mechanische Kausalität）的凯歌由是高奏，在这一胜利之旅中，数学思维和机械因果性乃把一个又一个的领域征服。笛卡儿援引哈维

（Harvey）① 有关血液循环之发现，以期显示出机械论之解释
90 方式之必然性。霍布斯（Hobbes）在提出哲学之定义时，便即已表明说，哲学之任务不只要确立原因概念之至高无上性，而且更要确立其为惟一有效之性格（alleinige Gültigkeit）。对于霍布斯来说，哲学就是“自一些后果或现象之原因或原则去获取关于这些后果或现象之知识”。一不变易的事物，一永恒的事物，诸如逍遥学派与经院哲学中的形式一般，是永不可能成为知识之对象的；它们只不过是一些空洞的言辞，是我们将要自哲学和自科学之领域中剔除掉的。

随着形式概念之排除，自然科学与人文科学之间的鸿沟却必须重新被检视。因为对于人文科学来说，形式概念一旦泯灭，则人文科学自身亦势将不能自保。吾人要于语言学、于艺术学以及于宗教学中认识者，其实就是某一些“形式”而已；而在吾人尚未能够回溯这些“形式”之原因之前，吾人实必须先对这些形式之纯粹结构有所理解。然而，原因概念之地位却绝不因此而遭受怀疑或歪曲；当另外一种知识上之要求起而与之抗衡之际，它乃受到了限定。如是，有关方法学上之竞争与对立，乃重新展开。在19世纪的哲学中，这些竞争与对立终于发展至最为尖锐的阶段了。

这个问题似乎终于在“历史唯物论”之世界观中得到了

① 哈维（1578—1657），英国剑桥大学的一位医生与解剖学家，发见了血液循环之现象。——译者

定论和最后的判决。这一世界观朝着历史发展这一崭新的基层挺进，此一基层使文化之种种果实一股脑儿都屈服于一严格的因果性观察之下，而且，看来只有这样，这些文化果实方可被了解。这些文化成果并没有一自足的地位；它们只不过是所谓“上层建筑”(Überbau)，而“上层建筑”是要建基于另一个较低层的基础之上的。我们只要一旦达到了此一基础，则我们便将会认识到，经济现象与趋向乃是一切历史动向之真正推动力，如是地，一切骤似之二元论乃都被摒除，而统一性亦被重新地建立起来。

如果人文科学要攻击上述这一项决定的话，则人文科学便实在是在面临一项困难的工作。因为，相对于数学、力学、物理学和化学而言，人文科学到底能提供一些什么呢？人文科学作出的所有攻击是不是都必然地会被数学性之自然科学的方法论钢铁般的防御外壳所反弹呢？那清楚而明晰的概念的逻辑是否毫无疑问地站在自然科学的这一面？而人文科学是否便必定非要建基于一些纯然为不确定的，纯属感觉性的
倾向呢？其实，人文科学要不是自另一方面得到了一些意外 91
助力的话，它是势难参与角逐的。自然科学只要稳站于其“机械论之世界观点”的基础之上，则此一世界观的绝对霸权是难以被击破的。然而，此中产生了一奇特的发展，此一发展导致了自然科学知识领域中的一种内部危机，最后并引发了自然科学的一个“思维方式上的革命”。自从踏入了20世

纪以来，这一项发展更日趋明显。渐渐地，它波及了物理学、生物学和心理学。

这一番转变亦是从形式概念出发的；然而，此中所谓的形式概念并不是传统亚里士多德哲学中的所谓形式。简单地说，此中最主要的分别乃是，亚里士多德的形式概念中，“整全性”这一成素虽仍可被保留，但其中“目的活动性”(Zwecktätigkeit) 一成素却再不能被保留下来了。亚里士多德哲学是以一“拟人”(anthropomorph) 的方式而展开的。他自人类的有目的之行为出发，而把这一种观法放诸整个自然之省察中。当一个建筑师要建造一房子时，“全体”是先于它的个别“部分”的；因为，一计划、一设计或那房子的形态这一构想必定先于个别细节之实行。就此亚里士多德乃作出推论说，在我们能就这一种先在性（Priorität）予以确定的任何场合中，我们都必须假定一目的性的活动。他甚至认为，在自然的变化中，他到处都可以找到上述一推论之前提之确证。因为，一切变化都是有机变化，都是自“可能性”到“现实性”之过渡，都是一原始机能之展开，此一原始机能（ursprüngliche Anlage）先作为一统一性与整全性而存在，然后开展而成为其部分。

数学性的自然科学尖锐地攻击了这一种“拟人论”(Anthropomor-phismus)，而且绝不容许重蹈其覆辙。但是，虽然那决定一目的的和依目的而活动的力（Kraft）之全部会

因此而崩溃，但是，整全性之范畴（Kategorie）却不然。机
械论放弃了这一范畴。它是循一分析的途径而展开的；机械
论申明说：一整全体之运动若要被理解，则我们必先要能
够把此一运动分解并且完全地化约为其最终极的基本部分
上去。拉格朗日（Lagrange）[1]的《分析力学》（*La Mécanique
analytique*，1788）乃是实践此一番方案的一项最辉煌的尝
试。自哲学的观点看，拉格朗日的《分析力学》似乎必然地
包含了后来的所谓拉普拉斯精灵（Laplacescher Geist）这一理
想，对拉普拉斯（Laplace）[2]来说，只要吾人把某一瞬刻下的
一切质量点（Massenpunkte）之位置和这些质量点的运动之
法则都全盘掌握了之后，则吾人将能从任何角度都透彻地看
穿整个世界的发展历程了。在其发展过程中，古典物理学和 92
质点力学（Punkt-Mechanik）面临一些问题，这些问题是不能
借这种方法解决的。古典物理学必须下定决心去修改其概念
设备（Begriffsapparat），此一固有的概念设备对“每一全体
都必须被了解为其部分之总和”这一假定愈来愈置以疑问了。
法拉第-麦克斯韦的电磁场之概念（Der Faraday-Maxwellsche
Begriff des elektromagnetischen Feldes）就此一问题而言已作了
第一个决定性的扭转。魏尔（Hermann Weyl）在他的《物质

① 拉格朗日（1736—1813），法裔数学家和物理学家。——译者

② 拉普拉斯（1749—1827），法国数学家与天文学家，曾提出有名的“星云说”（nebular hypothesis）。——译者

是什么?》(*Was ist Materie?*) 一书中即陈述了古老的"实体理论"(Substanztheorie) 如何地被现代的"场论"(Feldtheorie) 取代。魏尔认为这两种理论之间真正的和于知识论上为重要的分别乃是:所谓的"场",是再不能被理解为一单纯地由部分组合而成的结集(Aggregat) 或一单纯为递加总和性的全体(summatives Ganzes)。"场"并不是一事物概念(Dingbegriff),而是一关系概念(Relationsbegriff),它并非由件块(Stücke) 所拼组而成,而是一系统,是一力线之整全体(Inbegriff von Kraftlinien)。魏尔说明:

> 对于场论(Feldtheorie) 来说,物质的粒子(例如电子) 只不过是电场的一个很小的范围,在这一范围中,场的强度达到了一极高的值,结果,在一最小的空间中,浓缩着极为庞大的场的强度。这一种世界图像是全部建立在一连续体(Kontinuum) 之上的;甚至原子和电子都不是一些终极不变的和被那外临的自然力量所到处挪移的成素,原子和电子本身亦是持续地伸展的和服从于一些细密和流逝中的种种变化的。①

在生物学的发展中,这一种反归于整全性概念

① 参见魏尔:《物质是什么?》(Berlin,1924),p.35。

(Ganzheitsbegriff) 的现象较诸物理学的发展更为明晰。有时候生物学中这一种趋势甚至发展到似乎要把整全性此一概念全面地回复到其于亚里士多德哲学中的原始意义一般。生机论运动在第一印象下看来其实不外就是一亚里士多德哲学之复苏。是一求把生物学回溯于其最早的开端的一次尝试。杜里舒的“隐得来希”(Entelechie) ① 概念无论就名目上看或就内容上看，都是直接关系于亚里士多德的。然而，如果我们细察过去几十年生物学思想的整个发展，则我们将会认识到，即使在生物学里，无论其与亚里士多德的形式概念是如何接近，此一概念本身在生物学领域中毕竟还是产生了类似于物理学领域中一般的分化和割裂。整全性这一范畴现在再 93
不全然与目的这一范畴吻合，反而开始与之决然分裂。在生机论运动最早的开始阶段中，形式问题仍然无分别地与原因问题合流。结果，这使得吾人认为：若要对这些问题作公平合理的处理，则吾人便必须于无机世界之现象中所发现之“因果性”之外，去找出另外的一种“因果性”。每当我们面对生物学世界中涉及某一些形式特质的复元 (Restitution)

① “隐得来希”一字源于亚里士多德哲学中的“ἐντελέχεια”，基本意思是指“存在之持有目的”。读者可参看陈康就此一概念于亚里士多德哲学中之意义所撰写的论文：“亚里士多德哲学中‘哀乃耳假也阿’(Energeia) 和‘恩泰莱夏也阿’(Entelecheia) 两个术语的意义”，以及“亚里士多德的两个术语 Energeia 和 Entelecheia 之异同”两文，均收于《陈康哲学论文集》，江日新、关子尹编，台北：联经出版社，1985。——译者

或再生（Regeneration）现象，或涉及这些形式特质之自固（Behauptung）或再植（Wiederherstellung）现象的时候，我们都由此而推论说这是由于一些“力量”使然，并要指出这些“力量”是与机械性的力量迥异，并且是较之为优越的。

杜里舒使用了复元（Restitution）和再生（Regeneration）这两个现象去为“生命力”（Lebenskraft）这一概念赋予新意。对于杜里舒来说，心灵再度成为了“基本的自然因子”。它并不隶属于那空间世界，但却能产生及于空间世界之中的影响。① 隐得来希是不能创造出任何“强度差异”（Intensitätsdifferenzen）的；然而它却具有一种能力，这就是：当这些强度差异是已存在的话，隐得来希可以把这些强度差异予以“冻结”（suspendieren），也即是说，暂时对其影响力予以抑制。就这样地，杜里舒乃相信他可以使他自己的基本构想与“能量不灭定律”取得协调，并且认为，在引进了他的崭新的“心灵力量”（Seelenartige Kraft）之后，自然界中纯粹物理学上的力的平衡是不会受到更改云云。② 然而，杜里舒

① 这一点与康德的意志理论在某一程度上是可以互为印证的。当然，康德并不肯定一自然意义的心灵。但当康德言及纯粹之道德实践时，于提出了有名的三大设定——灵魂不朽、自由意志、上帝存在——之余，特为意志自由这一设定赋予一特殊地位。其理由即在于看到“自由乃是惟一一个属于超感性领域的概念……而能证明其能够于自然之中有其客观实在性的”。参见康德：《判断力之批判》，*KGS*，Band V，§91，p.474。此外参见《实践理性之批判》，*KGS*，Band V，pp.4、65、67、103。——译者

② 参见杜里舒：《心灵作为基本自然因素》（*Die Seele als elementarer Naturfaktor*，1903）；《有机世界的哲学》（*Philosophie des Organischen*），Ⅱ，pp.222ff. u. ö.。

的学说基本上和始终都是一纯粹形而上的理论；杜里舒的学说原本是站立在一经验之基础上的，但却很快便违背了这一经验基础。

现代生物学结果没有追随杜里舒这一条道路，然而亦同样没有回归到单纯的“生命的机械理论”（Maschinentheorie des Lebens）之上。现代生物学借着就此一问题纯粹方法学层面日益深入的反省，而避开了上述两个极端。对于现代生物学来说，首要的问题并不在乎那些有机的形式是否可以透过单纯的机械力量予以解释，问题之真正重点是在于要指出，这些有机形式是不能由单纯的原因概念完全地予以描述的。为要证明这一点，现代生物学乃回溯于“整全性”这一概念。

要了解这一问题当下的发展情况，贝塔朗非（Ludwig von Bertal-lanfy）最近有一就理论生物学的一个总结性的综览。[①] 贝塔朗非强调说，对每一门自然科学而言，概念 94
澄清方面的进步之必要性绝不亚于事实知识方面的进步之必要性。而贝塔朗非认为在概念方面最为重要的一项进步乃是，生物学已经学习到如何能严格地贯彻其整全性观法（Ganzheitsbetrachtung）而不至于蹈入目的性观法（Zweckbetrachtung）之中，和不至于被误导入一“目的原因”（Zweckursache）的假定之中。有机自然的种种现象并不能证

① 贝塔朗非：《理论生物学》（*Theoretische Biologie*），Band 1，Berlin，1932。

立这一种原因；这些现象并不能显出杜里舒构想下的“隐得来希”，不能显出爱德华·冯·哈特曼（Eduard von Hartmann）所谓的“超能力”(Oberkräfte)，也不能显出赖因克（Reinke）所谓的“显性”(Dominante)。它们所显示的乃是，有机体（Organismus）中进行的过程，经常地都包含了一定的方向（Richtung）：

> 诚然，吾人是可以从一物理学和化学的角度去描述那些于一有机体中进行的特殊历程的；但是，这么一来，这些过程是无从被显示为一生命历程（Lebensvorgang）的。即使不是全部的生命历程，但最低限度绝大多数的生命历程都会显示出一种安排，就是朝向于有机体整全性之自我保存与再植……此外毫无疑问地，有机体中之种种现象大部分都显一“整体保存性”和“系统保存性”，而生物学的职责乃是要弄清楚它们到底是否如此和到哪一程度是如此。如今，人们依着旧有的思想习惯，把生命的这种安排称为“目的性”(Zweckmäßigkeit)，而且还在询问某一器官或某一种功能到底有何“目的”者云。“目的”这一概念似乎涉及了一意愿（Wollen）和涉及对一目标之意向——这乃是一种自然科学研究者有理由地不寄予同情的表象方式，结果，乃有人意图把目的性当作一纯粹为主观的和不科学的观察方式而予

> 以摒弃。事实上，整全性观察方式往往被恶劣地陈构为一“目的性观察方式”而被误用：首先是达尔文主义（Darwinismus），彼由于力图为每一个器官和每一种性质找出一应用价值和选择价值起见，乃往往提出一些有关“目的性”的毫无基础可言的假定；其次就是生机论，它竟然把目的性观察方式视为其所谓生机因素（Vitalfaktoren）的作用之证明。

但是，对于贝塔朗非来说，这一番误用是不可以和不应该阻止吾人去承认整全性观察方式之于生物学的建立上有其合法与必要地位，并且是不能为其他方法所取代的。即使有关因果网络之知识也不能以任何方式排斥此一观察方式或使之成为零余。意图借争议把有机世界中之整体保存性否定是 95
没有意义的，其实，正确的做法是首先去研究它，其次就是去解释它。①

现代心理学基本上循着同一条路线发展，而物理学和生物学所显示出之趋向于心理学中尤显得明确和富于成果，这几乎是不必申说的了。心理学最低限度似乎比其他科学较早

① 贝塔朗非这一番有关生物学知识之理想的陈述乃是建立在其他论者的立场上的，此中，最重要的根据可推霍尔丹（J. S. Haldane）和其首创的“整体主义”（Holismus）。参见霍尔丹：*New Physiology*，以及迈尔（Adolf Mayer）：《生物学知识的观念与理想典范》（*Ideen und Ideale der biologischen Erkenntnis*, Leipzig, 1934）。

地看到了此中存在着的方法学上的问题。然而，即使心理学亦不克立即着手去处理这一问题；因为心理学本身之过往或其整个学科发展之历史成为了其自身之绊脚石。心理学作为一经验科学而言，乃是对自然的研究的一个幼苗和分枝。正如自然的研究一般，心理学之首要任务就是要脱离经院哲学概念之枷锁，和去反省精神生命之基本事实。若要找寻通往这些基本事实之蹊径，则除了那经得起严格科学之考验的路途以外，实无他途。因此，心理学方法的一些早期的建立者无处不向物理学模仿。霍布斯即便曾力求把伽利略的“消解的与建立的”（resolutive und kompositive）方法从物理学的领域移植于心理学的领域之上。18世纪时，孔狄亚克（Condillac）的野心就是要成为“心理学中的牛顿”，他的做法是要效法牛顿，把众多复杂的现象化解为一简单的基本现象之上。① 此一基本现象只要一旦被发现，则不单只意识的所有不同的内容，甚至一切意识操作和意识历程都可以由此而导出。②

于是，心理学变成了成素心理学（Elementar-psychologie），而质点物理学乃成为其最耀眼的典范。正如天文学借着钻研一些简单的质量点（Massenpunkte）的运动之法则而发

① 参见勒鲁瓦（Le Roy）：《孔狄亚克的心理学》（*La Psychologie de Condillac*, Paris, 1937）。

② 详细讨论可参见作者著《启蒙运动哲学》（*Philosophie der Aufklärung*, Tübingen, 1932），pp.21ff。

现了宇宙的基本法则一般，心理学同样地必须从有关感觉之单元（Atomen der Empfindung）之研究和从这些单元借以联结的规律，亦即从“知觉”(Perzeptionen）和“联想”(Assoziationen）开始去推求精神生命之全部。意识的存在是只可以透过其萌生过程而得到解释的，而此一萌生过程归根究底而言，最难亦不外是由一些相同性质之部分联结而成为一愈来愈复杂的构作而已。 96

现代心理学研究以什么方式和用什么工具去克服这一种直觉是众所周知的。它不单只拒绝了这些纯粹的发生性问题，而且，它还为这些问题赋予一新的意义。然而，它再不相信这些问题足以成为心理学的惟一的对象，并且不相信心理学之内容会被它们穷尽。相对于原因概念乃有所谓结构概念(Strukturbegriff）被提出作为一主导原则。如果我们把一结构化解为一单纯的“结集”(Aggregat)，或化解为一“递加性联系”(Und-Verbindung）的话，结构将不会为吾人所认知，而会被吾人摧毁。如是地，“整全性”概念于此确保了其合法地位，其根本意义亦获得了肯定：成素心理学乃一变而为“完型心理学”(Gestalt-Psychologie，一译格式塔心理学)。

我们以上之所以提到物理学、生物学和心理学于方法上之变革，主要是希望察看，这些例子到底至于哪一程度地能就人文科学之形成提供一新的观点。到了现在，我们可以把这一问题更尖锐地陈构，和更有把握地予以回答。我们是绝对不会因为对整全性概念和对结构概念之肯定而把人文科学和自然科学之间的分别拭除或取消掉的。这一番肯定却有助于把此两者之间至今一直存在着的一道鸿沟去除。自从自然科学注目于其本身独特的形式问题以来，人文科学也可以比以前更自由地和更坦率地埋首钻研其本身的形式，乃至其本身的结构和完型（Gestalten）了。研究之逻辑（Die Logik der Forschung）如今乃可以对这种种问题都给予一定的地位了。到了这一阶段，形式之分析和原因之分析都成为一些方向。它们彼此并不冲突，而且彼此互为补充，并且在所有知识之中，它们都必须彼此联结。

较诸自然现象，文化现象远为强烈地受制于变化之领域。他们根本不能踏出变化之洪流以外。我们如要从事语言学、艺术学和宗教学的研究，便非要倚仗语言发展史、美术史和宗教史所给予吾人的指导不可。而且，若非掌握住“原因”和“后果”之指针，吾人实在难以在变化的波涛中从事
97 冒险。若果我们不能借着固定的因果系列把众现象联结在一起的话，则对我们来说，现象将永远是一不可看透的洪荒。这一种朝向文化演变的原因挺进的渴求是如此地强烈，以致我们很容易会忽略了其他的问题。而事实上，对变化之分析和对原因之解释并不就是事情之全部。这只不过是对文化发展的许多具有同等地位和同等的独立的观察层面中的一个单一的观察层面（Dimension）。我们若要获得一深层的文化图

像，则我们便必须于这种种层面中作出分辨，以便借着这一分辨和以这一分辨为基础，再以一正确的方法把这些不同的层面重新联结起来。我们在这里可以突显并予以仔细辨认的，有以下三个成素。在一切文化构作之观察中，除了作品分析(Werk-Analyse)、形式分析（Form-Analyse）之外，与上述二者相对而立的，还有那主要地建立于因果范畴上的演变分析(Werden-Analyse)。

作品分析构成了真正负载一切的基层。因为，在我们撰写有关文化史之前，在我们能够就文化史的各个别现象构成一因果网络之构想之前，我们必须对语言、艺术和宗教等之作品作一综览。单单让这些作品纯粹作为原始素材而陈示于吾人面前是不足够的。我们必须能够刺透这些作品的意义；我们必须理解这些作品到底要向我们传递一些什么。这一种理解之达成是有待一种特别的解释程序；亦即一种独立的，而且是极为困难和复杂的“诠释学”(Hermeneutik)。当这一种诠释学使得隐晦的开始变得明朗，在种种文化里程碑之中一些特别的基本形态渐渐脱颖而出之际，当这些基本形态会聚成为一些类别，以及当我们可以于这些类别中发现某一些关系和秩序的时候，一崭新的和双重的任务便将开始了。首先，就一般之省察而言，我们当要把每一种个别的文化形式之“是什么”，也即是说，把语言、宗教和艺术之“本质”予以确定。大凡一切“存在”的，它们每一个到底意指什么？

它们又完满了一些什么的功能？此外，语言和神话之间，艺术和宗教之间到底存在着一些什么关系？它们之分别何在？是什么把它们连结在一起呢？此中，我们已涉足于一文化之“理论”，归根究底而言，这一种文化理论是必须以一“符号形式的哲学”（Philosophie der symbolischen Formen）作为其结局，尽管这一结局对于吾人而言，只能显现为一渐近线般地（asymptotisch）趋近的“无限遥远的点”。

从形式分析再进一步，便生出另一种我们可名之为行动
98 分析（Akt-Analyse）的程序。此中，我们并不在于探求文化之构作或作品，也不在于探求这些作品所借以陈示给吾人的普遍形式。我们所要研究的，乃是一些心灵中的历程（seelische Prozessen），这些历程乃是作品之所由出，而作品乃是这些历程的客观成果。我们要探讨人类于语言运用中所显示出的“符号意识”（Symbolbewußtsein）之特色；我们要研究感受、幻想和信仰等各种表象样式和方向，因为感受、幻想和信仰乃是艺术、神话和宗教的立足点。

这些观察方式中的每一种都具有其本身的合法基础和其独特的必要性。而逻辑地看，它们每一个都在使用一些独特的工具和都在使用一些特别地属于它们的范畴。

我们必须时刻牢记上述问题，才不会陷入人文科学和文化哲学中的一些一再产生的界限上的损益和纷争之中。一个最为人熟悉的例子就是有关语言的起源这一问题，又或是

有关神话、艺术和宗教的起源之问题。这一问题之所以产生，是由于人们在某一意义上把因果问题应用到一错误的场合之中。人们并没有把它使用于某一特定形式之中的现象之上，而却把它使用于如是地被视作为一内在封闭整体的形式之上。然而，那本来于因果问题领域中为如此不可缺少和如此有建设性的原因与结果范畴，放在这一场合却置吾人于不顾了。因果范畴所应允的一切解决，细察之下，其实原不过都是一些重言（Tautologien）或循环论证。语言学和语言哲学一再地尝试澄清语言起源这一奥秘。然而，只要我们综览一下两者所提出来的种种不同的理论，则吾人可得一印象，就是它们根本没有作出任何进展。倘若吾人打算把语言解释为借着某一些因果性的中介而出于自然的话，则吾人除了把语言直接地使与某一些自然现象联结之外，便别无他途了。换言之，在我们能够把语言诠释为一心智过程（geistiger Vorgang）之前，我们必须先要把语言这一现象显示为一机体过程（organischer Vorgang）。

这些考虑促使人们把语言的真正起源回溯于单纯地因感受而发的声音（Empfindungslaut）① 之上。要知，感受之呐喊（der Schrei der Empfindung），痛苦的声音和恐惧的声音，还有

① “Empfindungslaut”一字英译本（Howe）译为“sensation of sound”，实属误译，盖原文所指者乃“因感受而发的声音”（Empfindungslaut），而非“声音之感觉”（Empfindung des Lautes）也。参见 Howe 氏英译本，p.175。——译者

引诱的呼叫和警告的呼叫等似乎已普遍地存在于大部分的动物世界之中了。此中，若果我们能建立一座桥梁，若果我们能够成功地显示出感叹（Interjektion）乃是语言的真正起点和是语言的“原则”的话，则问题似乎便可解决了。

99 然而，我们却很快便看到，这一番希望是无以达成的。因为，在这一种理解之下，问题的最重要的一面刚好被忽略了。呐喊如何会变成为“言辞”（Wort）？呐喊如何可以刻画一些对象性的事物？这些问题都是悬而未决的。于是乃有第二种理论产生了，这一种理论建基于所谓声响模仿（Laut-Nachahmung）之上，并以之作为语言之最早起源。然而，这一理论在面临涉及任何言语之基本现象时，或者说，在面临于句子（Satz）之现象时，便即告失败。只要吾人不至于把句子了解为言辞的一纯粹的结集，而要从句子的独特之“连接方式”（Fügung）去了解一句子的话，那么，我们将看到，在自然界中，根本没有一些构作是对应于这些“连接方式”的。即使有人要把问题回溯到语言的“原始”阶段，似乎亦于事无补；因为，即使这么原始的语言现象亦把语言之整体收摄于其中，因为每一个最原始的语言现象亦都已包括了“意指”（Bedeuten）和“意表”（Meinen）之功能。

由此，我们乃可直接了解，为何因果性之理解方式会临于一限制了。正如艺术和宗教等之功能一般，语言这一种功能亦是和都将继续会是歌德所谓的一“基始现象”

（Urphänomen）。它“显示为一现象而且就如此地存在”（Sie “erscheint und ist”），它本身实在没有什么可以被解释的了。正如歌德曾经对爱克曼（Eckermann）所说的一般：

> 人类所最多能够达到的，就是惊叹（das Erstaunen），而如果那基始现象把他置于一惊叹的境地中的话，他便可以满足了；更高的乃是人类所不能企及的了，人类亦不应该追求更进一步的东西了；这乃是一极限。然而，一般来说，人类还是未能满足于一基始现象之景观，人们以为还需要进一步迈进，他们真有如孩子们一样，当在照镜子的时候，马上便要把镜子倒转过来（umwenden），要看一看到底镜子的背后有什么东西。①

就这一点论者却可以提出如下的质难：这一种倒转过来的行为（Umwendung）难道不就是哲学的真正使命所在吗？哲学难道不是无法有如艺术一般只停留于简单的直觉和停留于现象之上，而是要朝向作为现象世界之基础的理念挺进的吗？这一种倒转岂不就是柏拉图所要求的，并且于其《理想国》中的洞穴之喻中所精彩地描述了的所谓视线上之转移（Wendung der Blickrichtung）吗？倘若吾人禁止哲学和科学

---

① 参见歌德致爱克曼书简，1829 年 2 月 18 日。

就这么关键性的问题提出"为什么"的话，这岂非要哲学和科学向怀疑主义（Skepsis）屈服吗？哲学和科学到底是否能担当得起把"充足理由律"（Prinzip des zureichenden Grundes）予以放弃呢？

事实上，这一种放弃是不必要的。然而，吾人无论如
100 何必须弄清楚，即使怀疑主义亦有它的道理。怀疑主义并不只代表对知识之否定和毁灭。这一点，哲学正好可以作证明。我们只需要细想一下哲学的一些最主要的和最富于成果的年代，便可得见，*无知*（Nicht-Wissen）于这些年代中到底扮演过怎么的一些重要和不可或缺的角色，也可由此得见知识是如何于无知的基础上被发现和得以更新了。苏格拉底（Sokrates）的"无知"、尼古劳斯·古撒努斯（Nicolaus Cusanus）的"饱学的无知"（docta ignorantia）① 以及笛卡儿的普遍怀疑都是哲学知识的一些有数的重要工具。因为，宁可放弃一些知识，也胜于因为站立于一些幻妄的解答之上而至于对一些问题茫然无知。一切真正的怀疑主义都是一些相对的怀疑主义。它把某一些问题宣布为不能被解决，以便我们

① 尼古劳斯·古撒努斯（1401—1464），德国经院哲学与人文主义转接时期的神学家与哲学家。受德意志密契论（Deutsche Mystik）与当世的唯名论与唯实论之影响甚深。其学说之一重点，即在于宣扬相对于神性知识而言，人之知识为有限者。其第一部主要哲学著作即取名为 *De docta ignorantia*（1440），德文一般译作 *Über die belehrte Unwissenheit*，中文则可译为《论饱学之无知》，此中所言之无知并非对知识的一无条件之排拒与否定，而是出于对上帝的永恒与无限与超越之最深刻之认定而言人为"无知"也。——译者

能更集中精神于一些可以被解决的问题之上，和以便让我们更有信心更有把握地好好掌握这些问题。

这一番道理放诸我们的问题则亦然。因为此中吾人所要求的，并不是要避开“为什么”这一问题，而只要求我们自己在适合的场合中去应用它。我们于此中所能学习到的——正如物理学、生物学和心理学所已经教导了我们一般——就是不要把结构问题和原因问题混淆，和不能把其中的一面化约到另外的一面去。它们两者各有其相对的合法地位；两者都是不可缺少的和必要的。然而，任何一个都不可以替代另一个。我们如果一旦透过形式分析的途径和借着形式分析的工具决定了语言的“本质”的话，便亦应该循着因果知识之途径，循着语言心理学和语言史之途径去探究，到底此一本质是如何地变更和发展的。这么一来，我们将浸淫于一纯粹的变化之中；然而，即使这一变化，亦是置身于某一特定的“存在”之中，亦即置身于语言一般的“形式”之中的。这正有如柏拉图所说的“趋向于存在之变化”，所谓“*γένεσις ε ἰς οὐσίαν*”。① 形式概念和原因概念彼此分离，但却更为有把握地彼此相聚和更紧密地彼此吻合。只有在它们两方面都各自保有其个别的地位及其独立性的条件之下，它们两者之结盟才会为经验之研究带来丰盛的果实。

① 参见 Plato，*Philebus*，26d8；*Republic*，525c5-6。——译者

我们一旦澄清了这些问题，便不会因为我们要承认符号
功能之起源问题为无法以科学方法去解决而把这一事实了解
为一单纯的不可知论（Agnostizismus）或了解为一有待艰苦
力争的智性上的牺牲。这并不表示我们已濒临于吾人底知识
101 的一绝对的限制，而只表示说，有关生成之知识并不能穷尽
一切的认知，除此之外，其实还有另外的一种方式的知识，
这另一种知识与其是涉及“生成”(Entstehen)，不若说是涉及
纯粹的存在。只当吾人假定因果概念乃知识惟一的指标，和
只当吾人误以为一旦这些概念背弃吾人时吾人便非要堕入隐
晦与无知之中，吾人才会走入这困境。正如我们上面已经指
出一般，霍布斯便曾经在为哲学之概念作界定时，加插了这
样的一条“公理”①。而事实上，此中所列举为知识原则者，
实不外只是一“乞题”(petitio principii）的或一些一厢情愿
的假定而已。此中，彼假定以为已经证明了什么是问题的真
正所在，假定已知悉了什么事情才最有待证明；彼干脆地以
为，除了那由因果决定和由因果笼罩的层次之外便再没有任
何其他可以提供一些“知识”的层面了。知识的这种多向度
性（Mehr-Dimensionalität）之所以一再地没有受到肯定和之
所以一直被搁置，是因为骤看之下如果这种多向度性一旦受
到肯定，则所谓“发展原则”(Entwicklungsprinzip）便会因而

① 参见本书第 180 页。

破产。因为事实上没有任何“发展”是会以一持续的次序从一个向度过渡到另一个向度的。到了某一个阶段，我们终究要接受某一意义的种与种之间的差别，而此一差别吾人最多只能予以确认，而不能予以进一步的解释。但到了今时今日，这一问题的尖锐性已丧失泰半。因为我们即使是在解释生物学中的进化论理论时，都再不会以为每一新的形式只纯然透过偶然变化之累积（Akkumulation）而自旧有的形式所产生的了。达尔文学说基于要维持其持续性原则（Stetigkeitsprinzip）的缘故，力求贯彻上述的主张，然而，教条式的达尔文主义所陈构下的这一种理论，到了今时今日，在生物学家之中几乎再找不到任何支持者了。

“自然是不会跳跃的”（Natura non facit saltus）这句话乃因此面临了一很严重的限制。其疑点在物理学领域中已为量子理论（Quantentheorie）所揭示，而在有机自然领域中亦已为突变理论（Mutationstheorie）所揭示出来了。即使在机体生命的范围里，“发展”（Entwicklung）一概念基本上是相当空洞的。因为当我们要假定，“发展”一概念所指者，不外是某一原先已被给予的和已当下存在的东西的“展现”（Auswicklung）的话，则在旧有的“先在形成理论和层套理论”（Präformation- und Einschachtelungstheorien）之下，归根究底而言，其实都是“一切如旧”而已。此中，到了某一阶段，我们终归必须承认，有一些新事物是只能透过一项“跳

102 跃”而成就的。正如德·佛里斯（Hugo de Vries）所申言的一般：

> 我所谓的突变理论（Mutationstheorie），乃是指如下的一项原则：有机体的特性是由一些彼此清楚地迥异的单元组合而成的……在种源学说（Abstammungslehre）的领域中，这一原则导致了一种信念：种别并非不绝如缕地（nicht fließend），而是层次分明地（stufenweise）彼此相续而出的。每一个附加于旧有单元的新单元都形成了一层阶，并且把作为一独立的种别的崭新形式清楚地和完全地与其所由出的种别划分开来。新的种别一下子便即存在；它在没有任何可见的准备，没有任何过渡性的情况下，自较先的种别产生出来。①

在这一个观点之下，从自然到“文化”这一项过渡并没有为吾人带来任何新奇的谜。它只再一次印证了我们于自然的观察中所曾经学会了的东西：也即是说，每一种真正的发展基本上看，在任何情况之下，都是“过渡成为另外的种类”（*μετάβασις εἰς ἄλλο γένος*），这一变化虽然可被吾人所指出，但吾人却再不能予以原因上的解释。经验和思想，经验观察和

---

① 参见德·佛里斯：《突变理论》（*Die Mutationstheorie*，Leipzig，1901），I，p.3。

哲学思维在这里都站立在同等的地位之上。因为两者之所以能决定人类之“本性”(An-sich)，莫不是透过此一本性之所表现出来的现象。经验观察和哲学之所以能获得有关人类之“本质”(Wesen) 之知识，都是因为它们可于人类文化中，或以文化这一面镜子去从事省察；然而它们却不能把这一面镜子倒转过来去看看其背后到底有些什么。

第五章 “文化之悲剧”

103 黑格尔在谈论世界史的时候，曾经说，世界史并非一幸福的场所；他认为所谓和平喜乐的时期，都是历史典籍中的一些空白的篇幅[①]。然而，他以为“历史中的一切均依于理性而进行”这一项基本信念却并不因此而动摇；相反地，这一信念反因上述一番话而得到印证和加强。然而，假如这一项胜利是要以人类所有福祉之放弃作为代价的话，世界史中所谓理念之胜利（Sieg der Idee）到底还有什么意义呢？一种这样的辩神论（Theodizee）听起来难道不几乎就是一种嘲讽吗？叔本华不单只批评黑格尔的“乐观主义”为荒谬，更以之为一鲁莽轻率的思维方法，他岂不有他的道理吗？这一类的问题，往往在最丰盛和最辉煌的文化时期里最能一再地激励着人类的心魂。人们感受到，所谓文化，与其说能带来繁衍，不若说是造成了人与人类存在的真正目的日益加深的疏离。

在启蒙运动的鼎盛时期里，卢梭便曾经对当时的“艺术和科学”提出了强烈的控诉。艺术和科学在道德的层面上把人类削弱了和软化了，在物理的层面上，艺术和科学亦没有满足人类之需要，反而激起了人类千般难以抑止的冲动。所有文化价值都显得有如幻影，和都必须予以否定，假如我们不是命定了一辈子都要从事一些徒然的工作的话。② 借着这一番控诉，卢梭把 18 世纪的理性主义从根本处动摇了。此中隐伏了他日后对康德的深远的影响。透过卢梭的影响，康德挣脱了纯粹的理智主义（Intellektualismus）的枷锁，而踏上了一崭新的路途。他再不相信智性文化的促进和洗炼能够使存在的一切秘奥得以解决和使人类社会的一切损害得以复元。单纯的理智文明是不足以奠立人类存在之最高价值的；理智文明必须由其他力量所轨约（geregelt）和限制。然而，即使道德心智上的平衡已经达到，即使实践理性相对于理论理性 104
之优先性已获得确保，人类对幸福的渴求将能获得满足这一番希望却依然是虚悬的。康德是深信“一切有关辩神论之哲学尝试的失败”(Mißlingen aller philosophischen Versuche in der Theodizee) ③ 的。于是，对于康德来说，惟一的解决方法便

① G. W. F. Hegel, *Vorlesungen über die Philosophie der Geschichte*, *Werke* Band 12, (hrsg, v.) Moldenhauer/Michel (Frankfurt/Main: Suhrkamp, 1980), p.42.——译者

② “命定了一辈子都要从事一些徒然的工作”一句，原文是“...ständig dazu verurteilt sein sollen, aus dem Faß der Danaiden zu schöpfen”。典出希腊神话，谈及 Argos 国王 Danaus 的五十个女儿（其中一个除外）为了应乃父之命，于一夜之间把她们的丈夫都杀掉，而这四十九位女士死后到了地府乃遭受责罚，被指令要用有洞的杯子去盛水喝。参见 Karl Philipp Moritz, *Götterlehre der Griechen und Römer* (Leipzig: Reclam, 1878), p.184 及 p.202。——译者

③ “Über das Mißlingen aller philosophischen Versuche in der Theodicee” 乃康德于 1791 年完成的一篇论文之题目。参见康德：*KGS*, Band Ⅷ (Berlin: de Gruyter, 1912), pp.253–272。——译者

只剩下把他于奠定他的伦理学时所试要确保的心灵净福理论（Eudämonismus）予以彻底剔除一途。假如幸福乃是人类的奋斗的真正目的的话，则文化便一了百了地被判决了。文化存在的理由是要为人类引进另一个价值标准。真正的价值并不在乎一些有如自然或天命所赋赐的礼品一般的物质。真正的价值完全在于人类自身的行为，和在于人类借此行为所要成全的。

基于这一缘故，康德采纳了卢梭的假设，但却没有从这一假设推论出相同的结论。卢梭的“复返于自然”(Zurück zur Natur）一口号确实可以重新赋予并保障人类存在之幸福快乐；但是，与此同时，人类亦会因而与其本身的使命疏远。因为这一种使命并不寓于一感性的世界，而是寓于一智性的世界（im Intelligiblen）之中的。人类文化所应允的和所能为人类带来的，并不是一般意义的幸福（Glückseligkeit）而是一些“与人类的尊严相匹配的福祉”(Glückwürdigkeit）①。文化的目标并

---

① 要了解所谓 Glückwürdigkeit 一字，必要先了解“Würde”一字。“Würde”所指者乃人之为人的“尊严”。在康德的构想下，尊严乃是远迈于一切相对价值（价格，“Preis”或“Marktpreis”）之上的绝对的内在价值（innerer Wert）。人之所以具有此一尊严，是因为人本身即为一存在之目的，而非一手段。此外，当人类借着意志之自律而履行义务时，彼最能感受到其自身之尊严，这一行为实践中体现之尊严是可以比拟为一种“壮美感”的。有关“Würde”问题，可参见康德：*Grundlegung zur Metaphysik der Sitten*；*Kritik der praktischen Vernunft*；*Metaphysik der Sitten* 等书。卡西尔此中言人类文化并不应允“Glückseligkeit”，而只应允“Glückwürdigkeit”。此中所谓“Glückwürdigkeit”实即康德于《实践理性之批判》中所指的“Würdigkeit，glücklich zu sein”(*KGS*, Band. V, p.110)。此中涉及之“幸福”实非无条件的一般意义的（转下页）

非要实现世间上的福泽，而是要实现自由和实现真正的自律；此一所谓自由和自律，并不是指人类施于自然之上的技术性驾驭，而是指人类施于其自身的道德驾驭。①

就这样，康德认为他已经把辩神论这一问题从一个形而上的问题转化为一纯粹的伦理的问题，并且借着这一种转化把这一问题批判地解决了。然而，这却不能把吾人对文化的价值所可能提出的所有怀疑皆予以安抚。因为吾人对文化所期待的新的目标，在细察之下，显出了另外一种更深刻的矛盾。文化是否真正能臻于此一目标呢？人类是否能有把握于文化之中和透过文化去完满其真正的“智性”本质呢？即使人类不能实现他的所有愿望，但他是否能有把握把他的所有心智力量和潜质都充分发挥出来呢？若要达成这一番愿望，则人类必须跃过其个体性之限制和必须把他的个别之自我拓展为人类之整全体。然而，正是在这一项尝试里，人类将会更为明晰地和更苦痛地感觉到他自身之限制。因为此中存在

（接上页）幸福，而是人作为一道德践行者所“配得上”（würdig）的幸福。此中 würdig 一字，由于根种在人之 Würde（尊严），故译“Glückwürdigkeit”为一些“与人类的尊严相匹配的福祉”。“Glückwürdigkeit”这一问题所涉及的并非单纯的道德实践问题，也非单纯的幸福问题，而是涉及康德哲学中的所谓“实践理性之背反”（Antinomie der praktischen Vernunft）或所谓幸福与道德之辩证综合问题。有关此问题，可参看译者：“The Idea of God in Kant’s Moral Theology”，《东海学报》，第廿五卷，1985。——译者

① 依康德学说，自然与自由分属两种不同的“因果”系列。一般意义的幸福，在康德而言，涉及的是自然事件之安排，因此也即涉及广义而言的“自然”。此一分野进一步说明为何人文科学追求的是“Glückwürdigkeit”，而不必是“Glückseligkeit”。——译者

着一种成素，而这一成素（Moment）一直对自我的创化性与
105 纯粹自足性予以威胁与压抑，而不是予以提拔与跃升。

只当我们沉吟于问题的这一层面之中，这问题之真正尖锐性方会被显示出来。西美尔在一篇名为“文化之概念与悲剧”(Der Begriff und die Tragödie der Kultur）的论文中，即曾经把这一问题很详尽地陈述出来了。① 然而，他对于这一问题之解决方法是感到绝望的。对于西美尔来说，哲学只能显示出存在中的矛盾；却不能应允任何解脱之道。因为反省告诉我们，哲学的反省愈是走得深入，文化意识之思辨结构便愈是明显。文化的进步不断为人类带来新的赋赐；然而，个别的主体却似乎愈来愈显得无缘享有这些赋给了。这样的一份永远不能被自我转化而真正去拥有的瑰宝到底又有何用呢?这样的一份宝藏，与其使自我获得解放，岂不是使得自我的处境变得更为窘逼吗？在这种考虑之下，一种最尖锐和最极端的文化悲观论（Kulturpessimismus）终于呈现于吾人眼前了。因为这一种文化悲观论调刚好击中了问题最脆弱的要害。它指出了一项缺陷，而此一缺陷恰巧是一切心智发展都不能为吾人解除的，因为这一缺陷正好是埋藏于心智发展的本性当中。精神心智的发展所创造出来的成果不断于数量上增长；然而正是这一种增长使得这些成果再也不能为吾人所用。它

① 参见西美尔：“Der Begriff und die Tragödie der Kultur”, *Logos*, Vol.2, 1911–1912, pp.1–25。——译者

们变成一些纯然为对象性的东西，变成一些“纯粹为物性的当前存在”(Dinglich-Vorhandenen) 和一些物性的被给予，而再不能为自我所理解或掌握。在这些文化成果的纷呈之下，和在其日益高涨的分量之下，自我被挤压得透不过气来了。它自文化中再不能意识到自己之力量，而只确证了其自身之软弱无能 (Ohnmacht)。

西美尔认为，此一“文化之悲剧”的真正原因在于：文化似乎在对吾人有一种“内在化”(Verinnerlichung) 之答允，但是这一种“内在化”却同时带来了一种“自我之外在化”(Selbst-Entäußerung)。“心灵”和“世界”之间不断地存在着一种紧张的关系，而且甚至有变为一种对立关系之趋向。人类亦再难以在不承受心灵 (Seele) 之挫损的情况下掌握一精神的世界 (geistige Welt)。精神生命不断在挺进；而心灵却愈来愈深沉地退到其自身之上。因此，“客观精神”之目标与途径是永远不会等同于主观生命之目标与途径的。对于个别的心灵而言，他无法以一己之力达成的一切，都变为一个硬壳。这一个硬壳把这个别心灵缠绕得愈来愈紧密，到了再也不能挣破的地步了。西美尔在他的《哲学文化》(*Philosophische Kultur*) 中这样说：

> 心灵以种种不同的方式在创造，激起了一股在颤动和无休止地朝向无尽发展的生命力，而与心灵的这一股

106 生命力相对立的，就是心灵的一些固定的和绝对不可动摇的产品（Produkt）；这些产品起了一种不可思议的回馈作用，要把那生命力给确定，或甚至给凝固下来。很多时候，似乎心灵的创生活力会被扼杀于它自己的产品之下……由于一些非位格性（unpersönlich）的构作与关系之逻辑负载了一定的动力，结果，这些构作与关系和人类位格的内在冲动与规范之间乃产生了一些激烈的摩擦，这些摩擦在如是的文化形式中经历了一种很独特的压迫感。自从人类把自己唤作“我”而成为了一在自己之上和与其自身相对的对象以后，自从吾人之心灵借着这一种形式把其内容都统属于一核心以来，心灵在这一形式中必须产生出如下的一种理想：那与此一核心所相联结着的一切，本身必须要是一种自我封闭和自我充足的统一性和整全体。然而，自我所借以要把这一组织转化为其自己的统一世界之种种内容却并不是只属于自我的；这些内容是自某一时间、某一空间和某一理念性的外界所给予（gegeben）自我的；它们同时是某一些其他世界中的内容，如社群世界、形而上学世界、概念世界和伦理世界等，而这些内容于这些不同的世界中具备着一些形式和关系，而这些形式和关系是与自我之形式和关系不相吻合的……这的确是文化的真正悲剧。一个悲剧性的命运是与一哀伤的和由于外在刑克所造成的厄运有分

> 别的。在这文化之悲剧中，那一足以把某一存在摧毁的力量正正是发源自这一存在之深层结构的；而此一存在之毁灭，乃可谓是其自身之中所涵摄着的宿命，更可谓是此一存在所借以缔造出其自身的正面内容（Positivität）之结构的一项逻辑上为必然的发展结果。①

在西美尔这一番陈述之下，一切人类文化所承受的疾苦较诸卢梭所描述的显得更为深刻和绝望。因为卢梭所寻求与提倡的返归之途在西美尔的构想中亦被堵塞了。西美尔是绝不会考虑要把文化发展之途径于某一个关键处予以制止的。他很清楚地知道，历史的巨轮是无法被逆转过来的。然而，他又同时肯定认为，那同样为必然和同样合法的两个极端之间的张力将会日益尖锐化，致使人们终将要牺牲于一灾难性的二
元对立之中。心灵的生命和创造历程这一方和它的内容与产品 107
这另一方之间所存在着的根深蒂固的冷漠与敌意将不能容许两方面作出任何抵偿或消弭。这一历程发展得愈丰富和细致，其内容伸延得愈广，则这一种深邃的敌意便愈变得明显。

此中，西美尔表面上似乎在持一怀疑论者的论调，但其实他是以一密契论者的口吻说话。因为，一切密契论②的最隐

① 参见西美尔：《哲学文化》(Leipzig，1911)，pp.251ff，pp.265ff。

② “Mystik”(英文“Mysticism”）可译为密契论，此外译为“神秘主义”亦无不可。但如果我们细察“Mystik”一字的字源与意涵，则可作如下考虑：“Mystik”来自希腊文的“μυεῖν”，最古是闭目解；人类闭目则当然（转下页）

秘的愿望就是先纯粹地和完全地沉吟于自我之中，以便于此自我之中去发见上帝。那存在于自我与上帝之间的一切，密契论都只视之为一分离性的阻隔。自然世界固然是如此的一种阻隔，而精神世界亦然。因为精神之所以能成立，必因为它一直在把其自身外在化（entäußert）。精神无休止地创造出新的名相与图像；然而它却没有理解到，这些创造并不能使它与神明（dem Göttlichen）接近，相反地与之日益远离。密契论乃必须否定文化领域中的所有图像世界，它必须自“名相与图像”（Name und Bild）中解放出来。它要求吾人放弃并捣碎一切符号。它之所以这样做，并不是因为指望吾人就此即便可以认识到神性之本质。密契论者知道并且确信，一切认识皆只盘旋于符号的范围之内。密契论有着另外一个更高的目标。它的意愿是，自我与其去从事一些本属徒然的尝试，不若去体验与拥抱上帝，让自身与上帝交融和与上帝合一。

（接上页）不能透过感官作认知，然而自古以来有密契论倾向的学说皆轻视感觉层面的认知。除了轻视感官认知能力之外，密契论亦进一步与一般的理智主义有别。密契论不重视推理思考而强调一种“神秘”的与一超越的领域（或为“理型”，或为“太一”，或为“上帝”）契合的途径。柏拉图的“观照理论”（θεωρία，大致等于日后拉丁文的“Contemplatis”）即开此一种密契认识论之先河。新柏拉图主义者柏罗丁（Plotin）沿用“θεωρία”一字，但其“神秘”色彩更远迈于柏拉图，柏罗丁把“θεωρία”进一步陈述为“抱元合一说”（haplōsis-henōsis，ἅπλωσις-ἕνωσις）。所谓抱元乃指简单、不造作、朴实、纯化；所谓合一就是指与“太一”（hen，ἕν）契合。由此可见，Mystik之学说固然有神秘色彩，但却不只纯为神秘而神秘，而皆强调一种以“密”的方式与一超越之领域“契”合之途。到了爱克哈特（Meister Eckhart），乃提出“unio mystica”之主张强调人应与上帝合而为一，达到人神不二之境地，“密契”之义益显。——译者

一切多元性都是幻象，无论此中所涉及的是事物的多元性抑或是图像与符号的多元性。

然而，在密契论提出如上论调之时，在它似乎要放弃个别自我的一切实体性之际，它其实反而于某一意义下把这一实体性保留了和加强了。因为，密契论把自我视为在其自身即为确定者，视为一因为此一确定性而得以自足者，并认为自我是不会迷失于世界之中的。然而，就在这里，我们要对密契论提出我们的第一个问题了。在较早的讨论中，我们曾意图指出，“自我”并不是原先地被给予，然后才与其他同类的实有产生关系和彼此结合的一实有。我们于较早的讨论中，看到了一必要性，得把这一关系以另一方式去了解。我们发现了：“我”与“你”之分野和“我”与“世界”之分野并不是精神生命之出发点，而是其终点。

只要我们紧扣着这一要点，则我们的问题将能获得一崭
新的意义。生命于语言、宗教、艺术等各种文化形式之中具 108
体地形成，而此一生命之具体形成基本上并不与自我之根本要求构成对立，相反地，它构成了自我得以发现和理解其自身的真正本性之先决条件。此中涉及一极为复杂的关系，这复杂的关系实在是很难借着如此含糊的空间性图像获得适当的表达的。例如，我们实在不应该提出如“自我如何‘越出’(hinausgelangen) 其自身之领域而掌握一个对他来说本为陌生的领域”等问题。这种类的比喻性表式是以尽量避免为宜的。

在知识论问题的发展史里，人们诚然一再地诉诸这一类充满漏洞的描述方式去刻画对象与主体之关系。人们甚至以为，对象的一部分必须进入主体之中才能够被主体认知。古代原子论者的“射影理论”(Idolentheorie)①便即是根种于这一种观点之上；亚里士多德和经院哲学的所谓“感取理论”(Speziestheorie)②保持了这一种观点，只不过他们把它自质

---

① “Idolentheorie”中的“Idolen”乃希腊文的“εἶδωλον”，是希腊原子论谈感官知识时的一种很流行的理论。彼认为一物体之所以能被吾人感知，是因为物体四处放射出一些与其形状相符的极微细的影像粒子，这些“影像”如透入吾人感官之中即能构成感觉。先苏格拉底时期，恩培多克勒和德谟克利特均持这一种观点。参见 Diels/Kranz，*Die Fragmente der Vorsokratiker*，Band Ⅰ，p.306:31，p.352:4；Band Ⅱ，pp.178，226，166，185。相类似的想法到了英国经验主义时期如洛克的理论中仍被保留。——译者

② “Speziestheorie”一概念的翻译与理解殊不简单，译者于初版时误译之为“种别理论”，今订正之为“感取理论”，现分数点条陈如下：

(一)“Species”一概念，今日一般的理解，大都离不开从生物学的“物种”，或逻辑上与“属”(genus)相对而言的“种”(小类)去着眼。然而，要正确了解卡西尔所谓“Speziestheorie”，却必须回到拉丁文传统，甚至古希腊传统去。查“species”或“Spezies”的语源来自拉丁文动词“specere”一字。“Specere”原解作“看”，而所得之名词“species”就带有“所看见的形象”解。这一意义的“species”，就意义而言，其实更可追溯到荷马(Homer)时期希腊文的“εἶδος”(eidos)，因这时期的“εἶδος”正好是解“所看见的形象”。“Eidos”概念后来于柏拉图和亚里士多德的哲学中虽有了形而上学及知识论上新的意义(如解“理型”或“形式”)，但其实都是从“看”、“所看见”一基本意思蜕变出来的。由于吾人就一事物或一物类“所见”的，主要是其特别性质，而此一特性，又往往可视为该物类得以被“区别”的“特征”，于是慢慢地，“species”乃渐衍生出具有某些特征的“种”或“物种”等意义。不过无论如何，“物种”或“种别”只是引申意义，而非原义。

(二)基于“specere”的基本意义，后世如斯宾诺莎谈到“从永恒观点考虑”(sub specie aeternitatis consideratam，*Ethica*，Pars Ⅴ，Prop. 36)，又如康德论“绘图的综合”(figürliche Synthesis)时以拉丁文的“*synthesis speciosa*”去注明(*KdrV*：B151)……凡此种种，都保留了“看”的原义。

(三)卡西尔“Speziestheorie”一概念，读者骤看很容易错以为指(转下页)

料层面转换到精神层面而已。然而，姑且让我们暂时假定这种奇迹真的会发生，让我们假定“对象”可以借着这一种方式迁移进入意识之中。① 但即使这样，显然地仍然有一个主要问题是悬而未决的；因为我们并不知道对象之痕迹于进入自我之中时到底如何会如是地被认识与察觉。其单纯的存在与性质显然并不足以解释其表象意义。如果我们谈的不是对

（接上页）甚么“种别理论”，但此一理解与卡西尔前后文的知识论课题完全不能吻合。查卡西尔是在谈论亚里士多德和经院哲学关于“感知”的理论时提及所谓“Speziestheorie”的。亚里士多德把感知（αἶσθησις）视为一种能力，他认为心灵（或精神）在感知一对象的过程中，只取其“形式”而舍其“质料”(receptive of the form ... without the matter；*De Anima* 424a19，425b24)。基于亚氏此一考虑，我建议把“Speziestheorie”译为“感取理论”，因所谓“感”指的固是感知（主要指视觉），而此中所“取”得的，正是“εἶδος”，也即后来教父传统所指的“species”。

（四）后来拉丁文的“concipere”(con+capere)，英文的“conceive-concept”，和德文的“begreifen-Begriff”等解作“概念”的术语中都有“取”、“握”等意念，这可视为应把 Spezies 诠释为“感取”的侧证。

（五）卡西尔书中提出“Idolentheorie”和“Speziestheorie”的目的，是要批评传统西方哲学就“感知”提出的“主客”认识理论。他认为“Idolentheorie”和“Speziestheorie”二者立论重点虽然不同，但都过于素朴简单云。此中，他还说：如谓“Idolentheorie”较重视“物质”一面，则“Speziestheorie”便“只不过……自质料层面转换于精神层面而已”。现在我们把二者分别译为“射影理论”和“感取理论”，就是为了准确表述此中一个偏向物质，一个偏向精神的理论对比。不过，我们似应回头注明，希腊哲学谈论认识问题时，并没有现代哲学时期的主客分立观点。原子论重物质之余，其实还要把“心灵”化约为“原子”；亚里士多德总的而言虽然极重视心灵的主动性和活动性，但所谓“心灵”说到最后亦只是一个人的“形式”，而非一独立的“实体”。有关理论可参看 David Ross，*Aristotle*（London：Methuen，1964），p.132。——译者

① 例如亚里士多德于谈及“感觉”(αἶσθησις) 这一回事时，便即曾把心灵(psychē，ψυχή) 比喻为手 (cheir，χεῖρ) 一般的工具 (organōn)，参见 *De An.* Bk. Ⅲ, 432a2–4；并且把“感觉”定义为“吸取感官事物之形式 (Eidōn) 而不吸取其质料”(参见 *De An.* Bk. Ⅱ, 424a18–20)。——译者

象与主体之间之沟通，而是几个不同的主体之间的沟通的话，则上述困难便显得更为尖锐了。一种最方便的情况乃是：在“我”里面和在“另外一个人”里面都存在着一种相同的内容的单纯的复本（Duplikat）。然而，尽管如此，一“自我”如何能借着一相同的内容被一“你”认识，一“你”又如何可被一“我”认识呢？我如何可以把这些内容诠释为是来自另外一个人的呢？这种种问题仍然是无法令人理解的。

在一个更高的层面观察，一单纯地为被动性的“印象”（Eindruck，impression）实在不足以解释“表达”（Ausdruck，expression）这一现象。这正就是一切纯粹的感官主义理论（Sensualistische Theorie）的许多严重弱点中的一个，盖一切感官主义理论往往把一些观念视为某一些客观存在事物之摹本而便自以为已经把这些观念掌握了。一个主体之所以能被另一个主体察觉与了解，并不是因为前者走进后者里去，而是因为前者与后者置于一主动的关系，这即就是一切心智表达与沟通的根本意义，这一点我们于较早时候已经清楚说明
109 了：沟通之所以可能，是要假定互相沟通者共同享有参与某一些过程（Prozessen），而并非单纯地因为彼此沟通的人有着同样的产品（Produkten）。

倘若从这一角度细察，西美尔所提出来的问题便露出一丝新的曙光了。作为一问题而言，它依然地是存在的，然而这一问题之答案却必须于另外一方向去寻找了。人们对

文化所提出的怀疑与批评依然是强有力的。人们必须洞察并承认一件事实：文化并不是一和谐地开展中的一整全体，而是充满了强烈的内部矛盾的。正如文化是充满戏剧性一般，它也是富于“辩证”色彩的。文化并不是一简单的历过（Geschehen），并不是一平静的流水账，而是一种作为（Tun），一种不断重新开始而又从来不能确定其目标的行动。因此，我们绝对不能把文化无条件地诉诸一天真的乐观主义或诉诸一种以为人类“可臻完美”的态度去理解。文化所一手建造的一切，都有在文化手中毁于一旦的危险。因此，如果我们单纯地从文化之产品这一角度省察，则文化显然一直潜在地隐含着一些不能满足的和一些产生极严重疑问的成素。

真正富于创造性的心灵把其所有的激情都灌注于其作品之中；然而，这一份激情对于这些创造心灵而言，却往往成为一些新的烦恼的泉源。西美尔就是要表达这一番生命创造的戏剧。然而，他在这一出戏剧里某一意义地只认识两种角色。其中的一方面乃就是生命，而另一方面乃是一理念性的、在其自身即生效的客观价值之领域。这两个面相是永远无法完全被化约于对方或完全地彼此交融的。文化的历程愈是向前发展，那被创造出来的结果便愈来愈显示成为创造者的敌人。主体不单只不能在其作品上成就自己，反而有于其作品之上招致破败之虞。我们要知道，生命内部的真正欲求，不外是要展示其独特的活力与其不断搏动的内容。然而，当生命一旦展示其内在的活力为一些特定的构成作品时，它便终将难免反为这些构作所封锢——生命的活力，在冲激向这一它自己造出来的枷锁之余，终于要土崩瓦解了。西美尔乃就这一问题作了如下的一番说明。

> 心灵（der Geist）创造了无数的构作；然而，这些被创造出来的构作，却独立于创造它们的心灵（Seele）和独立于接受它们或拒绝它们的其他心灵之外，以一独特的和独立的方式恒久地存在下去。如是，主体不但与艺术和法律形成了对立，并且与宗教、科学、技术，乃至与道德风俗形成了对立……心灵自己一旦成为了客观对象后，便无法控制地以一些凝固僵化的形式和恒久存在的形式，去与其不断涌动的生命力、与其内在的责任和
> 110 与主体心灵不断更替的张力对抗。心灵在与其他心灵之间获得了内在的结合之余，却尝透了无数由这些形式上之对立而引起之悲剧：对立的一方是无休止地在搏动而却于时间上为有尽的主体生命，对立的另一方乃是那生命之具体内容，这些内容一旦被创造出来以后，便从此静止地停留于一种于时间上为无穷的有效性之上。①

① 参见西美尔：《哲学文化》，pp.265ff。[此一注释德文原本缺如，英译者代为补上，兹从英译。——译者]

如果我们要否认或者要以某一些浮泛的安慰措辞去绕过这一悲剧的事实的话，这将是徒然的。然而，如果我们愿意循着我们在这里所刻画出来的路途继续穷根究底地追索下去的话，这一悲剧之事实将会展现出一崭新的面貌。因为，在这一路途的终点上，我们发现的，并不是创造历程僵化而成的和恒久地存在的创造果实（Werk），而是一“你”(Du)，换言之，是另外一个主体。这另外的一个主体承受了吾人创造的果实，把这些果实吸纳到它自己的生命之中，以便把这些果实再一次地回馈于它原本所由出的介质之中。我们必须洞察到这一点，才能够了解，所谓“文化之悲剧”到底可以获得哪一种解脱之途。只要这一个“对手”(Gegenspieler）一朝不出现于自我的跟前，这一个周天历程（Kreis）是不会功行圆满的。因为，无论一创造果实是如何重要，无论其意涵的内容是如何丰富，无论它是如何安稳地盘踞于其自身的中心地位之中，它始终是而且永远只不过是一过渡点(Durchgangspunkt)。自我所碰触到的，并不是一些“绝对的东西”，而只是一条桥梁，一条从一“自我之极”(Ich-Pol）通往另一自我的桥梁。这即就是文化创造果实的真正的和最重要的功用所在了。文化之生命历程之特色，正在于其在这一类的薪传与过渡性的创造之上是永不止息的。

如果我们完全或偏重从个体的观点去了解这一历程的话，则这一历程便经常显得具有一很独特的双重性格。无论是一艺术家、一研究发明家或一宗教缔建者：他们必须全心全意地投身于他们的工作中，必须臻于一种为了工作而忘却自我的境界，才足以造就出真正伟大不朽的成果。然而，创作品在一旦完成而站立于创造者面前的一刹那，这些创造果实对于其创造者而言，从来不会只单纯地代表了满足（Erfüllung, fulfilment），而必同时代表了一种失望（Enttäuschung, frustration）。因为这些果实必定从此便落于其所由出的原本构想的后面。这些果实所借以展现的有限的实在形体，从此便抵触了其原本构想中所蕴涵着的无限丰富的可能性。事实上，除了艺术家之外，思想家们也一再地深深地感受到这一种缺憾。而最伟大的思想家们，似乎不约而同地在达到某一关键时刻时，都会终于下定决心放弃所有把他们最终极的和最深邃的思想予以表达的念头。譬如说，柏拉图在他的第七封信里便曾经感叹地申诉：思维所能够掌握的最高极致是言词所无法攀临的，这一最高的思维是超脱于一切文字学说的探求
111 之外的。在天才心理学的角度看起来，这些判断是可以理解和是必需的。

然而，对于吾人而言，我们所沉湎于是的艺术作品或哲学作品愈是伟大、愈是宽宏和愈是丰富，则上述的怀疑态度就愈能得到缓和。因为我们是属于在对一些作品作领受的一群，而我们于衡量一些我们碰到的作品时，我们所用的标准，是与创作者们用以衡量其自己之作品时所用的标准迥异的。

彼以为太少的（Zuwenig），对我们造成的压逼，很可能已经太多（Zuviel）；彼所感受到的一些内在的不足（ein inneres Ungenügen），对于我们来说，很可能是不可思议地和取之不竭地丰富。这两种态度都同样地是有其理据和同样地必需的；因为，正好只在这一种独特的交互关系中，文化创作果实（作品）才能满足其真正的功用与使命。它成为了“我”与“你”之间的转接者（Vermittler），这并不是说它把一些既成的文化内容单纯地自一端负载到另一端去而已，而是说，这些创作果实以创作者的创造活动去燃点领受者本身的创造活动。由此，我们可以理解，文化里真正伟大的果实永远不会只作为一些根本上为静止僵化的作品一般地陈置于吾人当前，以致对吾人的心智之自由运作产生狭限和压抑作用的。伟大的文化果实之所以对吾人而言为具有内容，是因为它可以不断更新地被后世吸纳，从而不断地以崭新的方式再予以创造。

如果参与此一文化创作历程的两个主体并不只是两个个体，而是整整两个世代（Epochen）的话，则此一历程的本质或许会最为明晰地显露无遗。任何一个既往的文化之“再生”（Renaissance）都足以作为一范例。任何配得上这一名字的复兴运动，都绝对不会只是一单纯的接收而已。它不是属于一既往文化的一些主题的一项单纯的继续与发展而已。然而，所谓“复兴”往往自认为不过止于如此；它往往除了力求尽可能接近其所追随的典范之外，便再无更进一步的野心了。在所有古典主义色彩的时代里，古人的伟大的艺术作品就是以这一种方式被奉为圭臬，人们只知一味去模仿这些他们永远不能攀临的经典作品。然而，世界史里真正的和伟大的复兴运动照例都必定是一原创性之胜利（Triumphe der Spontaneität），而不是单纯的容受性（Rezeptivität）。文化精神史（Geistesgeschichte）上的一个最引人入胜的问题，就是去追寻这两个面相如何彼此交缠和交互决定。吾人甚至可以就这一点谈论所谓历史之辩证法；然而，这一种辩证绝对不包含矛盾于其中，因为它乃是由心智发展的本质所导出和是建基于这一发展之本质之中的。每当一主体——无论是一个体或是一整个世代——已准备好将要把自身遗忘以便把自己化身为和奉献于一另外的主体的话，则它其实已在一崭新的和更深邃的意义里发现（findet）了它自己。

112 如果一个文化只是从另一个文化汲取某一些特定的内容（Inhalte），而却没有一种意愿与本领去探索这另一种文化的真正核心和其特有的形式的话，则上述这一种饶富于成果的交互影响其实还未真正显示出来。这最多不过是某一些个别的文化育成成素（Bildungselemente）[①] 的一外表上的吸收而已，

---

① “Bildung”是欧洲人文主义勃兴以后最为重要的观念之一，包括了极为丰富的人文涵义。“Bildung”一字根于“Bild”，即图像（picture）。“Bildung”一字之构成涉及一神秘色彩的构想。因为中古以来，欧洲人深信“人”是依上帝之形象（das Bild Gottes）造成的，所以“Bildung”乃指让人类能臻于某一神指定的理想楷模的作育过程，亦即是广义的所谓教育了。由于这一意（转下页）

而这些于表面层次吸取回来的一些育成成素是不可能转化为一些具有实质的文化育成力量与基调（Motive）的。

在中世纪里，这一种来自古代的有限制影响实在比比皆是。早在公元9世纪，在造型艺术（bildende Kunst）和在文学里，即便曾有所谓的一项“查理曼复兴运动”(Karolingische Renaissance)。而沙特尔学派（die Schule von Chartres）更可称为一“中世纪的文艺复兴运动”。然而，这种种运动，若与意大利文艺复兴首一世纪所展开的一连串“对古代经典作品之重新醒觉”运动相比较之下，不单只显得于程度上不同，甚至于性质上也迥然而异。人们曾把彼特拉克称为“第一个现代人”。然而，实在非常奇异地，他之所以能成为一个“现代人”，是因为他凭着一番努力取得了对古代文化的一崭新的和较深刻的了解。彼特拉克于古代语言，于古代艺术和文学中重新捕捉了古代的生活形式；而在对古代生活形式的推想中，彼特拉克自己的独特的生命感受乃得以形成。这一种对自身和对他者的独特的洞察乃是意大利文艺复兴运动的整体特色。布尔克哈特在谈及有关问题时，便曾经指出，在意大利文艺复兴时期，“古代文化不外是时人为了建立自己的

（接上页）义的“教育”之终极目的乃在于让人能够“成就”某一理想形象，因此译为“育成”，以兼顾“Bildung”的“成形”义（“Bildung”之拉丁文对应即为“*formatio*”）与“教育”义。有关“Bildung”一观念，伽达默尔有非常详细的讨论，可参见 Hans-Georg Gadamer, *Wahrheit und Methode*（Tübingen: Mohr, 1960), pp.7ff。——译者

创建性观念（Bauideen）的一种表达工具（Ausdrucksmittel）而已”①。

这一程序是永不休止的，它不断地重新再开始。对彼特拉克而言，古代文化是一再地被“发现”的；而每一次的发现过程中，古代文化都有另一新的面相被显示出来。伊拉斯谟眼中的古代已迥异于彼特拉克眼中的古代。除了他们两人之外，随后的拉伯雷（Rabelais）、蒙田（Montaigne）、高乃依（Corneille）、拉辛（Racine）、温克尔曼（Winckelmann）、歌德和威廉·冯·洪堡特等人前仆后继地提出了他们对古代的构想。这种种不同的对古代文化的构想之间当然并不存在着一实质内容上的同一性。它们之间若果有同一性，则这就是说，无论意大利的或荷兰的、法国的或德国的文艺复兴运动，都不约而同地从古代文化中感受到一股无与伦比的力量之泉源（Kraftquelle），而且，它们都不约而同地借着这一些力量去促成其自身的观念与理想之突破。由是可见，所有既往的真正伟大的文化纪元，并不只好像一块块古旧的巨石（erratische Blocke）一般地，只知屹立于我们的这个时代面前以作为既往的岁月的见证。它们并不是一堆堆冥顽的磊块；
113 相反地，它们是一些正在凝聚着的强大的潜能，它们只在静候着可以重新展示自己和静候着可以向世界宣告它们的崭新

① 参见布尔克哈特：《意大利文艺复兴运动史》（*Geschichte der Renaissance in Italien*），p.42。

的影响力的时刻而已。因此，那些被创造出来的东西其实并不完全可与创造的历程相对比或相对立；相反地，不断更新的生命无休止地涌进那“固定的形式”（geprägte Form）中，让这些形式不至于因岁月而僵化。

很清楚地，不同的文化之间的这一番永不歇止的纠葛诚然是难免于一些内在的摩擦的。一真正的交融（Verschmelzung）是难以达成的；因为只在彼此对抗的条件之下，那些相对的力量才能产生它们的作用。① 即使有时候一完美的谐和看来已经达成了或似乎已经达成在望了，但此中也一定不乏一些强烈的内在张力的存在。如果我们就古代文化之持续影响加以观察的话，则一几近乎理想的临界情况会展现出来。一切单纯地为反面的似乎都趋于泯灭；而那些伟大的生成力量则不单保持其纯粹而不受干扰的特色，并能够施展其持续的和默默的影响。然而，即使在这一种理想情况中，矛盾冲突乃至于一些无法调解的对立依样是存在的。

法律史告诉我们，罗马法律曾经保有着极为优越的组织力量，而且在以后的年代里，这一种力量一再重新获得了证明。然而，罗马法在不断创生的当儿，它却非要同时把许许多多本来富于希望的幼芽予以摧毁不可。在法律上一方面有

① 此中伽达默尔显然持一种与卡西尔稍为不同的态度，伽达默尔基本上肯定一历时性的或跨越时代的文化交融为可能。参见伽达默尔有关“境域交融”（Horizontverschmelzung）之观念。*Wahrheit und Methode*, p.289ff. ——译者

所谓有关正义的“自然”感觉（“natürliches” Rechtsempfinden）和所谓的国民惯用法规（nationale Rechtsgebräuche），而另一方面又有所谓“学院式”的法律（gelehrtes）；而这两者之间即一再地产生了矛盾冲突。如果我们在这一类型的对立中察觉到一些悲剧性的矛盾的话，则我们便较能充分地了解何谓“文化悲剧”了。

然而，我们却不应该只知一味强调这一对立的事实，而应该同时注意到此一对立自有其自己的救治方式，换言之，一种独特的“净化”（Katharsis）① 过程是不断地在进行中的。当一方面有某一些力量被钳制了的时候，另一方面必定有一些新的和更强有力的力量脱颖产生。这一钳制与脱颖于不同文化的斗争之中清晰可见；无论是在个体与整体的斗争中，或在那伟大的个别创造力量在面对一些已形成了的并力图永久自保的旧势力的斗争中。

创造力是永恒地与传统势力处于冲突之中的。但是，如果我们要泾渭分明地把对立的两方非黑即白地描绘，把一切价值都归于一方，而把一切反价值都归于另一方的话，则我们显然犯上了错误。要求作维系保存（Erhaltung）的趋向与

① 此中所谓净化（καθάρσις），我们除了一般从亚里士多德的所谓悲剧效果去理解外，更可于医学上的原义去理解之。查净化本指医学上的“清洗”之意，吃泻药清洗肚子或以手术清除疮脓等都可称为“净化”。柏拉图和亚里士多德等于哲学上之使用皆导自医学上之用法（参见柏拉图：《智者篇》，226a f；亚里士多德：《诗学》，1449b）。——译者

要求变革更新（Erneuerung）的趋向二者比较之下，前者之意义并不见得低于后者，而且又是同样地不可或缺的，因为，变革更新必须相对于顽强历久的才有用武之地，而那顽强历久的（das Beharrende）亦必须借着不断的自我更新（Selbsterneuerung）方能持续存在。 114

当这两种趋向之间的斗争在一深层的结构中展开的时候，上述的一种关系将变得最为明显；在这深层结构中，个体的有意识的计划与意欲皆失去其势力，因为此一深层结构里存在着一些个体所没有意识到的力量。譬如说，语言之发展与转换便即是其中的一个例子。在此一场合中，传统的约束力是最为强大的，彼甚至似乎只为个人的创造留下一个非常微不足道的余地。语言哲学曾经一再地在争辩，到底语言乃“自然”（Natur）抑或是“约定”（Satzung）的结果，换言之，不断在争论语言到底是φύσει抑或是θέσει。① 但是，无论我们采取此一观点或彼一观点，无论我们认为语言是客观的或主观的，无论我们以为语言是实在的或是约定俗成的，这都不是最主要的问题，问题的真正关键在于：假如语言是约定俗成的话，则为了使约定的语言能行使其目的，我们总必须为语言赋予某一种强制性（Zwang），俾使语言不至于流于随意。唯名论者霍布斯曾经申说，真理并不存在于事

① 最经典性的争辩首见于柏拉图：《克拉底鲁篇》。——译者

物之中，而只存在于符号之中（veritas non in re, sed in dicto consistit）。然而霍布斯却继续补充说：符号一旦被置定了之后，便再不能予以更改，因为人类言说与理解若果要成为可能，则约定俗成的规定（Konvention）必须被承认作为是绝对的。

诚然，语言历史学已经把这种以语言概念之意义为恒常不变和可以一了百了地被确立的信念之谎言揭穿了。它显示出，每一种语言的活生生的使用都涉及一持续的意义转变（Bedeutungswandel）。此中的理由是因为“语言”永远不会作为一自然物理“事物”而存在，绝不会永远一成不变地自我等同，绝对不会永远只显出同样的恒常不变的“性质”。语言只存在于言说之行为中（Sie ist nur im Akt des Sprechens），而言说之行为永远不会只在一些完全相同的条件之下以完全相同的方式进行。赫尔曼·保罗在他的《语言历史学原理》（*Prinzipien der Sprachgeschichte*）中即曾指出一非常重要的事实：语言的存在之所以能成立，是在于它能够世世代代地传贻于后世。当这一种传贻过程（Weitergeben）在进行之际，此一过程中的每个部分之活力与独立性是永远不会被否定的。一个语言的容受者永不会好像接受一些已经铸造好的钱币一般地去接受前人的赋赐。他如果要取得这些赋赐，他便必须要去使用它，而在这一使用中，他便于这些前人的赋赐之上加铸上他自己的痕迹。因此，教师与学生，父母与儿童，严格而言，是永远不会在讲“同样”的一种语言的。[①] 对于保罗来说，这一种语言育成（Bildung）与改造（Umbildung）的必 115
然性根本上就是一切语言历史学问题的一个最重要的因素。[②]

然而，上述所谓的语言创造，不过是对某一既给予的典范的一种无意识的歪离（unbewußte Abweichung）而已。这样的一种语言创造与真正的创造活动其实还相去甚远。它乃是一些在于语言这一底基上所发生的转变（Wandel）；然而它尚不算是建基于一些崭新力量的有意识的运用之上的行动（Tat）。而倘若我们不希望见到一种语言慢慢枯死的话，则上述的有关语言创造的最后的和最关键性的一步是不能缺少的。一种出于内部的革新更替需求如要臻于其全面的力量与强度的话，语言便不能单单只限于作为某一套文化遗产沟通与传贻之工具，相反地，语言必须成为一正在新兴茁壮中的个体生命感受的一种表达。当这样的一些生命感受在朝着语言汇流的时候，语言里的许多不为人所知的潜能，都将会于沉睡中被唤醒。在这一种情况下，一般日常表达方式中的单纯的歪离（Abweichung）将会一变而为一些形式上的崭新建

① 赫尔德在他的“论语言的起源”中即曾经很精警地指出：“父母在教儿童学说话时，儿童自己从来不会停止参与创新。”（Eltern lehren die Kinder nie Sprache, ohne daß diese nicht immer selbst mit erfänden.）这一个基本观念对继后的语言学家如威廉·冯·洪堡特和乔姆斯基（Noam Chomsky）等之影响至巨。赫尔德上引文请参见 *Abhandlung über den Ursprung der Sprache*（1772），版本为 Stuttgart：Reclam，1979，p.37。——译者

② 参见保罗：《语言历史学原理》，Kapital Ⅰ，pp.21ff。

构（Neugestaltung）①，这一种形式上的崭新建构之发展，可以发展至于一非常极端的程度，使得整个语言的躯干，亦即是说使得此一语言的词汇、语法和风格都有如经历了一脱胎换骨的改变。

一些伟大的诗歌创作时代就是以这样的一种方式影响了语言之育成过程。但丁的《神曲》不单只为叙事诗赋予了一崭新的意义与内容；它也同时宣告了“白话语言”(lingua

① 卡西尔在这里言及世代交替过程中的语言变更，除了一无意识的歪离之外，尚有更重要的一种变化可能，而这即是他所谓的形式上之崭新建构。依文意而言，后者当然是指一些有意识的语言创造活动。语言变化中这“无意识”与“有意识”的两个层面，在20世纪50年代后期乔姆斯基的语言哲学中受到了正视。事实上乔姆斯基借以名于学界的转换生成语法（transformational generative Grammar）之提出，其实即是建基于语言使用之具有“创造性”(creativity）的这一项事实之上。这一项经验事实对于乔姆斯基来说，乃是一种“玄秘的事实”(mysterious fact)。所谓语言之创造性，乔姆斯基以两种二分法去构想之。一方面语言之创造可涉及不同使用情况下不同的用语的一些“新”的排列组合；而另一方面又可涉及一些所谓“deviant usages”。在另一层次上，乔姆斯基更提出所谓“规则制约下的创造性”与“规则变更的创造性”(rule governed creativity/rule-changing creativity)。此中所谓“deviant usages”与“rule-changing creativity”都应该属于一些“有意识”的语言创造活动。参见乔姆斯基：*Current Issues in linguistic Theory*（The Hague：Mouton，1964)，尤其是第一章；另参见乔姆斯基：*Language and Mind*，enlarged edition, Harcourt，1968，Chapter.4，“Form and Meaning in Natural Languages”。此外，当代德国哲学家中，阿佩尔（Karl-Otto Apel）在谈论乔姆斯基语言哲学时亦非常强调“自然语言”中此一“刻意之歪离”(absichtliche Abweichung，intentional deviation)之仍然可以被“理解”这一事实。阿佩尔并举出讽刺、诗作、隐喻和哲学上的思辨性语言使用以为佐证。参见阿佩尔：“Noam Chomskys Sprachtheorie und die Philosophie der Gegenwart” in *Transformation der Philosophie*，Band Ⅱ，(Frankfurt/Main：Suhrkamp，1973)，pp.264–310，esp. p.282。此书之英译可参见 *Towards a Transformation of Philosophy*，(transl.) Glyn Adey and David Frisby (London：Routledge and Kegan Paul，1980)，pp.180–224，尤其是 p.194。——译者

volgare)，也即现代意大利文的诞生。① 在一些伟大的诗人的生命里，似乎都会不约而同地出现一些时刻，在这些时刻里，诗人会产生一种强烈的欲求与冲动去把语言擦新；也因此之故，他们会觉得，他们赖以工作的一些现成的文字素材，对他们来说，甚至都显得是一些恼人的约束（lästige Fessel）。在这些瞬刻里，他们对语言的怀疑乃被唤醒过来，成为一强大的力量。甚至歌德亦脱不开这一种怀疑主义；他就怀疑主义提出了不亚于柏拉图的想法。在一首写于威尼斯的有名的讽刺短诗中，歌德曾经慨叹说：他付了这许多的努力，归根究底而言，不外是希望能够掌握一种卓越能力的禀赋，这一种禀赋就是写好德文。

可恨我这个不幸的诗人，

正以最顽劣的素材对生命与艺术加以糟蹋。

(Und so verderb' ich unglücklicher Dichter

In dem Schlechtesten Stoff leider nun Leben und Kunst.) ②

---

① 黑格尔曾明确地提出这一点。参见 Hegel：*Vorlesungen über die Geschichte der Philosophie*，2.Teil；*Werke*，Band 19（Stuttgart：Suhrkamp，1979），p.599。——译者

② 参见歌德诗集中的 Epigramme-Venedig，1790，第 29 首。歌德于这首诗中把德语比拟为“最顽劣的素材”，骤看颇为不可思议，但却真是歌德一贯的立场。有关这问题，Fritz Mauthner 有非常详细的分析，参见 Fritz Mauthner，*Beiträge zu einer Kritik der Sprache*（Berlin/Wien：Ullstein，1982），Band 1。——译者

然而，到底歌德凭他的诗才从那些“最顽劣的素材”中做就了一些怎么样的东西呢？这相信是我们有目共睹的！歌德逝世时的德国语文显然与歌德出生时的德语比较起来已再不是同一个模样了！经过歌德的苦心经营，德文不但从此于内容上变得更为丰富和更逾出了其固有之限制；最重要的，它甚至成长而至于具备了一新的形式；它涵摄了许多在一个世纪之前还是不为人所知晓的于表达方式上的崭新可能性。①

116 这同一种对立在其他的领域中亦可一再被发现。创作的

---

① 卡西尔这一番话足堪与莱布尼茨于三百多年前就这一问题的一番反省前后相呼应。如众人所熟知，作为一名生于莱比锡的德国人，莱布尼茨一生大部分的著作大都以法文和拉丁文写成，德文作品只占他作品中的极少数。这一方面固因为当时德文仍未于学术界站稳脚步的关系所造成。然而，莱布尼茨自己对于当时的德文未能跻身于严肃的学术讨论场合这一事实一直耿耿于怀，而因此一生多次呼吁德国人起来把自己的语文表达层面予以提升。在一篇成于 17 世纪末的德文论文中，莱布尼茨指出了问题之症结所在：他认为德文发展到当时为止，主要之偏重均在于技术工艺领域之上，就当时有关采矿（包括金属矿与煤矿，Erz- und Bergwerk）、畜牧、狩猎、航海、气象等与感官经验有关的领域语汇之丰富这一点而言，德文是比所有其他语文都优胜的。但与此同时，德文的严重弱点却在于感情表达方面和逻辑思辨方面。言下之意，莱布尼茨显然在期待继后的德国人担负起把德文这些衰弱的部分予以增强改进之意。而果然在莱布尼茨以后的一世纪中，德国语文一方面在歌德、席勒等人手中获得了感情表达方面的新生，而在康德的手中，德文更从此跃升为欧陆最重要的哲学语文之一。请参见莱布尼茨：《关于德语运用与改善的一些未合时宜的思想》(Unvorgreifliche Gedanken, betreffend die Ausübung und Verbesserung der teutschen Sprache)，收于 G. E. Guhrauer（hrsg.），Leibniz，*Deutsche Schriften*，Band 1，Berlin，1838（Hildesheim：Olms，1966），pp.440–486，esp. pp.452–453。有关讨论参见关子尹：《莱布尼茨与现代德语之沧桑——兼论“语文作育”与民族语言命运问题》，收于《同济大学学报 · 社会科学版》，第 16 卷，第 1 期（总第 53 期），上海，第 1—11 页。——译者

过程于任何情况下都要满足两种不同的条件：它一方面必须关联于一些恒常不变易的东西，而另一方面它又必须时时刻刻作好准备去开始着手把这些恒常的予以变更。因为，只有借此方式，那来自主体方面与对象方面之要求才可获得合理的满足。而一造型艺术家将会发觉其路途是同样地被规划好和被准备好的，一若当一诗人在使用语言时会感觉到他面前的道路好像已被铺好一般。因为，每一种语言都涉及某一套特定的词汇，而这一套词汇并不是当下刹那间被创造出来的，而是一语言所获得的一份固定的赋予；同样地，这对于所有造型（艺术）活动亦然。

一画家、一雕塑家和一建筑家都分别继承了一份形式遗产。正如一种语言必有其句法（Syntax）一般，上述这几个领域都分别有其独特的“句法”。而这一切都是不能随意地被“杜撰”(erfunden）的。此中，传统（Tradition）一再地展示了它的权柄，因为，只有借着传统之作用，创作之延续性才可以被建立和才可以被确保，而包括了图像性语言的一切理解与沟通其实都是要建基于这一种延续性之上的。森佩尔(Gottfried Semper）便曾经就这一问题说：

> 语言里的词根（Sprachwurzeln）是必须经常地为有效的，在这些词根的基础上，一些后续的概念上的屈折变化与引申（Umgestaltungen und Erweiterungen）尽管产

生，这些词根之基本形式还是会一再重现的。如果我们为了要表达一新的概念便立刻求创造出一全新的语词的话，则这种创造便将会连要使其自身可以被别人了解这一首要的目的也不能达到。基于同样的理由，在艺术的领域中，我们亦不可以随便把艺术符号的一些最古老的模型（Typen）与根源（Wurzeln）废除与弃置不顾……在比较语言学和有关语言之原始关系的研究里，语言学家们显然是可以享用上述的一种有利条件。而在建筑学里，一建筑艺术家同样地是可以享用这一种有利条件的，他可借以认识和掌握他所使用的建筑学的语言中种种最古老的符号的原初意义，并借此去解释他自己正在以怎样的一种方式就形式上和就意义上随着这一艺术本身作出一历史向度之变迁。①

这一种对传统的依附性（Traditions-Gebundenheit）②在各种个别艺术的技术层面上都是显而易见的。正好像每一种工具之使用一般，对传统之依附性也是涉及某些固定的规则的，

① 参见森佩尔：《手工艺术与建筑艺术中的风格》(*Der Stil in den technischen und tektonischen Künsten*)，Band Ⅰ, 2. Auflage（München, 1878），p.6。

② 有关传统（Tradition，Überlieferung）之惯性问题，伽达默尔于 *Wahrheit und Methode* 一书中有极详细的交待，参见“Die Rehabilitierung von Autorität und Tradition”一章，*Wahrheit und Methode*（Tübingen：Mohr，1975），4. Auflage，pp.261–269。——译者

因为它是依附于艺术家所借以操作的素材之本性之上的。艺术与工艺，艺术造型之活动和手工技术之掌握只是在一缓慢的过程中彼此分家的；而每当艺术发展达到高潮的时刻，它 117
们之间的联系便特别地紧密。一个艺术家如果要真正地能够使用他的艺术语言的话，则他必须事先借着与他的工作素材的接触去慢慢揣摩学习。而这一过程又绝非只单单关涉到有关素材和技术的一层面而已，而是同样地涉及形式一层面的。因为，就艺术形式一面而言，当这些形式一旦被创造出来以后，它们便将变成一些代代继承下去的固定遗产。这一种传贻（Übertragung）与继承（Vererbung）的现象，许多时候甚至可以历数百年而不衰歇。每一个世代都从它的上一代摄取一些特定的形式，并把这些形式继续传贻下去。而这一种形式层面的语言（Form-sprache）似乎已具备了一种恒久性，使得某一些特定的课题必与某一些特定的表达方式一起紧密地成长，而且必一再地以同样的方式或轻微变更的方式陈示于吾人面前。

这一条涉及形式的发展运动的“惯性定律”(Beharrungs-gesetz）构成了艺术发展的最重要因素之一——而对于美术史而言，此中亦藏有一份最刺激的工作。近年来对这一个过程最予以重视的，并且无论于心理学层面或历史层面都自各方面对此一现象作出剖视的可推瓦尔堡（A. Warburg）这个人了。瓦尔堡本来是治意大利文艺复兴美术史出身的。然而，意大利文艺复兴美术对他而言，只不过是他用以阐明造型艺术创作过程的根本特色与基本方向的一个个别模式而已。他认为这些基本特色与方向最能表现在古代的造型形式于后世的持续影响之上。他并且指出了，古人在碰到某一些典型的和一再重现的情况时必定创造了某一些特定的简洁有力的表达方式。这些表达方式不仅把某一些发自内心的激荡、张力与悬解方法紧紧地捕捉下来，更有甚者，这些内心的激荡、张力和悬解方法，其实是必须顺着这些表达方式才会走上轨道的（sondern sie sind gleichsam in sie gebannt）。每当某一种相同的感触（Affekt）在荡漾着的时候，艺术就这一种感受所创造出的图像或造型便马上会活现起来。依瓦尔堡的见解，当某一些“感受公式”（Pathosformeln）一旦形成以后，它们便将会不可磨灭地烙印于人类的记忆之中。借着对造型艺术整个发展史的整理，瓦尔堡把这些“感受公式”的内容、变迁，并把它们的静态的与动态的力学都予以追踪探讨了。①

瓦尔堡不但由此为美术史赋予了更丰富的内容，并且更于方法学上给予美术史一新的模样。因为瓦尔堡在这里其实
118 已经涉足于关系着一切人文科学探讨的一个系统性的基本问

① 请特别参见瓦尔堡：《非基督教古文化之更新：有关欧洲文艺复兴运动历史的一些人文科学探讨》（*Die Erneuerung der heidnischen Antike: Kulturwissenschaftliche Beiträge zur Geschichte der europäischen Renaissance*），*Gesammelte Schriften*，hrsg. von Gertrud Bing（Leipzig/Berlin，1932）。

题。正如绘画与雕塑援用人体的某一些特定的姿势、配置与表情去表达某一些心灵上的境况与触动一样，任何其他文化领域中，我们同样地需要以这一种方式把运动与静止，把事件之变化与持续彼此联结起来，并且以其中的一种成素去权充另一成素的描述工具。若果语言研究与艺术研究是“普遍可以沟通”（allgemein mitteilbar）的话，若果它们能够于不同的主体之间架起一些桥梁的话，则它们必须具有一内在的固定性与一致性。然而它们却又必须同时是能够变通的；因为任何形式之运用既然是涉及一切可能的个人，则所谓运用便必定要包括某一意义的应变的；若果没有所谓应变，则一切“运用”实皆为不可能。

在各种艺术里，这两个极端于任何情况下皆必然地对立，这两个极端之间复可以存在着种种不同的关系。而吾人即可依这些不同的关系去于各种不同的艺术种类（Gattungen）之间作出分别。此中，吾人首先要回答一先决问题：我们到底在哪一意义下谈论这些所谓的“种类”呢？它们是否只不过是一些单纯的名相呢？古代的诗学与修辞学曾致力于把不同的吟咏表达形式严格地予以区分，并且求把每一种形式归结为某一特定的不变易的“特性”。古代的诗学与修辞学认为每一种个别的吟咏方式皆独特地彼此迥异；并因此认为，颂歌（Ode）与悲歌（Elegie）、田园诗（Idylle）与寓言（Fabel）等吟咏体裁都有它们自己的对象和它们自己的法则。古典主义把这一种观点奉为其美学的基本原则。布瓦洛构想下的一个无可置疑的假定便是：喜剧与悲剧各有其自己的“本质”，而其本质又复对其题材、人物与语言媒介之选择起了决定作用。莱辛（Lessing）基本上亦肯定了这一看法，虽然他是以一相当自由的方式去提出这一基本态度。他承认说天才是可以具备一种把个别艺术种类的疆界予以拓展的权利；然而，即使是莱辛亦不认为这些疆界是可以原则上被取消的。

现代美学曾经尝试把此中我们整理出来的一些分别视作为一些随时可以被抛弃的单纯的累赘去处理。循这一方向作出最强硬的坚持的就是克罗齐其人了。他宣称说，艺术的所有分门别类和艺术种类的一切区分实不过单纯地是一些专门名相之树立（bloße Nomenklaturen）而已，这一种做法，或许就某一定的实践上的目的而言有其需要，但却是毫无理论意
119 义可言的。对于克罗齐而言，这一种分类法的价值，实在与图书馆里用以编排图书库存的标示牌板无异。他强调说，艺术是不能以这一种方式就其内容或就其表现所用之媒介被分割为一些个别的科目的。审美的综合是一不可分割的统一，而且必须保持其作为一不可分割的统一的地位。克罗齐在他的《美学原论》中便曾这样说：

> 因为每一件艺术作品都表达了一种心灵的境况，而心灵境况又是个别的和不断更新的，因此，直觉其实必

定是涉及无限多直觉的，而这无限多的直觉是不可能被化约于一种类的框架之中的……而这即是说，任何就艺术项目（die Künste）而提出的随意的分类都是缺乏基础的。在这一情况下，可资区别的，其实只有一单一的种类或类别亦即是艺术（Kunst）本身或艺术之直觉，而个别的艺术作品却是可以无穷无尽的：这些艺术每一件都是原本的，任何一件都不能被另一件取代……每一件都是理解（Verstand）所不能征服的。在哲学的观察下，普遍与特殊之间是不容放入一些中间成素，也不能置入任何种类之系列，不能置入generalia。无论是从事创作的艺术家抑或是观赏者，他们所要掌握的，不外就是普遍的与特殊的，或较恰当地说，不外是一已个体化了的普遍（das individuell gewordene Universale）：而这其实即就是那普遍的艺术活动（die allgemeine künstlerische Aktivität），这一普遍的艺术活动只不过为了要把某一个别的心灵境况予以表现的缘故而完全地把其自己凝聚和浓缩起来而已。[①]

假使这一番话是无条件地为正确的话，则吾人便会因此

---

① 克罗齐：《美学原论》（*Grundriß der Ästhetik*），德文版（Leipzig，1913），pp.45f，另参见《美学与表达之科学》（*Estetica come scienza dell'espressione*），3a ediz.（Bari, 1908），pp.129ff。

被导至于一非常怪异的结果上去：当我们把贝多芬称为一伟大的音乐家，把伦勃朗称为一伟大的绘画家，把荷马称为一伟大的叙事诗人，和把莎士比亚称为一伟大的剧作家的时候，则我们其实只不过是提出了一些于审美层面上毫不重要的和对于这些人物作为一艺术家而言为可有可无的一些经验上为无关痛痒的枝节云云。如果一方面只有“惟一”的艺术，而另一方面只有个体的话，则到底个别的艺术家以哪一种媒介去把他自己表达便是一相当偶然的事了。这一番表达很可能借着颜色或音符、透过文字或大理石得以达成，但这却毫不碰触到有关艺术直觉的问题。因为艺术家即使在使用另一个方式与媒介去进行沟通表达，他的艺术直觉却是始终如一的。

然而，依我看来，这样的一种观点似乎显得对艺术活动的历程有所歪曲。因为这样一来，艺术作品便会分裂为两半，而这分裂出来的两半之间又缺乏任何必然的关系。事实上，艺术表达的特色并不必等待到作品构成的技术（Technik）阶
120 段，而早于艺术作品的构思（Konzeption）阶段里便已经产生其作用了。贝多芬的直觉是音乐性的，菲迪亚斯的直觉是雕塑性的，弥尔顿的直觉是叙事诗性的，而歌德的直觉是富于抒情诗色彩的。这一切不单只涉及创作之外壳，而实际涉及了创作的核心。必须有见及此，我们才能掌握到把艺术作各种分门别类这一种做法的真正意涵。

激发克罗齐去对艺术分科学说予以痛击的基本诱因

(Motive）是十分显而易见的。他认为整个美学历史一直以来都存在着一种错误，这种错误一再导出了一些毫无建树的问题，而克罗齐现在其实正要避免这种错误。人们一再地试图透过个别艺术种类之特质和它们之间的分别去建立一美的“准则”。人们希望从这些特质与分别中获取某一些吾人为艺术作品作评价时的普遍规范，而人们又在就各种个别艺术类型孰较优先一问题争论不已。譬如在文艺复兴时代，绘画与诗作之间便曾展开过很炽烈的竞争，这一点我们可于达·芬奇《论绘画》(*Trattato della pittura*）中找到明证。而这一争论显然是一错误的趋向。若果我们要找寻颂歌、田园诗或悲剧本身的特质，并且要探求某一件个别的作品到底能满足其相应的艺术类型之目的至于哪一程度的话，则我以为这一种做法是徒然的。如果人们要把各种个别的艺术类别依某一标准如次递升地排列出来，并且要问它们之中的每一类别到底于这一价值阶层结构（Hierarchie der Werte）中占哪一种地位的话，则这种做法便更成疑问了。克罗齐乃因此就这一问题申说：

> 在美学的观点之下，一首短诗与一篇叙事诗的地位是平等的；一张速写与一幅祭坛油画或一幅壁画也是平等的；一封书简作为一件艺术品而言其意义并不亚于一本小说。

这或许是有理由的；然而，这是否因此便等如说，就审美之意义与内容而言，一篇抒情诗是否便“犹如”一篇叙事诗，而一封书简是否便“犹如”一本小说呢？

克罗齐之所以能作出这一种推论，是因为他于建立他的美学理论的时候，把“表达”（Ausdruck）这一成素视为真正的和惟一的基础。他几乎把所有的重点都用以强调说艺术必须是个体的感受和个人的心灵状态之表达，至于艺术的个别表现朝向哪一路途或哪一方向开展这一问题，克罗齐是不在乎的。在这一种观点下，“主观”的一面不单只取得远较“对象”一面为优越的地位，更有甚者，后者在前者的对比之下，甚至沉没而为一毫不重要的因素。于是焉，所有的不同种类的艺术直觉都成为某一意义的“抒情述怀之直觉”（lyrische Intuition），无论这一种直觉是在一出戏剧中，是在一篇英雄诗（Heldengedicht）①里，是在雕刻里，是在建筑里，抑或是在于
121 舞台表演里被实化出来。克罗齐在他的《美学原论》中说：

> 因为直觉之个体性乃就是表达之个体性，因为一幅画与另一幅之分别并不比它与一首诗篇之分别为小；而绘画与诗作之所以为有价值并不在于那空气颤动的音调，

① 德语中的“Heldengedicht”或“Heldenlied”实皆 Epos 之别称，中译里的“史诗”、“悲壮诗”、“叙事诗”乃至“英雄诗”，依内涵而言，所指者实皆大同小异。——译者

也不在于光线中的色彩折射……而在于其对心灵传递的讯息。因此，以表达（Ausdruck）这一种抽象的媒介去建构一系列的（艺术）品目与类别其实是毫无意义可言的。①

很明显地，克罗齐之所以批评艺术的分门别类的理由（这一种批评是非常合理的），并不单单因为这一做法提出了一些规范概念，而更因为这一做法会把某一些风格概念给固定下来。因此，对于克罗齐来说，一切表现形式（Darstellungsform）之分别必须被取消，或者必须被化约诠释为不过是一些纯然的"物质"（physische）表现媒介上之分别。然而，在吾人面对一伟大的艺术作品而忘情地投入的瞬刻，这一种"物质"和"心灵"因素之对比乃成为很值得怀疑的了。因为在这一种对伟大的艺术作品的忘情的激赏之中，这两种成素几乎完全地交融在一起，以至我们即使于反省层次中可予以区别，但是在审美的直觉和美学感受层面中却交缠而为一不可分割的整体。

我们是否真的可以像克罗齐一样地使具体的"直觉"与"抽象"的表达媒介两双对比，从而把所有涉及后者的差别都当作为一些纯粹的概念差别去处理呢？我们是否能够循一纯粹的现象学途径去显示出某一相同形态的审美直觉低层

① 克罗齐：《美学原论》，p.36。

(eine Art gleichförmiger Urschicht der ästhetischen Intuition）之存在，并且显出，这一审美直觉低层要等待到了作品的具体的创作时刻方才作出决定选择以哪一种途径去表达呢，是要选择文字呢，抑或要选择音符或色彩去把其自身实现出来呢？然而，即使克罗齐自己亦没有作这一种假定。他曾经很强调地指出：

> 若果我们自一首诗中把它的韵律、它的节奏和它的词藻去除的话，则结果并不有如许多人所想象一般地于这一切成素以外还会剩下一诗的构思（der poetische Gedanke）：换言之，当这一切都去除以后，这一首诗便会化为乌有。诗作也者，其生下来，本就是作为这些词藻、这些节奏，和这些韵律。①

然而，由此推论，审美直觉之诞生，要么便是作为音乐的直觉或雕塑的直觉，又或作为抒情诗的或戏剧的直觉，我们亦可由此而得知，此中涉及的种种分别并不单只是一些我们附于不同的个别艺术作品之上的名相或标贴而已，而正相反地，这些分别是对应于一些真正的风格上的分别和对应于艺术意向的不同的方向的。

122 从这一基础出发，我们可以了解到，我们当下之普遍问

① 克罗齐：《美学原论》，p.36。

题一方面在所有的艺术构成中都会出现，而另一方面，却在这些构成方式中的每一种中都会表现为独特的形构（Gestalt）。在每一种情况中，我们都会碰到形式的恒常的一面（Moment der Formkonstanz）与形式的“变异性”的一面（Moment der “Modifizierbarkeit” der Form）。这两个侧面的平衡似乎于不同的艺术种类中并不是以同样的途径达成的。在一种情况下，很可能是恒常的和划一的一面居于主导的地位，而在另一种情况下，很可能会是那变异的与运动的一面取得了优势。在某一意义下，我们或可让一方面的建筑形式的明确性、固定性与封闭性与另一方面的抒情诗或音乐形式的流动性、可变性和变化彼此对比而观察之。然而，这都不过是偏重上之转移而已；因为即使在建筑里，我们亦可以发现动感（Dynamik）与节奏（Rhythmus），正如我们于音乐中亦可以找到一种严格的形式上的固守（strenge Statik der Formen）一般。

就以抒情诗（Lyrik）而言，它似乎是所有艺术项目中最富于动态和变幻得最匆促的一种。抒情诗的表达是要于变幻中被显示出来的；而此中的所谓变幻并不是指事物的客观变化，而是指自我（das Ich）的内在搏动性。此中惟一能捕捉到的，就只有过渡性本身；亦即心灵那最微妙的涟漪的一去一来与一起一伏，和心灵那最变幻莫测的情感的隐现与摇曳。而这样的一个世界正正就是诗人的世界了，在这里，诗人根本没有一个既成的（fertige）“形式”世界可供使用；每一个新的瞬刻都必须创造出一崭新的形式。

然而抒情诗的发展史却告诉我们，即使在这样的一个充满了变易与异动的抒情诗世界里，在变易之余，某一意义的“固定内容”仍不至于会完全湮灭，换言之，在抒情诗的世界里，“异质性”（Heterogeneität）并不是惟一地和片面地决定一切的。事实上，在抒情诗的世界里，一切被创作出来的新颖的东西，似乎都不过是一些情感上的共鸣（Anklang）与回响（Wiederklang）而已。因为，抒情诗其实前后不过在处理为数极少的几个伟大的基本题材而已。这几个基本题材是取之不竭的和是万古不易的，它们为所有民族所共有，历古以来几乎没有经历到任何本质上的改变。

似乎从来没有一门艺术就选材（Stoffwahl）而言有如抒情诗一般地狭窄的。一叙事诗的作者可以不断创造出新的事迹，一戏剧作家可以尝试创造出一些新鲜的人物性格和层出不穷地构想出一些新的冲突。然而抒情诗却始终盘旋于人类感受的领域之中，以求不断将自身回置于同一的世界之中。对于抒情诗而言，根本没有外在的东西，相反地，抒情诗的世界中的每一角落都是属于抒情述怀这内心境界的。① 这一内心境界对抒情诗而言似乎是无穷的，因为它是永远无法完

① 卡西尔这一点，最经典的例子可从德国诗人诺伐利斯（Novalis）的长篇诗 *Hymnen an die Nacht* 中找到，其中的两行把诗人 1797 年痛失爱侣 Sophie von Kühn 后对世界再无可恋的心境表露无遗：“Zu suchen haben wir nichts mehr-/ Das Herz ist satt-die Welt ist leer.”——译者

全地诠于言表的和永远无法被完全地倾诉净尽的；然而，这一种无穷性只不过是内容（Gehalt）上的无穷性而非范域（Umfang）上的无穷性。真正的抒情诗题材（Motive）之数目经过悠悠岁月几乎一点也没有拓展，而且似乎也根本没有 123
拓展的需要。因为，抒情诗一再地沉湎于“人性的自然形式”（Naturformen der Menschheit）之中。在一些最位格的、最个人性的，和最为千载一时的事项中，抒情诗感受到了相同性相的永恒回归（die ewige Wiederkehr des Gleichen）。对于抒情诗来说，它只需要某一有限范域的对象，便足以幻化出（hervorzuzaubern）无尽的情愫与无数的吟咏形式。在抒情诗的世界里，我们一再地碰到同样的一些对象和同样的一些经典性的人间情境——譬如爱情与醇酒、玫瑰与夜莺、别离之苦痛、重逢的欢愉，还有大自然的盛衰兴替等等：这种种题材在不同年代的抒情诗里一再地展现于世人的眼前。

由此可见，传统与常规（Konvention）之压力在抒情诗的发展史里亦是存在着，而且甚至占了举足轻重的地位。然而，如果有一位不世出的伟大的抒情诗人诞生到这个世界中，上述这种种压力都可以被一扫而空和被克服过来。但是，即使这样的一位诗人通常亦不会对抒情的“对象”和题材之范围有所开拓。例如歌德，他便无论就题材选择方面或形式之选择方面都不耻于向不同民族和不同世代的抒情诗取法。他的《罗马悲歌》（*Römische Elegien*）和他的《西东诗集》（*West-*

östliche Divan）恰好足以证明对他而言这些共鸣与回响到底具有怎样的一种意义了。然而，正如我们在《罗马悲歌》里并不能发现多少卡图鲁斯（Catull, Catullus）和普罗佩提乌斯（Properz, Propertius）的语言一般，我们在《西东诗集》里亦不会发现多少哈非斯（Hafis）的语言。① 我们所听到的，只是歌德的语言——一种发乎于一个可一不可再的和无法比拟的生命情境的语言，而歌德就是透过这些诗作把这些生命情境牢牢地捕捉下来。

由是观之，我们在种种不同的文化领域中都一再地碰到同样的一个基本上非常一致的过程。这一过程涉及了两种力量的竞逐（Wettstreit）与对抗（Widerstreit）；这两种力量中其中一种是以持恒保固（Erhaltung）为目的，而另一种则志在变革更新（Erneuerung），而这两种力量之间的纠葛是永无终止的一天的。这两种力量时而显示出的一种平衡，永远都只不过是一脆弱而不稳定的平衡而已，它每一瞬刻之间都有锐化而为一崭新的变动过程的可能。于是焉，文化愈趋于进步与发展的当儿，这两种力量所促成的钟摆般的振荡便愈趋

---

① 卡图鲁斯（公元前 84—前 54），为古罗马最杰出的抒情诗人，遗下的诗句几尽是宣泄他对一位名 Lesbia 的女士之爱慕。普罗佩提乌斯（公元前 55？—前 16）又名 Sextus Propertius，被誉为最杰出的悲歌咏叹诗人（elegiac poet），留世之主要诗作为 *Cynthia*。哈非斯（1325/26—1389/90）又名 Hafez，全名 Mohammed Shams od-din Hāfez，伊朗（波斯）中世纪末最伟大的诗人，*Divan* 即为其最主要著作之名称。——译者

于激烈：这摆动的振幅不断地加剧，而其中的内在张力与对立之强度亦不断在增强。

然而，这一出文化的戏剧（Drama der Kultur）却并不单纯地便会演变成一“文化之悲剧”（Tragödie der Kultur）。因为在这一幕戏剧里，根本没有所谓彻底的挫败，也没有所谓彻底的胜利。上述的两种对立的力量是在彼此携手地不断成长，而不是交互地要把对方歼灭的。对于精神心智的创作活动而言，那被它本身创作出来的作品无疑地似乎会演变成为创作活动的敌人。因为，大凡一切被创造出来的事物，就其本性 124
而言，都必须与那不断更新地冒现与变更的事物争持才能取得其自己的地位。然而，在创作活动不断地向其自身的构作冲击之余，它自己却不会因此便被激得粉碎。它只会因此被鞭策，从而走上一新的奋斗路途之上，并从中去发掘一些更新颖的和尚未为世所知的力量。

这一种情况表现得最饶富意义和最具特色的，莫过于宗教里的观念改革运动了。此中，上述的两种力量的斗争显示了其或许是最深刻的和最令人感到震撼的一面。此中所牵涉的，并不单只是一些思想与想象，而且还涉及了感受与意志，换言之，是涉及了人之整体。因为此中我们所要面对的，已再不是个别的有限的目的，我们所面对的，乃是死生之攸关，是有无之边际。此中根本没有任何相对的裁定（relative Entscheidungen）可言；而是关系着一单一的绝对的判决

(absolute Entscheidung)。宗教即便以为自己已经掌握了这一绝对的判决。在宗教里面，人类相信他已经觅得了永恒，觅得了一置身时间洪流以外的一份恒常的内容。只不过，这一份最高善和最高价值的允诺对于主体而言，却同样包含了一份很特别的责求：这一份允诺是怎样铺陈于主体面前的，主体便只有如是地接受过来（hinnehmen）；主体必须忍痛放弃他自己内心的不安和放弃他的无尽止的探求。正有如所有心灵的产品一样，宗教固然是从生命的洪流中跃现的（aus dem Lebensstrom ent-springt），然而，宗教却同时要把这一生命之洪流克服。宗教开展了一幅朝向一"超越"领域（ein "transzendentes" Gebiet）之视野，对宗教而言，此一超越领域是如是地在其自身，而且不受干扰地且如是地恒常不易的。为了要达成这一个目标，宗教必须拥抱最强有力的内在与外在关联（Bindungen）。

我们愈是向遥远的宗教历史回溯，这些关联便愈显得牢固。若果我们指望乞取上帝的怜悯，那我们便得把祷告的公式一成不变地重复。此外，宗教上的祭祀礼仪若非按一定次序一成不变地把一连串个别操作完成的话，则这些礼仪便会失去其所有的宗教力量。在"初民"的一些宗教里面，生命之整体极易失落于这一种僵化的宗教形式主义之中。因为，此中的每一件个别行为都被放置于宗教禁锢的威胁与恐吓之下。无数的禁忌法规（Tabu-Vorschriften）有如一只铁环一般把人类的存在与生命紧紧地钳制着。

然而，宗教之发展却又同时显示了其另一些较高的目标。宗教之约束是始终不会终止的；然而这种约束却可以舍弃往外施展的途径而成为一种内在的约束。祷告可以从一些玄秘的强制的言辞（magischer Wortzwang）转而为一种朝向神性的呼唤；宗教礼仪中的牺牲与祭祀可以一转而为一种与上帝的修好或和解。借着这一意义的宗教力量，主体与个人的力量可以获致增长与加强。宗教确然依旧是一些固定的信仰条目与一些固定的实践禁制之整全体。这些条目之为真确，而这些禁制之为有效，因为它们乃是经由上帝所启示与宣告的。但是这一项宣告本身其实亦不外是在一些个别的心灵中实行 125
出来的，如伟大的宗教创始者与先知。

于是焉，上述的主要对立便再一次地以最大的强度展现出其最为深刻的一面。自我（das Ich）之彰展越过了其所有的经验限制以外；它无视其自身与神性之间所存在的任何屏障；它直截无间地感到其自身为圣灵所充溢和感到自己完全为上帝所透析。而借着这一种直截无间性（Unmittelbarkeit）的力量，自我乃进而把一切具有客观条款的和是属于宗教传统的东西都一概置诸脑后。这样的一位先知将要建造出一“崭新的天国与一崭新的人间世”（neuen Himmel und eine neue Erde）了。

然而，就在这一番宏愿与事业里，这样的一位先知

(Prophet) 却又再一次地陷身于他要替人类解脱这暴力 (Gewalt) 之中。他之所以能够摒弃某一些既存的教条，是因为他自以为能够在这些教条之外提出他自己对神性的更为深邃的确定性。而为了能够把这一种确定性提出，他自己却又必须再一次成为一些崭新的宗教符号的创造者。对于他来说，只要他是被那一种内在的对圣灵的直觉力量充溢着的话，这些新的宗教符号其实都不外是一些感性化的表象 (Sinnbilder) 而已。然而，在那些接受这一番新的宣告的一些人们的眼中，这些感性表象却又再一次变为一些教条 (Dogmen) 了。每一位伟大的宗教创始人的行谊与影响都使我们得到教训，让我们看到他们是如何一再被无情地牵入这一个漩涡里去的。① 那对他们来说本来代表着生命的，都会演变而为一些条文 (Satzung)，并且于其中僵化。在这里我们可以找到有如在其他文化形构层面一样的一种相同的摆动。尽管宗教是在宣告

① 说明这一种现象最好的例子，莫过于耶稣。黑格尔早年神学著作里，便意图指出：耶稣本来要建立一套类似于康德的道德伦理学说，只不过他使用了很多象征性的语言去表达其意涵，而这些象征语言却处处为世人曲解。耶稣创造的教义之所以成为后世所信奉的教条，完全是出于世人对个人崇拜之热衷而已。请参见黑格尔：《耶稣传》(*Das Leben Jesus*)，以及《基督教的教条化》(*Die Positivität der christlichen Religion*)。这两篇早期著作均收于 Hermann Nohl (hrsg.)，*Hegels theologische Jugendschriften* (Tübingen，1907)。T. M. Knox 英译，*Hegel's Early Theological Writings* (Chicago，1948)。Knox 英译本卷首刊有 Richard Kroner 以英文写成的一篇名为"Hegel's Philosophical Development"的长序。里面 Kroner 亦详细谈及上两篇黑格尔的早期著作。可参见克罗纳 (Kroner) 著，关子尹译：《论康德和黑格尔》(台北：联经出版社，1985) 的有关部分。——译者

一种坚实的、永恒的和绝对的讯息，但到头来，即便宗教亦不能免于这一种摆动的历程：因为当宗教一旦介入于生命之中并力图去模铸生命时，它自身便会随着生命之起伏跌宕而被吸纳于生命的永无尽止的节奏之中。

在这些观察的基础之上，我们乃可以就“自然”与“文化”所经历的变化的差异作出更细致的描写。自然本身其实亦并不是静止的；即使有机体，尽管其形式是被限定的，彼却具有一种很独特的自由。适应性乃是一切有机体的基本性格。“机体形态之成型与转型”(Bildung und Umbildung organischer Gestalten）乃是一切自然形态学之重要课题。然而，有机自然中运动和静止之间，形态与转型之间的关系在两种不同的角度之下看来都与吾人于文化构作层面中的关系大大不同。对双方面而言，活动性与持续性都必须被肯定的；然而，当我们于自然世界与人类世界之间对比观察的时候，这些成素中每一个都以一种不同的姿态呈现。如果我们相信可以证明自然界有自“较低的”形式提升发展为一套“较高的”形式的话，则这一个提升历程所涉 126
及的乃是自一个种类到其他种类的过渡。此中的发生观点(genetischer Gesichtspunkt）在任何情况下都必定是一种别观点（generischer Gesichtspunkt)。就各个体来说，它们必定要被摈诸这一种观察方式之外；我们对于个体一无所知，而亦根本不必对它们有所认识。因为个体的变化并不直接地回头影响其种类，而且与其生命无涉。此中所涉及的规限，乃是生物学里面的所谓生物后天获取的特征并不遗传于其后代这一事实。由此可知，植物世界与动物世界领域里的个别对象所产生的变异就生物学角度看来是毫不重要的；这些变异方生方逝，方才显现便即隐没。如果我们要把这一种事态以魏斯曼（Weismann）的遗传学说去表达的话（当然地，我们此中对于这一种理论的经验正确性与可证性是予以保留的），则我们可以说：这些变异都只涉及躯体（Soma）① 的层面，而不涉及“胚芽原生质”(Keimplasma）② 的层面；因此，这些变异只触及生物形态之表面，而并不能影响及于那决定生物种类的发展的深层结构。

然而，在人文现象里，这一生物学的规限被摆脱了。人类借着体现其本质及其能力的特色的“符号形式”，一定程度上就一项工作提出了答案，而这一项工作是那如此这般的有机自然所不能回答的。以往“生命”这一概念所未能周延地覆盖的，现在都由于“精神心智”(Geist）的提出而被成功地顾及了。此中，个体之变化与作用被以一迥然不同的而且更为深刻的方式与整体联结在一起。个体之所感、所欲与所思，

① “Soma”出于希腊文“σῶμα”，就是“躯体”的意思，由此可导生出“Somatic”，“psychosomatic”等词。——译者

② “Keimplasmatheorie”乃 1885 年德国生物学家魏斯曼为求解释遗传现象而提出的理论，他认为遗传是由于一些代代皆保持的遗传物质所使然者，这些遗传物质即所谓“胚芽原生质”。——译者

都不是自我封闭的；个体的这些感受、欲求与思想，都在作品里得以客观化或对象化。而这些语言方面的、吟咏的、造型艺术上的和宗教上的作品，乃成为人类存在之“纪功碑”，成为一些回忆与纪念人类存在的标记。这些标记“比矿石更为历久”[1]；因为它们不单只作为一些质料素材而行之久远，相反地，它们乃是一股心魂精魄的表达，当这一股“待访”的心魂有一天遇上与它有关联的而又愿意接受它的主体的时候，它随时可以自它的质料外壳兔脱而出，进而被唤醒而作出新的影响。

诚然，在文化果实的领域里，数之不尽的文化果实会于衰败之后从此自人类存在的舞台上消失踪影。因为这些文化果实亦有其物质性的一面，而这物质又是非常脆弱的。亚历山大城（Alexandria）图书馆一场大火使得无数本可为吾人提供有关古文化的知识的极有价值的典籍毁于一旦；达·芬奇的许多油画已经与后世杳然永诀，只因为他当年使用的颜料
已被证明为不能历久的。然而即使在这些例子里，个别的作 127
品还是由一些看不到的脉络与整体联结在一起的。即使它们的个别形体已不复存于世上，然而它们始终曾经作出过影响，也因此必曾以某一种方式左右了文化的发展，更或曾在某一个重要的关键上对文化发展之路向起过决定性的作用。

---

[1] 卡西尔原文为“dauernder als Erz”。此语最早出于贺拉斯（Horaz，Horace）的颂诗（*Odes*，Ⅲ，30）。——译者

我们在这里不必只去强调和只去考虑那些伟大的和那些特别出类拔萃的例子。因为同样的事情即使于最褊狭的和最细微的圈子里都可以找得到。譬如有人便曾指出，没有一个个别的表语行为（Akt des Sprechens）是未曾或多或少地影响了相关的“那一”语言的。朝向同一方向而产生影响的无数表语行为的出现，更可从此对该语言之习用法（Sprachgebrauch）产生根本的更改，如可以使某语言产生音变（lautliche Verschiebungen）或其他形式上的改变。此中的道理乃是：借着语言、艺术和其他文化形式，人类某一意义上为自己创造出一新的形体，而这一形体乃是为众人所共享的。

从个人的角度看，如是的每一个人于他一生中所努力获取回来的一些技能与专长当然是不能生殖蔓延下去的。这些专长与技能是紧钉着人类的血肉“躯体”的，并且是不能遗传的。然而，当他一旦把他自己表达于一些作品之中，则这些于作品中所陈示的，这些表诸语言的和这些于图像中或雕刻素材中所表现出来的，都从此被“体现”(einverleibt）于语言或艺术之中，并因而借着语言和艺术而不朽于后世。这一过程，使得人类的育成（Bildung）得以与有机体领域中在进行的单纯的转型（Umbildung）相区别。有机体之转型是被动的，而人类的作育与成化却是主动地进行的。前者只意味着机体的变化，而后者却能产生耐久的形构（bleibende

Gestaltungen)。人文世界中的作品基本上不外是人类的操作具体凝固下来的果实，然而，即使在这一凝固的状态中，文化之果实却不会忘记它的渊源。这一股一切作品所赖以孳乳的创作意志与创作力，将永远活跃于作品之中，继续它的影响，继续它无止境的创造。

Ernst Cassirer
Zur Logik der Kulturwissenschaften：Fünf Studien
Darmstadt：Wissenschaftliche Buchgesellschaft，1961
Zweite，unveränderte Auflage
根据德国达姆施塔特学术书业出版社 1961 年版译出
本书中译本由联经出版事业公司委托英商安德鲁伯格联合国际有限公司代理授权

图书在版编目(CIP)数据
人文科学的逻辑 /（德）恩斯特·卡西尔
(Ernst Cassirer) 著 ; 关子尹译. -- 上海 : 上海译文
出版社，2025. 5. --（译文经典）. -- ISBN 978-7
-5327-9806-3
Ⅰ. C
中国国家版本馆 CIP 数据核字第 20255EY277 号

人文科学的逻辑
[德] 恩斯特·卡西尔　著　关子尹　译
责任编辑/常剑心　装帧设计/张志全工作室

上海译文出版社有限公司出版、发行
网址：www.yiwen.com.cn
201101　上海市闵行区号景路 159 弄 B 座
山东韵杰文化科技有限公司印刷

开本 787×1092　1/32　印张 9.25　插页 5　字数 158,000
2025 年 5 月第 1 版　2025 年 5 月第 1 次印刷
印数：0,001—5,000 册

ISBN 978-7-5327-9806-3
定价：68.00 元

如有质量问题，请与承印厂质量科联系，T：0533-8510898